本书的出版得到了广东外语外贸大学经济贸易学院、广州开放□济研□
究中心和广东外语外贸大学校级课题"WTO规则改革与中国
（18JC05）的资助

U0516168

国际贸易新规则与
中国的对策

RESEARCH ON THE NEW RULES OF
INTERNATIONAL TRADE AND CHINA'S COUNTERMEASURES

聂　聆◎编著

经济管理出版社
ECONOMY & MANAGEMENT PUBLISHING HOUSE

图书在版编目（CIP）数据

国际贸易新规则与中国的对策 ／ 聂聆编著. -- 北京：
经济管理出版社，2025. -- ISBN 978-7-5243-0048-9

Ⅰ. F74

中国国家版本馆 CIP 数据核字第 2025AY9751 号

组稿编辑：郭丽娟
责任编辑：郭丽娟
责任印制：许　艳
责任校对：陈　颖

出版发行：经济管理出版社
　　　　　（北京市海淀区北蜂窝 8 号中雅大厦 A 座 11 层　100038）
网　　址：www.E-mp.com.cn
电　　话：(010) 51915602
印　　刷：唐山昊达印刷有限公司
经　　销：新华书店
开　　本：720mm×1000mm/16
印　　张：16.5
字　　数：324 千字
版　　次：2025 年 3 月第 1 版　　2025 年 3 月第 1 次印刷
书　　号：ISBN 978-7-5243-0048-9
定　　价：98.00 元

前　言

　　全球价值链的深度发展与持续扩张使传统的多边贸易体制面临诸多挑战。现有的国际贸易规则已难以满足新型贸易模式的需求。国际经贸领域的结构性变革促使众多新议题被提出，并成为贸易议程的焦点，国际贸易规则正面临着重大变革。

　　在这样的背景下，各国在多边、诸边和区域层面上都致力于贸易规则的重塑并取得一定成果。在多边层面，世界贸易组织（WTO）巴厘部长级会议通过了贸易便利化协定；在诸边层面，全球服务贸易协定（TISA）、信息技术协定（ITA）和政府采购协定（GPA）都展开谈判并取得一些进展；在区域层面，跨太平洋伙伴关系协定（TPP）、跨大西洋贸易与投资伙伴协定（TTIP）以及区域全面经济伙伴关系协定（RCEP）等区域一体化谈判相继启动。各类贸易谈判的目标在于建立国际贸易新规则。

　　美国、日本及欧洲的发达国家通过推动一系列贸易投资协定谈判，主导着新一代国际经贸规则的制定，以引领国际经济新秩序的发展方向。在国际贸易规则重构的重要时刻，作为最大的发展中国家，中国应全面认识到当前的战略机遇与挑战，积极参与国际贸易新规则的制定，为本国争取更有利的经济发展空间，为建设更为公平合理的国际经济新秩序做出贡献。

　　本书在参考了大量相关资料及研究成果后，研究和比较了 TPP/CPTPP、USMCA、TISA、RCEP 等新一代自由贸易协定中服务贸易、投资、知识产权、数字贸易、国有企业、劳工标准等新规则的主要内容和特点，为我国深化改革开放，调整和优化国内政策、法律，以及参与制定"一带一路"区域贸易协定规则提出了对策和建议。本书将理论与实践相结合，学术性和实用性较强，既可以作为高等院校师生的教学参考书，又可以供从事相关领域研究的学者参考，同时还可以为各级政府部门决策提供借鉴。

　　本书的出版得到了广东外语外贸大学国际经贸学院和广州开放经济研究中心的资助，此外，笔者的有关研究成果还得到了广东外语外贸大学校级课题"WTO 规则改革与中国的对策"（18JC05）的资助，在此深表感谢。由于笔者水平有限，本书难免会存在不足之处，在此热忱欢迎广大读者提出批评和建议。

目　录

第一章 国际贸易新规则的内容、特征与中国的对策

全球价值链的深度发展与持续扩张使传统的多边贸易体制面临诸多挑战。现有的国际贸易规则已难以满足新型贸易模式的需求（夏丽红，2015）。国际经贸领域的结构性变革促使众多新议题被提出，并成为贸易议程的焦点，国际贸易规则正面临着重大变革。此外，全球金融危机成为加速全球经贸规则调整的催化剂，推动全球贸易体系向更加合理、公正的方向重构（陆燕，2014）。

在这样的背景下，各国在多边、诸边和区域层面上都致力于贸易规则的重塑并取得一定成果。在多边层面，WTO 巴厘部长级会议通过了贸易便利化协议；在诸边层面，全球服务贸易协定（TISA）、信息技术协定（ITA）和政府采购协定（GPA）也都展开谈判并取得一些进展；在区域层面，跨太平洋伙伴关系协定（TPP）、跨大西洋贸易和投资伙伴协定（TTIP）以及区域全面经济伙伴关系协定（RCEP）等区域一体化谈判相继启动。各类贸易谈判的目标在于建立国际贸易新规则（李春顶，2014）。

美欧等发达国家通过推动一系列贸易投资协定谈判，主导着新一代国际经贸规则的制定，以引领国际经济新秩序的发展方向。在国际贸易规则重构的重要时刻，中国作为最大的发展中国家不应袖手旁观，而应全面认识到当前的机遇与挑战，积极参与国际贸易新规则的制定，为本国争取更有利的经济发展空间，为建设更为公平合理的国际经济新秩序作出贡献（夏丽红，2015）。本章将对国际贸易规则的背景、内容和特点进行阐述，并提出中国的相应对策。

第一节 国际贸易新规则产生的背景及原因

2009 年以来，美国和欧洲等发达国家和地区积极推进大规模区域自由贸易协定（FTAs）和高标准双边投资协定（BITS）谈判，以这些协定为工具，制定了一系列新的国际贸易规则。其原因主要包括以下几点：

一、经济低迷是国际贸易规则重塑的主要原因

自 2008 年全球金融危机爆发以来，全球经济受到连续冲击，尽管各大经济体和国际机构采取了一系列措施，然而，全球经济仍持续疲软，下行压力加大，国际贸易增长缓慢。近年来，新冠疫情、气候变化、俄乌冲突、食品和能源价格上涨以及利率上升等不确定因素也对国际直接投资造成了影响（张健，2020）。根据联合国贸易和发展会议（UNCTAD）数据，自 2019 年以来，世界经济增长总体低迷，2022 年增长率为 3.4%，2023 年又降至 2.8%。在贸易方面，2020 年全球贸易大幅下降了 7.8%，随后在 2021 年和 2022 年有所反弹，分别为 10.6% 和 5.1%，但 2023 年再次下降至 2.4%。在投资方面，《世界投资报告 2023》显示，2022 年全球外国直接投资下降了 12%，降至 1.3 万亿美元。这主要是因为流向发达经济体的直接投资减少了 37%，降至 3780 亿美元。2023 年全球外国直接投资继续面临下行压力。

20 世纪 90 年代以来，全球化引发的金融危机和失衡，其根源在于总需求不足和总供给过剩问题始终未从根本上得到解决。如今，"逆全球化"、民粹主义、贸易保护主义以及由贸易、投资问题引发的各种摩擦，大多与次贷危机以来世界经济的低迷，以及经济全球化收益分配的不平衡关系密切（权衡，2020）。而各国为应对新冠疫情对货物和人员流动进行了严格的限制，也在很大程度上影响了贸易和投资，使全球经济持续衰退，加剧了"逆全球化"趋势。与此同时，一些国家也重新审视自身发展模式，未来会采取更多保护主义色彩的政策和措施，保证它们在重大危机来临时能掌握主动权（张健，2020）。

在全球经济不景气的情况下，发达国家通过国际贸易规则重构来改善经济低迷的状况。首先，美国和欧盟希望通过 TTIP 谈判来促进两大经济体之间的贸易和投资；其次，通过国企规则等来遏制发展中国家大型国有企业的发展，提升美欧等国企业的竞争力；最后，美国和欧盟期望在互联网和数字贸易领域培育经济的新引擎。因此，逆全球化在客观上推动了新的国际贸易投资规则的形成（张健，2020）。在规则的改革中，关税不再是各国关注的焦点，而非关税壁垒和边境后措施成为核心问题（王孝璪，2016）。

二、WTO 多边贸易谈判进展缓慢促使区域经济一体化兴起

在 WTO 的多哈回合谈判中有 20 个议题，然而，发展中国家与发达国家在关键议题的谈判中存在分歧。这反映了它们对国际贸易规则制定权的争夺，以及发达国家试图维持国际贸易规则制定的主导权，以维持其竞争优势。发展中国家和

发达国家的分歧导致多哈回合谈判无法取得进展，加之 WTO 决策机制的缺陷，使谈判长期停滞不前。

尽管在 2013 年底举行的 WTO 第九届部长级会议上，各成员国达成了巴厘一揽子协定，然而，这无法改变在国际贸易规则的制定上发达国家和发展中国家存在的巨大分歧。可以看出，WTO 并不适合以规制一体化为导向的贸易谈判，因为在制定新的全球贸易与投资规则方面，各成员之间仍存在较大的争议和分歧（盛斌，2014）。

当多边贸易谈判不能推动新规则的制定时，发达国家开始寻求通过区域贸易投资协定，如 TPP、TTIP 等大型 FTA（Free Trade Agreement）作为平台，制定新的贸易投资规则，并以此推动国际贸易投资规则的发展。

区域贸易协定有助于推动贸易和投资自由化，能够满足一些 WTO 成员寻求更高自由化水平的需求。另外，由于谈判参与方较少，区域贸易协定更容易达成协议。此外，这些协定能够促进一些国家的自由化水平和改革进程，为多边自由化做准备（全毅，2019）。

三、美欧以 FTA 为平台酝酿高标准的贸易投资规则

鉴于 WTO 多哈回合谈判停滞不前的现状，美国及欧盟等国家和地区开始借助双边或区域自由贸易协定，谋划更高标准的贸易规则（潘晓明，2015）。美国先后启动了 USMCA、TPP、TTIP 等区域贸易谈判，同时施加压力以推动 WTO 改革。

在美国主导下，服务贸易协定谈判正以前所未有的速度进行，该协定不仅在标准的设立上相较于 GATS 有着大幅提高，更是深度反映了发达国家的核心利益与需求，无疑将重塑全球服务贸易竞争格局。与此同时，投资领域的谈判也呈现新的趋势。中美 BIT、TPP 和 TIPP 等谈判中的负面清单模式正逐渐成为范本。美国更是积极与其他成员国展开对话，要求各国在投资领域作出具体承诺，并符合《2012 年双边投资协定（BIT）范本》的规定（师少华，2018）。这反映出美欧等国家积极谋求构建领域更宽、标准更高的国际经贸新规则，其目的是对未来全球竞争制高点的抢占，对全球经济新秩序的重新塑造，以及对发展中国家在国际贸易体系中话语权的制约。可见，国际经贸规则正经历着自乌拉圭回合谈判以来最深刻、最全面的变革与重构（陆燕，2014）。

四、全球价值链的不断发展成为引发贸易投资新规则的首要因素

全球价值链的深化发展现已成为经济全球化的关键表征。众多产品的生产过

程逐渐扩展为分布在不同国家和地区的数个生产环节，并构建了跨越多个国家的贸易网络。贸易、投资与服务的紧密交织，使国家间的经贸往来日益错综复杂。随着全球价值链的拓展，中间品贸易在全球贸易中已占据主导地位，占世界货物贸易的六成以上（陆燕，2014）。

中间品贸易的快速发展促使各国不断调整各类政策措施，尤其是"边境内"监管、非关税措施以及繁杂的行政管理，以适应产业链、供应链和价值链的紧密对接。这需要国际经贸规则更好地满足全球价值链发展的需求，推动建立以零关税、零壁垒、零补贴和边境后监管一致性为核心的国际贸易规则体系（全毅，2019）。

20世纪90年代，跨国公司开始大规模对外投资，建立全球生产网络，形成了全球价值链，这给WTO的传统贸易体制带来冲击。中间品贸易的蓬勃发展要求通关程序进一步简化，对贸易便利化措施提出更高要求；全球价值链的拓展使制造业与服务业进一步融合，进而要求服务贸易更大程度地开放；跨国公司全球价值链的发展还要求各国进一步降低投资准入门槛，消除投资歧视，为投资者提供更全面的保护；此外，全球价值链的延伸还需要各国提高国内法律法规、规则和标准的一致性，以降低贸易和投资成本与风险（潘晓明，2015）。

然而，现有的国际贸易规则仍停留在20世纪，无论是在深度上还是在广度上都已无法满足全球价值链发展的需求。它们不仅与国际经济贸易发展中的新变化脱节，也跟不上相关国家的利益呼声。自次贷危机以来，全球经济格局正面临着制度改革和结构调整，各国围绕着制度、规则、市场、技术和资源的竞争日益激烈。可见，全球价值链的发展要求制定与之相匹配的国际贸易新规则（刘雅芳、许培源，2019）。

五、新兴经济体的崛起对大国主导的全球贸易治理结构提出挑战

2008年的全球金融危机及之后的欧洲债务危机使美欧的经济疲软、外需下降，而以中国为代表的新兴经济体强劲的市场需求支撑了全球经济的恢复，南南贸易也大幅增长。新兴经济体在全球经济中的地位不断提升，中国成为仅次于美国的第二大经济体，印度、巴西、俄罗斯等国也进入世界前十大经济体之列。中国、印度等国家的制造业发展给美国、欧洲、日本等国家和地区带来前所未有的压力，于是美欧等发达经济体开始着手改革贸易投资规则（全毅，2019）。与此同时，新兴经济体的崛起改变了全球经济的主导力量，促使它们从接受规则的对象转变为规则制定的参与者。新兴经济体提倡合作共赢，希望国际贸易规则制定能有利于发展中国家的利益（东艳，2014a）。

新兴经济体与发达国家在多哈谈判的议题上立场不同，在争夺制定规则的话语权中展开激烈博弈（全毅，2019）。全球金融危机之后，尽管新兴经济体的贸易规模已经和发达国家相当，但在市场经济发展和法制规范方面仍有所欠缺，这种矛盾促使发达国家期望向新兴经济体传递其核心价值理念。例如，美国期望通过建立 21 世纪高标准贸易规则，传递其"开放、公平、自由"的理念（东艳，2014a）。而新兴经济体也在积极争取与其经济地位相匹配的话语权，例如，中国提出共建"一带一路"倡议，东盟推动 RCEP 谈判。

第二节 国际贸易新规则的载体

由美欧等国家和地区主导的双边或区域 FTA 成为新规则的关键载体，如 TPP、TTIP、USMCA、欧日 EPA 等。而发展中国家，特别是新兴经济体也通过签订或谈判贸易协定来尝试参与新规则制定，如 RCEP、中澳 FTA、中韩 FTA 等。因此，这些区域或双边自由贸易协定是国际贸易新规则的载体。

一、跨太平洋伙伴关系协议（TPP/CPTPP）

TPP 的前身是 2005 年 7 月由智利、新西兰、新加坡和文莱四国签署的"跨太平洋战略经济伙伴关系协议"（TPSEP），2009 年 11 月，美国宣布参加 TPSEP 谈判，旨在构建一个高标准、覆盖面广泛的亚太一体化合作框架。此后，马来西亚、秘鲁、越南、澳大利亚、加拿大、墨西哥、日本相继加入谈判。

美国利用已有的 TPSEP 协议，主导 TPSEP 谈判，并将其改名为"跨太平洋伙伴关系协议"（TPP）。2015 年 10 月 5 日，TPP 协议达成。然而，2017 年 1 月 20 日，美国新当选总统特朗普正式宣布美国退出由 12 个国家组成的 TPP 协议（许大鹏，2019）。2017 年 11 月 11 日，在日本的推动下，除美国之外的 11 个国家同意继续进行 TPP 谈判，并于 2018 年 3 月 8 日签署了 CPTPP（Comprehensive Progressive Trans-Pacific Partnership），该协议于 2018 年 12 月 30 日正式生效（许大鹏，2019）。

TPP 是一个全面和高标准的区域自由贸易协议。除了实现近两万种商品的零关税，还在服务贸易、知识产权投资、竞争政策、环境、劳工、规则一致性、国有企业、电子商务等 29 个议题上达成共识。如此高标准、覆盖广泛领域的议定书，已经远远超出了传统 FTA 的范畴。CPTPP 的内容与 TPP 大体一致，部分内容有所减少，因此，它也是一个全面和高水平的自由贸易协定（全毅，2019）。

二、美墨加贸易协定（USMCA）

美墨加贸易协定的前身是 1994 年 1 月生效的北美自由贸易区（NAFTA），在特朗普政府执政后，美国决定重新进行 NAFTA 谈判，美国、墨西哥、加拿大于 2018 年 9 月 30 日达成了 USMCA。USMCA 被视为 21 世纪高水平的自贸协定，其目标是推动建立更为自由、公平的市场经济体制（黄琳琳，2019a）。它取代了 NAFTA，且表现出明确的排他性（张健，2020）。

美墨加贸易协定共涵盖 34 个章节，制定了市场准入、原产地规则、投资、跨境服务贸易、数字贸易、知识产权、劳工环境、政府监管、争端解决等多个方面的规则。该协定的内容和标准与 TPP 基本一致，核心内容是公平贸易、数字贸易、知识产权以及国企规则。USMCA 是美国进行自由贸易谈判的范本，显示了美国在国际经贸规则制定方面的主导权（全毅，2019）。

三、跨大西洋贸易与投资伙伴协议（TTIP）

TTIP 是美国和欧盟正在谈判的区域贸易协议，一旦达成协议，它将成为全球最大的自贸区。

2013 年 6 月 17 日，美国和欧盟正式宣布 TTIP 谈判开始，旨在 2015 年之前建立全球最大自由贸易区。TTIP 的谈判议题包括农业和工业品市场准入、投资、服务、能源和原材料、监管、知识产权、中小企业及国有企业等 20 个议题（李春顶，2014）。

TTIP 的谈判重点是消减关税和非关税壁垒、贸易规则和监管的一致性，议题除了包括美欧的经济贸易关系，还包括对其他国家进入自贸区的限制问题。由于 TTIP 的成员基本是发达国家，经济发展水平相近，因此，其标准会高于 TPP 等规则（王孝璐，2016）。

特朗普政府执政后，TTIP 谈判暂时中止。不过，2018 年 7 月 25 日，美国与欧盟发表联合声明，要努力实现"零关税、零壁垒、零补贴"政策，并力促 WTO 进行改革（全毅，2019）。

四、国际服务贸易协定（TISA）

"国际服务贸易协定"（Trade in Services Agreement，TISA）是由美国、欧盟、澳大利亚等所谓的"服务业亲密伙伴"（Real Good Friends of Services，RGF）成员发起的谈判。这一协定覆盖了 20 多个 WTO 成员，谈判自 2013 年 3 月发起。

TISA 谈判是 WTO 的诸边贸易谈判，由于美欧等国认为《服务贸易总协定》（GATS）已滞后于国际服务贸易的发展，因此，推动 TISA 谈判，以达成高标准的服务贸易规则。2013 年 1 月 15 日，美国宣布与欧盟、澳大利亚、加拿大等 21 个 WTO 成员开始 TISA 谈判。参与成员主要是高收入国家和地区，服务业和服务贸易都相对较发达，覆盖了七成的世界服务贸易（李春顶，2014）。

2016 年底 TISA 文本谈判基本达成。截至 2016 年 11 月 17 日，TISA 已经完成 21 轮谈判，23 个参与谈判的成员包含发达国家/地区和发展中国家/地区。其中包括 14 个高收入成员：澳大利亚、加拿大、中国台湾、中国香港、冰岛、以色列、日本、韩国、列支敦士登、新西兰、挪威、瑞士、美国和欧盟；8 个中高收入成员：智利、哥伦比亚、哥斯达黎加、毛里求斯、墨西哥、巴拿马、秘鲁和土耳其；1 个中低收入成员：巴基斯坦。新加坡曾参与了 TISA 谈判，后来退出。尽管金砖国家未参与其中，但一些发展中国家已逐渐融入新一代国际经贸规则的制定中（程诚、李晓郛，2017）。

TISA 谈判的目的是基于 GATS 达成更高标准的协议，覆盖服务贸易的各个领域和模式，旨在建立新的更完善的服务贸易规则体系。根据目前的进展，TISA 协议将在 GATS 基础上增设新规则和更广泛的市场准入承诺。TISA 谈判涵盖了国内管制、自然人流动、金融服务、电信及电子商务、环境服务、国有企业、政府采购透明度、劳工标准等议题（王孝瑟，2016）。

五、区域全面经济伙伴关系协定（RCEP）

"区域全面经济伙伴关系协定"由东盟国家提议并主导，旨在促进东盟成员扩大市场开放，推进区域经济一体化以应对经济全球化发展。RCEP 成员国采取了"零"关税措施，相互开放市场，加强合作关系，以促进合作与发展。

最初参与 RCEP 谈判的国家包括东盟十国以及中国、日本、韩国、澳大利亚、新西兰和印度。然而，2019 年 11 月 4 日，印度宣布不加入 RCEP。随后，2020 年 11 月 15 日，除印度以外的 15 个国家签署了 RCEP，RCEP 是全球最大规模的 FTA。

RCEP 旨在通过消除区域内的关税和非关税壁垒、促进投资与服务贸易、保护知识产权、规范竞争政策，构建一个标准较高的综合性经济贸易平台。RCEP 的自由化程度高于东盟已与现有六个国家各自达成的自由贸易协定（李春顶，2014）。

作为一个全面、现代、高标准的 FTA，RCEP 协定的内容不仅包含贸易和投资的基本规则，同时涵盖了电子商务、竞争政策、知识产权等新领域。相较于

WTO，RCEP 的内容更为全面，有助于推动亚太经贸合作的加深，并有力地反击了单边主义和贸易保护主义。中国在 RCEP 中扮演了积极的参与者和推动者的角色（张健，2020）。

六、美韩自由贸易协定

2012 年，美国与韩国签署了《美韩自由贸易协定》，根据协定，3 年内两国几乎 95% 的消费品和工业品关税将逐步取消，韩国将减少大约 60% 的美国农产品的进口税率，而美国则将取消 3 升以下排量的韩国汽车进口税率。美国特朗普政府上台后，要求重新谈判美韩自由贸易协定，2019 年 9 月 24 日新的美韩自由贸易协定签订，协定消除了韩国对美国汽车的贸易壁垒（全毅，2019）。

《美韩自由贸易协定》有助于促进美国和韩国的经济发展，为改善就业、提升 GDP、缓解国内矛盾提供动力。除了经济方面的益处，该协定还具有重要的政治和军事意义。由于韩国在东北亚地区扮演着重要角色，通过签署美韩 FTA，美国可以在一定程度上遏制中国，并扩大其对东北亚的影响力。

七、日本—欧盟经济伙伴关系协定（EPA）

2018 年 7 月 17 日，日本与欧盟签署了《日本—欧盟经济伙伴关系协定》，并于 2019 年 2 月 1 日生效。该协定是世界上最大的自贸区之一，包含 6 亿多人口，生产总值占世界近 1/3，贸易总额占全球贸易总额的近 40%。这个自贸区与 CPTPP 和 RCEP 并列为世界三大自贸区。

根据协定规定，日本和欧盟将立即或分步骤取消大部分关税。欧盟将分阶段取消约 99% 从日本进口产品的关税，而日本也将分阶段取消约 94% 从欧盟进口产品的关税。这将提升日本汽车和电子等产品在欧盟市场上的竞争力。

欧盟希望日欧 EPA 能够促使美国重新参与 TTIP 谈判，日欧 EPA 也有利于欧盟拓展亚洲市场、实现欧亚市场一体化。而日本则希望通过日欧 EPA 提升其在高标准贸易协定谈判中的话语权。

八、信息技术协定（ITA）

信息技术协定是 1997 年在 WTO 框架下生效的诸边协议，旨在分步骤对 IT 产品实施零关税。其签署国从开始的 29 个达到现在的 76 个，覆盖了全世界 97% 的 IT 产品出口。中国是 ITA 协议的签署国。ITA 协议生效后，其产品目录没有发生任何变化。

2012 年 5 月，美国、日本和韩国提议扩大 ITA 产品目录，随后在 2012 年

7月，谈判成员提出了扩围清单，其中包括357个产品品目。目前，参与ITA扩围谈判的有51个国家和地区，IT产品贸易额为1.3万亿美元，占据了全球IT产品贸易额的九成以上。

然而，由于中美之间的巨大分歧，美国于2013年11月21日宣布暂停谈判（李春顶，2014）。2014年11月11日，中美元首举行会晤，双方就尽快恢复和结束ITA扩围谈判达成了共识。在2013年12月16日举行的第十届WTO部长级会议期间，参与ITA扩围谈判的相关各方发布了《关于扩大IT产品贸易的部长声明》，历经三年半的谈判宣告结束。ITA扩围谈判经过近20轮谈判，共有24个参与方和53个WTO成员参与其中。ITA扩围协议既有利于促进信息产业和贸易的发展，也有助于增强对WTO多边谈判功能的信心。

第三节 国际贸易新规则的主要议题

国际贸易新规则主要是指"第二代"贸易和投资政策议题（见表1-1）。根据WTO的分类，"第一代"贸易政策涵盖了工业产品、农产品、海关程序、出口税、卫生与植物检疫、技术性贸易壁垒、国营贸易、反倾销、反补贴、保障措施、公共补贴、政府采购、与贸易有关的投资措施、服务贸易以及与贸易相关的知识产权等议题；而"第二代"贸易政策则涵盖了扩展的知识产权、竞争政策、投资、环境法规、劳动市场法规、消费者保护、资本流动、财政支持、税收政策、农业、矿业、视听服务、能源、经济政策对话、工业合作、区域合作、创新政策、文化保护与合作、教育培训、技术与科研、中小型企业、社会事务、健康、信息社会、统计数据、数据保护、政治对话、公共行政、反贪腐、打击恐怖主义、人权、非法移民、毒品、反洗钱、核安全、签证与政治避难等广泛议题。这个分类是2009年由欧洲知名智库Bruegel的学者H. Horn，P. C. Mavroidis和R. Sapir提出，他们分别将"第一代"和"第二代"贸易政策称为"WTO+"（WTO加强版本）和"WTO-X"（WTO扩展版本）。

表1-1 国际贸易投资新规则涵盖的议题及分类

新规则	主要载体	具体描述	措施分类	影响范畴
传统议题深化				
市场准入	TPP、TTIP、美韩FTA、中韩FTA、中澳FTA等	零关税	边境措施	贸易成本

续表

新规则		主要载体	具体描述	措施分类	影响范畴
传统议题深化					
货物贸易自由化和便利化		TPP、TTIP、美韩FTA	削减非关税壁垒、简化通关程序等	边境措施	贸易成本
服务贸易		TPP、TTIP、美韩FTA	采用负面清单的准入模式	边境后措施	市场准入
投资	准入前国民待遇	TPP、TTIP、美韩FTA	准入前国民待遇+准入后国民待遇	边境后措施	市场准入
	负面清单	TPP、TTIP、美韩FTA	负面清单外的行业均对外开放	边境后措施	市场准入
	ISDS	TPP、美韩FTA等	投资者—国家争端解决	边境后措施	投资保护
环境和劳工		TPP、TTIP、美韩FTA、中韩FTA等	严格的劳工标准和环境标准	边境后措施	投资保护
知识产权保护		TPP、TTIP、美韩FTA等	加强保护商标、地理标志、版权及邻接权、专利、未公开数据等，加大执法力度	边境后措施	投资保护
原产地规则		TPP、TTIP等	更加严格的原产地标准、生产累积	边境措施	贸易成本
新议题					
监管一致		TPP、TTIP等	各国监管和标准的协调一致	边境后措施	投资保护
竞争中立（国有企业）		TPP、TTIP等	政府不能对国企提供不恰当的优惠和补贴，加大政策透明度	边境后措施	投资保护、特定行业市场准入
电子商务		TPP、TTIP、美韩FTA、中韩FTA等	推动数据信息的跨境流动	边境后措施	市场准入
政府采购		TPP、TTIP等	地方层次政府采购市场的开放，特定部门的市场准入	边境后措施	市场准入
中小企业		TPP	中小企业融资、知识产权保护、发展促进	边境后措施	市场准入、投资保护

资料来源：许培源，刘雅芳．国际贸易投资新规则对国际生产投资布局的影响［J］．经济学动态，2019（8）：56-70．

一、新议题及水平议题

（一）管制的一致性

在全球化浪潮的席卷下，生产与供应网络纵横交错，这必然要求各国间在生产标准与管理体制上达到和谐统一。规则一致性的本质在于促进各成员国内监管制度的协调一致，增加透明度，从而降低因各国政策不一致而导致的贸易和投资成本。美欧等发达国家试图通过规则的协调一致，构建区域统一大市场，进而控制发展中国家的生产和管理等环节。此外，规则一致性关系到国家主权，由于很多发展中国家还没有完善的经济监管制度，因此，这项规则将对其国内监管主权构成约束（刘雅芳、许培源，2019）。

（二）竞争中立

竞争中立原则由澳大利亚最早提出，在美国和欧盟的推动下，如今竞争中立原则已成为国际规则。竞争中立原则（涉及国有企业议题）强调政府不能向国有企业提供不恰当的优惠和补贴，以确保市场的公平运作（刘雅芳、许培源，2019）。该原则覆盖了国有企业和投资保护规则，旨在维护发达国家竞争优势、限制发展中国家国有企业发展。

竞争政策中的国有企业规则主要有：成员国要加强反垄断法；国有企业不能获得政府提供的税收优惠、优惠贷款、补贴等不当支持；增加对国企补贴和管理政策的透明度（潘晓明，2015）。关于国有企业和竞争政策条款的目的是降低发展中国家的国企和主权基金公司的竞争优势（全毅，2019）。

TPP、TTIP 等区域贸易协定中的竞争中立规则带有强烈的歧视性，这一规则不仅可能对中国国有企业进入他国市场以及其投资的区位和布局产生负面影响，也会对与政府关系密切的私营企业的对外投资造成障碍。此外，竞争中立原则将使中国在与发达国家谈判自贸协定时压力增加（潘晓明，2015）。然而，从长期来看，竞争中立原则与中国国有企业改革的大趋势并不冲突，而且可能会倒逼国有企业改革（刘雅芳、许培源，2019）。

（三）数字贸易

全球经济发展的数字化趋势使各国积极推动国际电子商务的发展，以促进经济增长。电子商务议题最初起源于 1998 年的 WTO 谈判，然而由于 WTO 谈判停滞，多边贸易体系已无法有效促进数字贸易的发展。因此，许多自由贸易协定谈判把数字贸易作为核心议题。目前，美国已签署的一半以上自贸协定中包含了数字贸易规则，包括数字产品免关税、消费者个人信息保护、无纸化交易、数据跨境自由流动、推进网络安全和国家安全等议题。其中争议最大的议题是数字产品关税和数据跨境流动的安全性及隐私问题（刘雅芳、许培源，2019）。

美国推动的数字贸易议题覆盖范围广泛，对各国将产生重大影响。数字贸易规则为发达国家企业构建了自由、开放、安全的网络环境，推动了其信息产业及贸易的发展；对于发展中国家来说，数字贸易与传统货物贸易的紧密结合为其 IT 产业、电子商务发展带来了机遇。然而，数据跨境自由流动和隐私安全等规则对于发展中国家来说意味着巨大的挑战（刘雅芳、许培源，2019）。

二、现有深度一体化协定中已经涉及的议题

（一）关税减让

虽然 WTO 成立后，各国关税水平大幅下调，但中间品贸易的快速发展使货物要多次贸易和多次经过海关，贸易成本大幅增加。因此，从全球价值链的角度来看，零关税更为合理（全毅，2019）。

第二代 FTA 协议旨在大幅推动区域贸易自由化，其关税减让范围广泛且幅度巨大。例如，TPP/CPTPP 目标是将关税全面降至零，大多数参与国家在自贸协定生效一年后有超过八成的货物享受零关税，五成以上成员的零关税率覆盖了超过 90% 的商品，而欧盟与日本 EPA 中 99% 的货物享受零关税。

（二）知识产权保护

随着全球价值链的发展，知识产权保护制度的统一非常必要。近年来，美国签署的自贸协定中知识产权保护规则与 WTO 相比，标准更高且内容更广泛，体现了美国在知识产权议题上的利益导向（刘雅芳、许培源，2019）。

知识产权条款包括国民待遇原则和知识产权的保护对象、保护期限和执法措施等规则，其中，知识产权保护的范畴大大拓展，保护期限有所延长（全毅，2019）。知识产权规则还规定了更加严格的执法措施，旨在构建新的全球知识产权保护体系。

这些知识产权保护规则使发展中国家获取知识和技术的难度提高，而美国等发达国家在知识技术价值链中的链主地位大大加强（王金强，2016）。当然知识产权保护标准提高也在一定程度上适应了知识经济时代的要求（余盛兴，2018）。

目前中国的知识产权规则与发达国家高标准的知识产权规则还有很大差距，中国与发达国家在知识产权保护方面进行谈判的压力较大。此外，高标准知识产权条款可能会给中国产品的出口带来限制，增加中国企业的生产成本和潜在的法律费用（刘雅芳、许培源，2019）。

（三）服务业开放

在 WTO 服务业谈判停滞不前的情况下，美国、欧洲等发达国家和地区试图

在 GATS 的基础上促进服务业更广泛地开放。与 GATS 采用的正面清单不同，TPP 采用了负面清单的方式，即除了清单中列出的领域，所有其他服务领域均对外开放。TTIP 也提出了高标准的服务贸易自由化要求，包括电信和金融服务的自由化等。TISA 谈判对一些新兴服务领域提出了管制要求，例如跨境数据传输和电子商务（潘晓明，2015）。

服务贸易的新规则涵盖了全面采用负面清单的准入模式，大幅提高服务业开放水平；推动专业服务的跨境提供；新的领域如跨境金融服务、电信服务、电子商务、商务人员临时入境等方面的规则（全毅，2019）。

可见，CPTPP 等 FTA 在服务业尤其是金融和电信服务方面的开放水平大幅提高，为美欧等国家的企业进入他国服务市场提供了机会。与此同时，许多发展中国家的服务业发展滞后，金融和通信服务等知识和技术密集型服务行业处于竞争劣势。此外，金融和通信服务的开放涉及金融稳定和国家安全，不具备条件就大规模开放必将带来经济的不稳定。高标准的服务业开放对发展中国家来说意味着巨大的冲击和挑战（潘晓明，2015）。

（四）投资规则

投资规则包括了投资的定义、投资仲裁以及特定国家的豁免条款（全毅，2019）。

CPTPP 和 USMCA 对投资的定义是"投资者直接或间接拥有或控制的具有投资特征的各种资产，包括企业、股份、债券、衍生权利、合同、知识产权以及其他有形或无形的财产权利等"。这说明投资在准入前和准入后均可享受国民待遇，而 WTO 对投资的国民待遇限定在准入后（权衡，2020）。

TPP/CPTPP、USMCA 为加强投资者保护，增加了投资章节。关键规定包括：使用"准入前国民待遇+负面清单"的投资管理模式；明确禁止政府"直接或间接"征收投资者企业；将间接征收纳入协定，以收窄征收范围；非歧视原则要求充分保护外资，透明度原则旨在限制成员国政府在经济管理方面的公权力，进而为投资者提供更加全面和有效的保护（权衡，2020）。

在争端解决机制领域，引入投资者—东道国争端解决机制（ISDS），使投资者可以不经东道国的司法程序，直接请求进行国际仲裁。这对东道国的各级政府提出了更高的要求（潘晓明，2015）。

投资新规则有助于简化投资准入程序，使企业对外投资的不确定性和成本降低，加强了对投资者的保护，提升了企业对于在东道国进行投资的积极性。但是，这对于发展中国家的投资管理模式以及政府应对投资者诉讼的能力都是很大的挑战（刘雅芳、许培源，2019）。

（五）环境保护规则

由于 WTO 未包括环境议题，因此在 TPP 和 TTIP 谈判中均包含了严格的环境条款。这些条款主要从以下几个方面加强环境保护：首先，加强环境义务履行的要求，并将环境义务的履行纳入争端解决机制的范围；其次，要求成员国加强执行环境法；再次，禁止走私野生动物、非法砍伐和捕捞等；最后，加强公众对政府的监督（王金强，2016）。

通过在 TPP/CPTPP 和 TTIP 等自由贸易协定中建立环境规则，发达国家将环境因素纳入国际贸易的竞争考量中，从而使它们获得国际竞争优势，推动其国内产业的发展（余盛兴，2018）。对于发展中国家而言，由于其国内环境保护水平相对较低，环境条款短期内可能造成生产成本上升和竞争优势减弱。然而，从长期来看，这种环境规则有助于推动经济的可持续发展。目前，越来越多的发展中国家开始接受环境规则（刘雅芳、许培源，2019）。

（六）劳工规则

TPP/CPTPP 等协定的劳工规则包括禁止强迫劳动、加强劳工权益保护、不允许为吸引投资降低劳工标准、禁止使用强迫劳动和童工生产产品的进口，成员国政府要通过建立咨询机制接受公众监督，确立和适用争端解决机制促进劳工权利的实施（王金强，2016）。

除了规定国际劳工组织有关的劳工权利，新一代自贸协定还设定了工资标准。例如，USMCA 规定享受零关税汽车的 40% 至 45% 零部件的生产需要由时薪不低于 16 美元的工人完成（全毅，2019）。

这些规则反映了美国对外传播和推广其关于人权和政治透明度等价值理念，从而提升了参与高水平价值链的门槛，对发展水平较低的国家构成了挑战。在短期内，发展中国家生产成本可能会上升，竞争优势会减弱（余盛兴，2018）。

（七）原产地规则

新一代自贸协定中的原产地规则旨在推动区域内价值链发展，对原产地规则提出更为严格的要求。例如，关税优惠适用范围更广，要求区域价值成分比例更高等（许培源、刘雅芳，2019）。

USMCA 的原产地规则规定，享受零关税的汽车至少要有 75% 的零部件来自北美地区，高于之前 62.5% 的要求。对于纺织服装也确立了严格的原产地标准，要求从纱线这一环节开始计算（全毅，2019）。TPP/CPTPP 制定了高标准、针对纺织服装等产品的原产地规则。如对纺织服装采用"从纱线开始"的加工工序标准，要求从原料到成品必须在区域内生产，方可享受免税待遇。对中国来说，这种原产地标准会带来较大规模的贸易转移和产业转移（东艳，2014）。

（八）投资者—国家争端解决机制

WTO 的争端解决机制只适用于政府之间的诉讼。而 TPP/CPTPP 等协定引入了投资者—国家争端解决机制（ISDS），使投资者可以对东道国违反协议的行为提起诉讼，加强了对投资者权益的保护，同时使东道国在进行区域合作时面临更大挑战。这一超越国家主权的争端解决机制，将对全球价值链的资金流动产生深远影响（王金强，2016）。

引入 ISDS 制度将使发展中国家的地方政府的政策措施受到外国企业的监督。一旦发生争议，各级政府必须提供相关证据，并积极应对诉讼，这无疑对政府的治理水平提出更高要求。此外，发展中国家的企业在对外投资过程中，将需要在东道国违反规则时能够利用法律手段维护自身权益。这对企业适应不同国家的法律体系、参与国际竞争提出了更高层次的要求（潘晓明，2015）。

第四节　国际贸易新规则的特征及演化趋势

随着 TPP/CPTPP、TTIP、TISA 等新一轮自由贸易协定谈判的快速推进，全球正在掀起一场国际贸易新规则的大较量。当前形势显示，国际贸易规则重构呈现出四大显著特征和发展趋势。

一、国际贸易新规则的制定呈现出诸边化特征

在 GATT/WTO 框架下，多边贸易谈判是促进贸易自由化的主要途径，而区域贸易协定则是其有益的补充。然而当前，多边贸易谈判机制面临困境，如美国、欧盟等主要发达国家和地区开始另外设立谈判议程，将贸易谈判焦点从多边转向双边或区域贸易协定，大力推进国际贸易和投资规则的重塑（陆燕，2014）。

在 WTO 框架中存在着数量有限的所谓"诸边协议"，这些协议是加强成员之间承诺的一种合法有效手段。1995 年 WTO 成立时达成了四个诸边协议，其中《民用航空器协议》和《政府采购协议》仍然有效。1996 年达成的《信息技术产品协议》也是诸边协议。《信息技术产品协议》的持续吸引新成员加入显示了其在贸易自由化中的重要作用。诸边协议的发展方向应该是：具有非歧视性和透明度，对全部成员开放，与多边贸易体系相辅相成。

在国际贸易规则重构的背景下，诸边协议成为制定国际贸易新规则的重要渠道。美欧更加关注区域贸易协定和诸边协议谈判，说明美国对外贸易战略进行了重大调整，即从多边主义转向诸边主义，更倾向于与志趣相投的国家进行贸易谈

判，达成贸易和投资规则。这有利于吸引一部分贸易伙伴，率先取得一致，以捍卫自身利益。从以往经验来看，通过触发达到临界数量等方式的诸边协议可以转变为多边规则（陆燕，2014）。

二、国际贸易规则重构的基本方向是更大程度的市场开放

全球金融危机后，各国经济增长缓慢，缺乏新的动力。各国意识到要发挥贸易对经济增长的促进作用，就需要更大程度地开放市场，不断降低贸易和投资壁垒，实现贸易和投资的自由化与便利化。

从历史来看，国际贸易规则的形成和发展与经济全球化的发展密不可分。第二次世界大战后，多边贸易体制以 WTO/GATT 为代表，建立了一套系统的原则和规则，推动了各国的贸易开放，促进了经济增长、全球减贫。尽管美国次贷危机后，全球化面临局部调整，但并不能改变经济全球化持续深化的大方向，而国际贸易规则的调整也将服从于这一方向（陆燕，2014）。

在全球价值链蓬勃发展的背景下，中间品贸易的兴起推动各国降低关税、减少生产和政府管制措施，以便产业链、供应链和价值链之间能够无缝对接。这催生了对零关税、零壁垒和零补贴商业环境的需求，也推动了新型贸易规则体系的建立，该体系以"三零"原则和边境后监管一致性为核心（全毅，2019）。因此，国际经贸规则重构要求更大程度地开放市场、降低贸易与投资壁垒、实现贸易投资自由化（刘雅芳、许培源，2019）。

三、适应全球价值链发展对制度需求的"边境后措施"成为关注焦点

随着全球价值链的发展，中间品贸易规模扩大，跨国公司通过对外投资在全球范围内布局生产活动，服务贸易在生产网络中扮演着关键角色。全球价值链的发展要求各国能够形成一致的规则制定和营商环境。因此，新规则具有高标准和高水平的特点，规制范围由传统的边境措施向边境后措施延展（陆燕，2014）。新规则扩大了原有货物贸易、投资和服务贸易规则规制的范围，提高了规则标准，还对国际贸易发展中出现的新问题，如管制协调、数字贸易、劳工环境等方面制定了规则，以适应全球价值链发展对制度的需求（东艳，2014）。

国际贸易新规则反映了美国等发达国家在全球价值链中新的生产模式，其核心是促进更高水平的市场开放，缩小国家之间"边境后措施"的差异，这关乎经济制度、规章制度和政策方面的变革。而发展中国家的劳动力、产业政策等竞争优势可能面临被削弱的局面（陆燕，2014）。

四、国际贸易新规则主要由发达国家推动和主导、新兴经济体积极参与

全球经济治理和规则的变革取决于经济实力的对比，新一轮国际贸易规则的重构体现出发达国家主导、新兴经济体积极参与的格局。发达国家主导了 TPP/CPTPP、TTIP、服务贸易协定（TISA）、信息技术协定（ITA）等协定的谈判，通过制定高标准、凸显发达国家优势的新规则，力图确保其竞争优势，牢牢把握未来全球竞争的制高点（陆燕，2015）。这些贸易投资新规则有可能成为引领新一代全球贸易规则的标杆（陆燕，2014）。

发展中国家不甘心被新规则"边缘化"，积极参与和主导有利于自身利益和发展的自由贸易协定，如 RCEP 以及中国的共建"一带一路"倡议等，并以此实现与发达国家的博弈（陆燕，2014）。

五、国际贸易新规则为未来的 WTO 2.0 版奠定了基础

第二次世界大战后，GATT、WTO 等多边贸易体制是制定贸易规则的主体。然而，于 2001 年启动的 WTO 多哈回合谈判二十多年都未能达成一致。在多边贸易谈判陷入困境的背景下，TPP/CPTPP、TTIP 等区域贸易谈判力图在 WTO 框架外为国际经贸关系中涌现的新问题建立规则。相对于 WTO 规则，TPP/CPTPP、TTIP、TISA 等协定贸易投资规则覆盖范围广、标准高，不仅对传统贸易规则进行了修改和完善，提高了原有规则的标准，也对新出现的问题制定了新规则（东艳，2014）。

TPP/CPTPP、TTIP、RCEP 等被称为"超大规模"的自由贸易协定，其影响力不容忽视。它们的发展将推动现有自贸协定的重塑，同时也对 WTO 造成冲击。随着越来越多的国家倾向于通过双边和区域贸易谈判制定规则来促进区域合作，WTO 多边贸易体制的影响力大大减弱，这也对 WTO 框架下的贸易谈判产生了负面影响（陆燕，2014）。然而，不可否认，新的贸易投资规则体系也为未来打造WTO 2.0 版本奠定了基础。

六、国际贸易新规则从负向一体化原则转向正向一体化原则

负向一体化的目标是提高双方的开放水平，逐步减少贸易障碍，以共同监管机制减少经济政策中的歧视性规定，具有向下竞争的特征（盛斌，2014）。负向一体化政策主要侧重边境措施，因此可为国内保护政策留下相当大的调整空间，也较容易对非成员国采取歧视性待遇。负向一体化政策中贸易政策与投资政策很少有相互交叉的领域（盛斌，2014）。

正向一体化的目标是通过协调国内政策规制，达成相互认可的最低标准（盛斌，2014）。因此，它是从较低标准政策逐步达到较高标准政策，具有向上竞争的性质（盛斌，2014）。正向一体化政策以边境内措施为主，对国内政策的影响较大，仅给国内政策留下较少的调整空间（盛斌，2014）。正向一体化政策很难对非成员国采取歧视性待遇。在正向一体化政策中，贸易政策和投资政策在知识产权、竞争政策、环境、劳工等很大议题上都有相互交叉之处（盛斌，2014）。

国际贸易新规则的核心在于管制的协调性，旨在通过协调各国国内政策，消除国与国之间的边界内壁垒，促进国外企业在成员国的贸易投资活动，提升全球生产网络的运营效率。新规则关注各国国内的政策领域，参与国要想在自贸协定中获得贸易自由化的利益，就需要放弃在国内法律和政策上的独立裁量权。因此，国际贸易新规则具有正向一体化特征（东艳，2014）。

七、"自由+公平"是国际贸易新规则的核心理念

随着发展中国家经济实力的增强和国际地位的提升，欧美等国认为现有的 WTO 规则更有利于以中国为代表的发展中国家，因此，它们放弃了原有多边贸易体系的"自由贸易"模式，而将国际贸易新规则的核心理念调整为"自由+公平"，即"公平贸易"理念主导了国际贸易新规则的制定。TPP/CPTPP、USMCA 等协议将政府采购、竞争政策、国有企业、知识产权等议题纳入自贸协议，就是公平贸易理念的直接体现（马梦龙，2018）。

第五节　中国参与国际贸易新规则构建的路径

国际贸易规则的重塑是中国参与全球经济治理、推动国内改革的重大机遇。党的十八届三中全会通过的《中共中央关于全面深化改革若干重大问题的决定》把"构建开放型经济新体制"定为新时期经济工作的重要目标，并强调要适应经济全球化的发展态势，"促进国际国内要素有序自由流动、资源高效配置、市场深度融合，加快培育参与和引领国际经济合作竞争的新优势，以开放促改革"。其中，"加快与相关国家和地区签署投资协定"以及"建立全球高标准自由贸易区网络"成为推动全面对外开放的重要举措。在国际贸易新规则不断发展变化的背景下，中国应积极参与国际经济治理，提升在国际规则制定中的发言权，并尝试向国际规则的引领者转变，为中国经济社会发展争取

一个良好的外部环境（陆燕，2015）。

一、在亚太经合组织、20 国集团等平台上发挥领导作用，积极推动多边贸易谈判进程

中国需要深入思考全球贸易自由化及中国深化对外开放战略的未来发展方向，积极主动地参与国际经贸规则的重塑，并在其中体现开放包容、合作共赢、平衡发展等理念。应争取更有力的规则制定话语权，勇敢面对敏感问题，积极提出自己的观点、倡议和解决方案，在国际规则的制定中加入中国元素，提升对国际经贸规则制定的影响力（陆燕，2014）。

2013 年 12 月，WTO 达成了《贸易便利化协定》，这是自 WTO 成立以来的第一个多边贸易协定，在 WTO 关于贸易便利化的谈判中，中国在倡导和规则制定方面发挥了积极作用。2023 年，中国主导并与其他发展中国家共同启动了 WTO《投资便利化协定》，并成功完成了文本谈判。中国应继续推进贸易便利化、投资、服务贸易、信息技术、环境保护和农产品等领域的多边贸易谈判，并通过区域贸易协定来促进 WTO 贸易规则的改革（王金强，2016），在 APEC、G20 等国际平台上发挥领导作用，积极参与全球经济治理。

二、研究新一代自贸协定规则的发展方向，在新规则谈判中反映发展中国家的要求

中国应当重视和深入研究 CPTPP、TTIP、TISA 等协定的新规则及其发展方向和发展趋势，在国际贸易规则制定中争取主动权。我们要深入探究国际贸易新规则对中国的影响和挑战，以及如何借鉴贸易新规则深化国内经济体制改革，及时制定应对方案和政策调整。同时，要探究在贸易新规则谈判中中国采取何种立场才能带来最大利益，以便减少中国贸易和投资的制度性障碍。

目前，中国已递交申请加入 CPTPP，并且已经参与 TISA 谈判。中国可以通过积极参与国际贸易规则谈判，引导制定对发展中国家有利的贸易规则，争取构建适应全球价值链发展需求，同时能够平衡发展中国家和发达国家利益的贸易新规则。

三、以中美、中欧 BIT 谈判为突破，与发达国家进行高水平贸易协定谈判

2013 年 10 月，中国与欧盟开展中欧投资协定（中欧 BIT）的谈判。经过多次谈判，2020 年 12 月 30 日，中欧 BIT 正式达成，然而 2021 年 5 月 20 日，欧洲议会通过了"冻结"中欧投资协定的审议议案。另外，2008 年 6 月，中美双方开始进行双边投资协定（BIT）谈判。在 2013 年 7 月，两国开始基于"准入前国民待遇+负面清单"模式开展谈判。然而自 2018 年以来，中美 BIT 谈判一直是处于停滞状态。

随着欧盟与美国就 TTIP 展开谈判，欧盟也与日本、加拿大等国展开双边自由贸易协定的谈判，显示了欧盟在扩展和整合欧洲 FTA 网络的同时，逐渐将其 FTA 网络拓展到北美和东亚的倾向。同时，中美投资协定谈判也是在美国 2012 年 BIT 模板的基础上进行的。

因此，中美和中欧的投资协定谈判不仅为中国与美欧新的贸易规则接轨提供了机会，也为未来亚太地区自贸区等框架下的合作打下了基础。中国应审时度势努力争取中美和中欧投资协定谈判重启，积极推动协定谈判获得新的突破，促进中美和中欧在贸易与投资自由化方面的理解，以推动更深层次的贸易与投资自由化，使中美和中欧迈向更高水平的经贸合作。

四、引领高水平自由贸易协定谈判，构建自由贸易区域网络

中国应引领各个层面的自由贸易协定谈判，建立起自由贸易区域网络。一方面，需要关注提高规则的标准，积极吸纳或适度纳入符合全球经济发展趋势的合理规则，以提升贸易自由化；另一方面，在中国已经实践的深度一体化的基础上，制定符合中国特色、能够平衡各成员国利益的高水平规则，探索创建国际贸易新规则的中国版本。

第一，在自贸协定谈判和升级谈判中发挥引领作用，通过在部分领域推动高水平开放，展示中国的决心。目前中国签署的多数自贸协定标准比较低，与 CPTPP 等协议的规则存在较大差距。因此，除了直接与美欧接轨新规则，中国还应引领区域全面经济伙伴关系协定（RCEP）、中日韩自由贸易协定、中澳自由贸易协定等区域和双边 FTA 谈判及升级过程。此外，可以选择中国港澳台地区、中韩、中日韩、中澳、中瑞等自贸区，在部分领域进行高水平的开放（黄海洲、周成君，2013）。

第二，建立 CPTPP 与 RCEP、FTAAP（亚太自由贸易区）之间的协调机制，促进区域机制间的融合。由东盟主导的 RCEP 和中国积极倡导的 FTAAP 是亚太区域合作的重要平台。中国可以尝试将 CPTPP 等协议的部分规则引入 RCEP 和 FTAAP，以建立 RCEP、FTAAP 和 CPTPP 之间的协调和融合机制。这一举措不仅有助于亚太地区贸易体制与 CPTPP 等协议进行接轨，也可以减少 CPTPP 等高标准协议给中国对外贸易和投资产生的影响。

第三，搭建"一带一路"高标准自由贸易网络。"一带一路"共建国家包括印度、俄罗斯、土耳其、巴西、南非等发展中经济体，是中国未来主要的资本和商品输出市场。与这些国家建立自由贸易区对于拓展海外市场具有显著作用。同时，中国与这些国家处于相似的发展阶段，具备就多个热点问题达成一致，并将其提升至国际规则层面的条件，这有利于提升中国在国际经济治理中的话语权。因此，发展中国家，尤其是新兴经济体，应成为中国建立高标准自由贸易网络的重心（马梦龙，2018）。

五、以上海自由贸易试验区等为平台，探索国内外规则整合的渠道

加速自由贸易试验区建设有利于中国应对国际贸易规则重塑。要把上海自由贸易试验区、海南自由贸易港等建设成为高水平的自贸试验区，尝试高标准规则在试验区的试点，促进要素市场的开放转变为制度型开放。在自由贸易试验区试点对接国际贸易新规则取得可推广、可复制的经验后，再向全国全面推广（陆燕，2015）。

此外，还要对国际规则和国内规则进行整合，不仅要尝试在国内实施和落实国际规则，也要探索使国内规则成为国际规则的可能性。在贸易投资便利化、服务业对外开放、投资管理等方面进一步进行制度改革，营建公平、开放、透明的营商环境（张健，2020）。

六、建立与国际新规则对接的市场开放和运行体制

首先，应主动对接高标准的贸易规则，调整国内政策、法律、管理制度，使之适应高标准的贸易规则。其次，要转变政企关系，深化市场经济体制改革和国企改革，加快经济发展方式转变，以提高产业和企业竞争力（东艳，2014）。再次，建设公平、有序的市场体系，在国内大市场进一步扩大开放的同时加快与国际大市场的对接，重视"一带一路"自贸区的建设。最后，打造更高水平、更高标准的开放型经济，进一步开放服务业市场，强化知识产权保护，加强保护劳动者权益（权衡，2020）。

七、加强参与国际规则制定的能力建设和能力提升

虽然中国在参与国际经济治理方面取得了一定进展，然而，从客观来看，在国际经济治理方面中国仍处于起步阶段，相对于美国、欧洲、日本等国家和地区，中国在实践经验、知识积累、人才储备等方面仍存在不足，亟待加强参与国际规则制定的能力建设。这就需要改进涉外经贸决策的协调机制，加强高层协调

力度；统筹谈判资源，制定科学的谈判方案和谈判进程；加快改革对外谈判体制，提升谈判水平和效率；建立对外谈判高层智库，提升中国在国际规则制定中的主动权；同时，要加强人才培养和政策研究，以便提供前瞻性的对策建议和智力支持（陆燕，2015）。

第二章　投资新规则与中国的对策

国际投资是全球化生产和全球价值链的重要组成部分，根据 UNCTAD 的数据，在 1990~2010 年全球化高速发展期内，全球贸易和全球 FDI 分别增长了 5 倍和近 10 倍。这一时期被称为"超级全球化时代"。当前，投资已经超越贸易成为国际生产中的主要推动力。

投资规则是自由贸易协定的重要构成，包括了投资便利、投资安全和投资者保护等方面的规则。全球范围的国际投资协定（IIA）有 3360 个，其中 2943 个是双边投资协定，417 个是包含了投资条款的协定。可见，全球投资规则较为分散（张娟，2022）。

在日益激烈的国际投资新规则的主导权竞争中，美欧日等发达国家和地区正通过区域与双边自贸协定，打造更为贴合其自身价值观与利益的投资规则网络，以维持其在国际投资规则制定中的领导地位。这些精心设计的投资新规则，旨在提高投资的准入程度、降低投资成本、推动区域经济一体化，对各国生产与投资格局、区域乃至全球价值链重构将产生重大影响。对于处在全球价值链关键环节的中国而言，若长久地被这些新兴的区域贸易投资协定所隔离，将对中国在区域甚至全球价值链中的地位构成严峻挑战，影响其深度融入和构建全球价值链的战略布局（刘雅芳，2019）。

2020 年，中国利用外资和对外投资在世界上位居第一。2013 年，中国颁布了全国第一张外商投资准入负面清单，标志着中国外资管理制度逐步与国际规则接轨。2019 年《外商投资法》将中国在外商投资领域的改革措施以法律形式进行规定。截至 2020 年底，中国已经签订 19 个自贸协定，2022 年初生效的《区域全面经济伙伴关系协定》在投资章节中首次采用了负面清单模式。然而，不管是中国的国内投资政策还是贸易协定的投资规则，都与 CPTPP 等高标准自贸协定仍然有一定差距（孙晓涛，2022）。

中国"十四五"规划纲要提出"持续深化商品和要素流动型开放，稳步拓展规则、规制、管理、标准等制度型开放"，这应成为中国的投资治理需遵循的原则（张娟，2022）。中国应当深入研究 CPTPP 等前沿协定的投资规则，对国内相关规章制度进行细致完善，使之与国际高水平的投资规则对标，以实现投资规则质的飞跃，并在国际投资规则的制定中，积极发出中国的声音，展现中国的智慧和担当（孙晓涛，2022）。

第一节 《与贸易有关的投资措施协议》的主要内容

20 世纪 30 年代发生的世界经济危机，导致各国贸易保护主义盛行。美国颁布的《斯莫特—霍利关税法案》引起了贸易战，各国纷纷提高关税和非关税壁垒保护本国产业。第二次世界大战后，以美国为首的部分发达国家，试图重建国际经济秩序。1947 年 11 月 15 日，《GATT 临时适用议定书》的签署，标志着 GATT 的生效，然而 GATT 生效之初只规定了缔约方关税和非关税措施方面的义务。1986 年，GATT 举行第八轮乌拉圭回合谈判，议题除了包括关税减让和非关税措施，还包括贸易相关的投资和知识产权保护等。乌拉圭回合谈判中达成了许多协议，其中之一便是《与贸易有关的投资措施协议》（TRIMs）。TRIMs 的宗旨在于保护贸易和投资的自由，防止歧视性和不公平的做法，促进跨国投资和国际贸易的公平竞争环境。

TRIMs 主要的条款涵盖了调整范围、国民待遇原则、数量限制要求等多个关键内容，并为特定情境设立了例外规则，并对发展中国家成员给予了一定的考量和支持。重要附件《解释性清单》明确指出了五种与贸易相关的被禁止的投资措施：第一，强制企业采购本地产品；第二，限制企业进口产品数量，并把进口产品数量与出口数量或价值挂钩；第三，限制企业进口用于当地生产的产品的数量和价值，并与出口产品数量或价值挂钩；第四，将企业进口所需外汇与其外汇收入相联系来限制产品进口；第五，限制企业对产品的出口或销售（燕楠、周芷欣，2022）。

TRIMs 协议虽然体现了对货物贸易领域投资的关注，但其适用范围相对较窄，映射出当时国际投资环境的单一。该协议条款简单，过渡期较长。如今，随着全球经济的深度融合，投资形式和领域已大为扩展，涵盖了服务贸易、知识产权等多个领域。然而，TRIMs 协议主要聚焦于国民待遇原则，对投资者的保护尚显薄弱，尤其是没有涉及最惠国待遇原则，这在一定程度上可能限制或扭曲自由贸易的发展。

第一，TRIMs 的解释性清单列举了五种被明确禁止的投资措施。这些投资措施违反了 GATT 国民待遇原则和禁止数量限制原则，包括：①当地政府强制外资企业购买或使用一定数量的本地产品，即所谓的"当地含量要求"。②"外汇平衡要求"，即要求外资企业在进口一定数量的商品时，必须以相应数量的出口产品作为交换条件。③"贸易平衡要求"，即要求外资企业的进口数量或价值限制在其出口数量或价值相当的水平。④"进口外汇要求"，即外资企业在使用外汇时，需确保其申请的数量与其外汇收入水平相符。此外，TRIMs 还明确禁止对外资企业的产品出口或销售进行限制，这被称为"国内销售要求"（燕楠、周芷欣，2022）。

第二，TRIMs 规定了透明度、通知和过渡安排等内容，但对损失补偿、代位、征收等并没有具体规定。根据 TRIMs 第六条，成员国应积极考虑其他成员提出的与协定相关的信息请求，并提供充分的磋商机会。签署 TRIMs 的国家应遵守透明度原则，不得设置隐性壁垒。但这种透明度并非绝对的，若信息可能引发社会混乱，则不会被要求披露（燕楠、周芷欣，2022）。

第三，在解决争端方面，TRIMs 协议规定了 TRIMs 的磋商程序和争端解决应适用 GATT 1994 第二十二条、第二十三条以及 WTO《争端解决谅解书》中的相关条款。

第二节　新一代自由贸易协定的投资规则

自 2016 年以来，一系列包含投资规则的大规模区域贸易协定大量涌现，如 CPTPP、RCEP 及 CAI 等，对国际投资治理产生了重要影响。本节主要分析新一代区域贸易协定中投资规则的条款内容和主要特点。

一、CPTPP 的投资规则

CPTPP 的投资章节涵盖了投资的定义、适用范围、投资者权益与义务及争端解决机制，继承了 2012 年美国双边投资协定的核心框架，强调构建一个稳定、透明、非歧视的投资保护体系（孙晓涛，2022）。

（一）CPTPP 投资章节的主要内容

自 20 世纪 50 年代起，美国就已经开始制定高标准的投资规则。1992 年，《北美自由贸易协定》的诞生是美国投资规则标准提升的一大里程碑。该协定不仅引入了准入前国民待遇、高水平投资者保护等前沿条款，也创新性地引入了投资负面清单制度。2008 年全球金融危机爆发后，美国对于投资规则的要求进一步提高。TPP 作为奥巴马政府精心打造的跨区域自由贸易协定，更是将"宽领域"与"高标准"的理念发挥得淋漓尽致。而 CPTPP 延续了 TPP 投资规则的高标准，除少数条款外，CPTPP 几乎完全采纳了 TPP 的投资条款（谢孝婕，2020），TPP 投资章节中的负面清单等核心内容依旧得以保留。

CPTPP 投资章节大体上可以分为四个部分。

第一部分是投资章节正文主体，包含定义、范围、国民待遇、最惠国待遇、征收和补偿、转移、业绩要求、高级管理人员和董事会、不符措施、代位、拒绝给予利益等关键条款。

第二部分是投资者—国家间争端解决，涵盖了磋商和谈判、提交仲裁请求、仲裁员选择、仲裁程序透明度、准据法、裁决等方面的条款。

第三部分是投资章节的附件，共有 11 个附件，其中 7 个附件涉及国别例外，3 个附件包含了习惯国际法、征收和文件送达规则。

第四部分是各缔约方减让表，规定了不符措施条款，列出了各缔约方对投资领域不符措施的承诺，即"负面清单"，包含了各国的例外条款（孙晓涛，2022）。

（二）CPTPP 的主要投资规则

1. "投资"的定义

CPTPP 对"投资"的定义涵盖的范畴很广泛，不仅包括传统的企业、股权、建设项目，也包括金融资产、特许权、租赁、抵押、知识产权等。此外，该协议的投资除外商直接投资外，还包括其他的间接投资形式，如投资者通过直接或间接的形式拥有或控制等。相比之下，WTO 对于投资的概念并不明确，在 TRIMs 中是指与贸易相关的投资措施。

2. 适用范围

CPTPP 投资规则的适用范围非常广泛，不再局限于传统自贸协定只对政府部门进行约束。它不仅适用于成员国各级政府实施的有关投资措施，也适用于各级政府授权人如国企实施的相关措施。这一条款明确指出，政府通过立法或其他方式转移或授权行使的政府权力也适用该规则。因此，国有企业的采购、联合投资、工程委托等行为都可能在投资规则的适用范围内。CPTPP 投资章节的主要义务覆盖了设立、收购、管理、运营、扩张、处置等整个投资活动周期，其范围广、标准高，继承了 TPP 的投资规则（全毅，2022）。

3. 市场准入模式

市场准入模式是 CPTPP 协议的重要内容，其自由化程度非常高。CPTPP 采用"准入前国民待遇+负面清单"模式，负面清单同时适用于投资与跨境服务贸易，要求成员国在限制或禁止开放的领域外，必须全面对外开放。CPTPP

负面清单的附件 1 包括基础设施、资源能源、核工业、私人教育和医疗卫生等领域；附件 2 包括国有企业转让、社会公共服务实务、交通运输等行业。在这些例外行业中，成员国拥有完全的自主权，不适用 CPTPP 投资规则（刘昕昊、宫聪，2021）。

4. 禁止业绩要求和投资保护

CPTPP 禁止业绩要求的内容较为广泛，已拓展至新兴领域如服务和技术等，强调东道国不得对外资企业施加强制要求或强制做出相关承诺的要求。除此之外，各成员国还不得限制外资企业高管和董事会成员的国籍，并设定最低标准待遇条款，要求成员国保证外国投资获得公平公正的司法待遇和全面的安全保护（全毅，2022）。

5. 征收条件

CPTPP 对土地征收补偿的要求十分明确，规定了征收条件和市场化定价。征收条件必须符合公共目的且非歧视，同时补偿的支付要及时、充分、有效，符合正当的法律程序。这些原则有效地保障了征收过程的公正性。此外，CPTPP 规定补偿金额应当等同于被征收投资的公平市场价值。

6. 争端解决机制

CPTPP 引入了投资者—国家间争端解决程序（ISDS），争端解决程序进一步标准化，投资者利益保护进一步加强。CPTPP 的争端解决机制规定，投资者可以选择在本国进行诉讼，如果对诉讼结果不满意，可以继续向国际仲裁机构申请仲裁；此外，对于仲裁机构和规则的选择，也有更多灵活性（孙晓涛，2022）。

CPTPP 投资者—国家间争端解决机制的重心是投资者，其中有几个关键点需要特别关注。首先，该机制缺乏一裁终局规定，这被认为是目前该机制的主要问题。其次，投资者在东道国诉讼后仍可以申请国际仲裁机构进行仲裁，这损害了东道国的司法权威性。再次，仲裁机构和规则，除了可以选择国际投资争端解决中心（ICSID）及仲裁规则、联合国国际贸易法委员会（UNCITRAL）及仲裁规则，还可以选择其他仲裁机构和规则。最后，将投资者—国家间争端解决与国家间争端解决进行挂钩，如果被申请人不执行国际仲裁机构的仲裁结果，申请人所属国可要求设立专家组和起草初步报告（孙晓涛，2022）。

CPTPP 限制了 ISDS 的适用范围，限制了提请仲裁的时间，以对跨国企业的对外投资提供保护（全毅，2022）。

7. 安全例外

CPTPP 强调在东道国基本安全利益受到威胁时，可以不适用其他投资条款。

例如，美国的外商投资监管和审查制度非常严格，确保外国投资不危及美国的国家利益和国家安全，美国外国投资委员会被赋予广泛的审批权限。

二、RCEP 的投资规则

2012 年启动的 RCEP 协定中包含了投资章节，体现了亚洲国家逐步推进投资管理制度改革的方向（张娟，2022）。

（一）RCEP 投资章节的主要内容

RCEP 投资章节与 CPTPP 的结构和内容完全一致。RCEP 第十章规定了投资条款，包括定义、范围、国民待遇、最惠国待遇、投资待遇、禁止业绩要求、高级管理人员和董事会、保留和不符措施、信息披露、损失补偿、代位、征收、安全例外、投资促进以及投资便利化等十八项内容。协定涵盖了投资自由化、投资促进、保护和便利化措施。附件包括"习惯国际法"和"征收"以及服务和投资保留及不符措施承诺表（全毅，2022）。

RCEP 在原"东盟 10+1 自由贸易协定"投资规则的基础上，增加了最惠国待遇，对非服务业采用了负面清单的市场准入模式，并引入了棘轮机制保证开放水平的不断提升（张礼卿、孙瑾，2021）。RCEP 对投资保护和市场准入等义务作出了全面规定，反映了国际投资规则发展的新趋势。

（二）RCEP 的主要投资规则

1. "投资"的定义

RCEP 对"投资"的定义与 CPTPP 相同，涵盖了股权、债权投资、合同权利、特许经营权、自然资源开采权和动产不动产权利等广泛的领域（全毅，2022）。

2. 国民待遇和最惠国待遇

国民待遇和最惠国待遇规定成员方给予其他成员方投资者及其投资的待遇不能低于本国和任何其他国家或地区的投资者（赵博文、张纪凤，2023）。这一规定旨在促进投资者间的公平竞争，同时也是对国际投资规则的尊重和遵循。

3. 适用范围

RCEP 关于国民待遇和最惠国待遇的适用范围非常广泛，包括设立、取得、扩大、管理、经营、运营、出售等投资的整个过程。RCEP 的投资自由化措施不适用于服务贸易，但部分义务适用于服务贸易的"商业存在"模式。

4. 市场准入

RCEP 采用了"准入前国民待遇+负面清单"的准入模式，规定成员对非服务业进行较高水平的开放。引入这一制度是 RCEP 投资规则的重要成果之一，是第二代投资政策与第一代投资政策的基本区别（全毅，2022）。此外，RCEP 还允许东道国基于国内产业保护和国家安全，在一定程度上限制外资准入。

RCEP 在跨境服务贸易以外的服务贸易领域采取负面清单的管理模式，对跨境服务贸易模式仍然通过正面清单作出承诺，其开放水平较 CPTPP 低。

5. 禁止业绩要求

RCEP 禁止业绩要求条款有以下特点：

（1）承诺水平较高。RCEP 在强制技术转让、特定地区销售以及特许费金额和比例等方面，都超出了 TRIMs 规定的范围。例如规定，东道国不应强制要求转让特定技术、生产流程或其他专有知识；不得阻碍自由贸易，也不得规定投资流向特定国家或产业；禁止对许可合同规定一定比率或金额的特许费。如果发现违规情况，政府可以在其职权范围内直接干预相关许可合同（部分规定不适用于柬埔寨、老挝人民民主共和国和缅甸）（燕楠、周芷欣，2022）。

（2）除该条款明确列出的具体情形外，不限制东道国采取其他措施的权利。

（3）考虑到成员国的经济差异和监管制度的不同，RCEP 允许成员国在投资方面设定负面清单。例如，一些国家可以豁免最惠国待遇条款，或是可以不适用某些禁止业绩要求的条款，特别是对于像老挝、缅甸、柬埔寨这样的最不发达国家，RCEP 还给予这些国家更长的市场开放过渡期，以帮助它们更快地融入亚洲区域经济一体化。

（4）地方招商引资和投资促进中可能涉及 4 种不能给予优惠的情形。

6. 投资保护条款

RCEP 有详细的投资保护条款，涵盖了投资待遇、征收、外汇转移、损失补偿等方面的纪律。在投资待遇方面，规定各成员方需保障涵盖投资范围内的资金自由进出境，包括利润、资本所得、股息、利息、技术许可使用费等，且不得设立任何障碍或迟延；明确了代位权利的范围不能超过原有权利，避免了多方代位造成的混乱，除非另有约定，如果成员方已经向投资者支付，投资者不能向涵盖投资的其他成员方主张权利；另外，成员方对外国投资不得采取征收或国有化外国投资措施，为公共目的或以非歧视方式进行的除外，但在这种情况下需给予合理补偿，且应立即支付。补偿应以在征收时市场价值为准，确保公平合理。对于与涵盖投资相关的征收或国有化，应该是能够实现和自由转移的（燕楠、周芷欣，2022）。

RCEP 投资章节没有关于争端解决的规定，但规定了外商投诉的协调处理机制，并且不受 RCEP 其他争端解决程序的影响。这说明 RCEP 缺乏具体的 ISDS 规定，即投资者与东道国之间的争端解决机制。

7. 投资促进化条款与投资便利化条款

RCEP 协定明确了促进和便利化投资的具体条款，着重关注外商投资纠纷的解决。

（1）投资便利化的主要内容。为了促进外商投资，简化投资申请和批准程序，RCEP 规定建立联络点、一站式投资中心等，为投资者提供咨询服务，接受并适当考虑外商对于政府行为的投诉，帮助解决外资企业的困难。

（2）投资促进化的主要内容。鼓励成员方之间的投资活动，组织联合投资促进活动、商业配对活动、介绍会和研讨会，分享投资机会和相关政策法规，进行信息交流（王彦志，2021）。

三、USMCA 的投资规则

（一）USMCA 投资章节的主要内容

USMCA 的投资章节包括正文和附录两部分。正文涵盖各类投资规则，附录中主要规定投资者与东道国间的争端解决机制（ISDS），但仅对美国和墨西哥之间的投资争议适用，而加拿大和墨西哥之间的争议适用 CPTPP 的 ISDS，加拿大和美国之间的争议不再适用（李思奇、牛倩，2019）。附件中列出了美、墨、加的负面清单，详细规定了三国在投资领域的保留部门和例外措施。具体内容可以参考表2-1。

表 2-1　USMCA 投资规则的主要框架

主题	主要内容
投资的定义与范围	涵盖投资、企业、缔约方企业、自由流动货币、投资、非缔约方投资者、缔约方投资者的具体定义及投资的具体范围
投资章节与其他章节的关系	若投资章节的内容与协议其他章节的内容存在不一致，则以其他章节的内容为准
国民待遇	一成员给予另一成员的投资者及其投资企业在投资各环节的待遇不低于给予本国投资者的待遇
最惠国待遇	一成员给予另一成员的投资者及其投资企业在投资各环节的待遇不低于其给予其他国家投资者的待遇
最低待遇标准	各成员方应给予其他成员的投资者公平合理的待遇以及充分的保护
武装冲突或内乱的处理	各成员方仍应给予另一成员方的投资者非歧视待遇，并就其因武装冲突或内战而采取的措施给领土内的投资所带来的损失给予非歧视待遇
征收与补偿	除特殊情况外，任何成员方不得直接或间接对涵盖投资进行征收或国有化

主题	主要内容
转让	各成员方应允许自由进行与涵盖投资有关的转让并允许及时进出其境内，同时应允许以自由流通货币按转让时的市场汇率进行转让
业绩要求	各成员方不得对成员方或非成员方投资者在其领土内投资的整个过程施加要求或强迫其履行任何承诺和义务
高级管理人员与董事会	任何成员方不得对涵盖投资企业高级管理人员的国籍施加要求，但可以对该企业董事会或类似委员会的大部分成员的国籍进行要求，只要该要求不实质性损害投资者对其投资的控制能力
不符措施	列举各成员方在国民待遇、最惠国待遇、业绩要求、高级管理人员和董事会成员方面的不适用措施
特殊手续和信息要求	第14.4条（国民待遇）的任何规定不得解释为阻止一成员方采取或维持一项措施以规定与涵盖投资有关的特殊手续，同时各成员方要确保投资信息仅用于统计目的且不可泄露
利益的拒绝给予	一成员方在某些情况下可以拒绝本章对另一方投资者的利益，也可以拒绝该投资者的投资
代位权	若一成员方或其代理人以担保、保险合同或其他形式的补偿向其投资者支付了款项，则涵盖投资所在的另一成员方应承认代位权或若非代位权投资者对涵盖投资的任何权利的转让；在代位权范围内投资者不得再追求相关权利，除非成员方或其代理人授权投资者自行行事
投资与环境、健康、安全及其他监管目标	不得阻止成员方采取、维持适当的、与本章相一致的任何措施，以确保其领土内的投资活动不会对环境、健康、安全或其他监管目标产生影响
企业社会责任	各成员方鼓励在其领土内的投资企业自愿纳入企业社会责任相关的国际标准、指南和原则

资料来源：USMCA 协定文本 hpps：//ustr.gov/trade-agreements/free-trade-agreements/u。

（二）USMCA 的主要投资规则

1. 投资的定义

USMCA 继承了美国在 2012 年 BIT 范本和 TPP 的内容，其中包括对投资范围的规定，涵盖了投资者直接或间接持有或控制的各种财产。协议要求投资必须具备资本或其他资源的投入，并具有收益或利润的预期，同时也需要承担相应的风险。

USMCA 对投资的定义较为广泛，投资可以是一个企业，也可以是企业的股份、股票或其他形式的股权；债券、其他债券工具和贷款，期货、期权和其他衍生品；总承包、建设、管理、生产、特许权、收入分享和其他合同；知识产权以及许可证、授权等权利；除此之外，还包括了其他有形或无形、可移动或不可移动的财产，以及相关的财产权（王彦志，2021）。

2. 市场准入

在市场准入方面，TRIMs 对于限制措施明确列出了具体清单，而 GATS 则采用了具体承诺的方式。与此不同的是，USMCA 采用了投资负面清单制度。根据投资负面清单制度，除了负面清单范围内的行业，成员方的其他行业都必须对外资开放。由于负面清单内的行业有限，因此给予了外资较大的开放度。

美国、墨西哥和加拿大在 USMCA 负面清单中列出了限制投资的行业和不符措施清单。不符措施是指不符合国民待遇、最惠国待遇、业绩要求、高级管理人员和董事会、市场准入等核心义务的外资准入方面的措施。CPTPP 与 USMCA 的不符措施主要是在能源、制造业、运输服务和通信服务业。此外，在所有行业中，三国规定了水平限制措施，包括禁止外资进入的国内法规定、限制外资股权比例的规定以及地方政府颁布的不符措施等（李思奇、牛倩，2019）。

3. 争端解决机制

USMCA 协议为外国投资者在加拿大、墨西哥和美国的投资提供了全面的保护措施。协议规定了投资者应当受到公平和公正的对待，不得歧视，要求透明和可预见性等。在投资争端方面，协议设立了专门的争端解决机构，为外国投资者与当地政府的投资争端提供诉讼的渠道。除此之外，协议还明确了公正对待、提供充分信息、保护投资和投资利益等投资原则。

USMCA 对投资仲裁案件的处理提出了明确要求，要求仲裁庭和双方争议方必须迅速有效地推进仲裁程序。具体来说，仲裁员等待期限从之前的 90 天缩短至了 75 天，这一举措比 WTO 框架下的协议更加高效（李思奇、牛倩，2019）。

四、中欧全面投资协定的投资规则

2020 年底，中欧全面投资协定（CAI）正式达成。CAI 不仅是传统双边投资协定的升级版，涵盖领域广泛、规则标准高，同时也展现了发达国家和发展中国家投资制度融合的典范作用。中欧投资协定是一份平衡、全面、高标准的协议（张晓娟，2022）。具体而言，中欧投资协定包含四个主要规则。

（一）市场开放

中欧双方在市场开放承诺方面展现出最大的诚意。第一，全面实施准入前国民待遇，企业申请设立阶段同样享受国民待遇，大多数领域对外资不进行专门审批，将"取消外资审批"列为双方的国际义务。第二，实行最惠国待遇，即双方将自动把其给予其他国家的优惠投资待遇给予对方。第三，在市场准入方面，双方约定了更严格的措施。根据规定，政府在市场准入方面"不得采取数量限制"，数量限制包括：对某个行业的企业限定数量配额或采取垄断和专营；以测定经济需求的方式对服务提供者的数量进行限制；对服务交易或资产总额、服务总产出以及雇员人数等进行限制。这是中方首次在投资协定中采用禁止数量限制条款，使得中国市场准入的承诺与欧盟的开放程度基本相当。第四，在负面清单方面，中欧双方均列出了一些例外，如出版、视听等行业不得设立或经营外资企业。双方的负面清单包含了服务业和非服务业的所有行业，中方在乘用车、云计算和医疗等领域做出了重大让步，对欧盟企业开展业务提供更多机会。第五，"棘轮条款"，双方承诺未来大部分领域的开放不会倒退，少部分领域的开放可以调整，但不得剥离外资。这有利于锁定开放的领域，并持续渐进地进行开放。

（二）公平竞争

中欧投资协定的公平竞争条款涵盖了五个方面，包括国有企业、业绩要求、环境劳工、标准制定以及技术转让。第一，在国有企业方面，规定不得歧视国有企业，并要对国企独立监管，保证其运作符合商业考虑并确保透明度不断提升。这是中国第一次在自贸协定中达成的国有企业条款。第二，在业绩要求方面，协定规定双方不得设定出口实绩要求、本土含量要求或强迫企业达到外汇平衡，也不得要求企业在本国设立研发中心等。第三，在环境和劳工方面，协定规定双方不得降低本国环保和劳动待遇标准，以获取成本优势，也要执行多边环境协定。此外，协定还包括了争取批准国际劳工组织基本公约的内容，体现了对环境和劳工权益的尊重和保护。第四，在标准制定方面，规定要允许外资企业参与国内标准制定，并享受国民待遇。第五，在技术转让方面，协定规定双方不得强制性要求技术转让，也要保护商业秘密。

（三）投资保护和便利化

在投资保护方面，中欧仍存在分歧，没能达成投资保护协议。双方承诺投资保护和投资者—国家间争端解决谈判将在协定签定后两年内完成。尽管如此，中欧协定在促进投资保护和便利化方面仍然取得了一些积极进展。首先，在资金自由转移方面，原则上允许与外资相关的资金和资本自由进出境，但需遵守国内法律的反洗钱、反欺诈等规定。其次，在人员自由流动方面，在不违反国内法律的情况下，原则上不限制与外资有关的主要人员进入国境。最后，对董事高管的国籍不得进行限制，禁止要求董事或高管具有特定国籍。

（四）例外

在特殊情况下，即基于金融审慎或国家安全考量，双方政府可采取违反协定的措施（邹磊、王优西，2021）。

第三节 投资新规则的主要特点

　　CPTPP、RCEP 和 USMCA 等新一代自由贸易协定不仅包含了高标准的投资规则，适应发达国家的诉求，也采取了包容性措施，以适应发展中国家的特殊情况。它们代表的新一代自由贸易协定将引领和影响国际投资规则的演进，在促进跨境投资和合作方面发挥着重要作用。通过对 WTO 与新一代自贸协定投资规则的比较（见表 2-2），可以发现，国际投资新规则主要有以下特点：

表 2-2　WTO 与新一代自贸协定投资规则的比较

项目	WTO	CPTPP	USMCA	RCEP	CAI
投资的定义	概念不明确	包括企业、股权、建设项目以及金融资产、特许权、租赁、抵押、知识产权	企业、股权、债券、其他债券工具和贷款、期货、期权和其他衍生品；总承包、建设、管理、生产、特许权、收入分享和其他合同；知识产权，许可证、授权等权利；其他财产及相关财产权	涵盖股权、债权投资、合同权利、特许经营权、自然资源开采权和动产不动产权利等	
适用范围	TRIMs 中指与贸易相关的投资措施	各级政府实施的投资措施，政府授权人实施的相关措施，覆盖整个投资活动周期	涵盖了投资者直接或间接持有或控制的各种财产	整个投资过程，投资自由化措施不适用于服务贸易，部分义务适用于服务贸易商业存在模式	
市场准入	TRIMs 对于限制措施明确列出了具体清单，而 GAT 则采用了具体承诺的方式	准入前国民待遇+负面清单	准入前国民待遇，投资负面清单制度	准入前国民待遇+负面清单模式，服务贸易采取正面清单与负面清单相结合模式，跨境服务贸易采取正面清单模式	准入前国民待遇，取消外资审批，负面清单准入模式，禁止数量限制

续表

项目	WTO	CPTPP	USMCA	RCEP	CAI
禁止业绩要求	禁止四种与贸易相关的投资措施：国内含量管理、贸易外汇平衡要求、进口用汇限制、国内销售要求	不得对外资企业施加强制要求或强制做出相关承诺；不得限制外资企业高管和董事会成员国籍，设定最低标准待遇条款	成员方不得对成员方或非成员方投资者在其领土内施加要求或强迫其履行任何承诺和义务，不得对外资企业高级管理人员的国籍施加要求，最低待遇标准	在强制技术转让、特定地区销售以及特许费金额和比例等方面，都超出了TRIMs，允许成员国在投资方面设定负面清单	不得设定出口实绩要求、本土含量要求或强迫企业达到外汇平衡，不得要求企业在本国设立研发中心
投资保护	对损失补偿、代位、征收等并没有具体规定	征收条件符合公共目的且非歧视，补偿支付要及时、充分、有效	除特殊情况，任何成员方不得直接或间接对涵盖投资进行征收或国有化	涵盖了投资待遇、征收、外汇转移、损失补偿等方面的纪律	没能达成投资保护协议
争端解决机制	没有专门针对投资的争端解决程序，适用于主协定的争端解决程序	引入投资者—国家间争端解决程序，投资者可选择在本国诉讼，如对诉讼结果不满意，可继续向国际仲裁机构申请仲裁	设立了专门的争端解决机构，要求仲裁庭和双方争议方必须迅速有效地推进仲裁程序	没有关于争端解决的规定，但规定了外商投诉的协调处理机制，缺乏具体的ISDS规定	投资者—国家间争端解决谈判将在协定签定后两年内完成
安全例外	为特定情境设立了例外规则	在东道国安全利益受到威胁时，不适用其他投资条款	为了环境、健康、安全及其他监管目标的例外	设置了安全例外	基于金融审慎或国家安全考量的例外
投资促进化与投资便利化				明确了促进和便利化投资的具体条款	原则上允许与外资相关的资金和资本自由进出境，原则上不限制与外资有关的主要人员进入国境，禁止要求董事或高管具有特定国籍

资料来源：笔者根据相关资料整理。

一、投资规则覆盖领域广

新一代投资规则已经超越了传统自由贸易协定，不仅涵盖了传统投资领域，也纳入了很多新的议题，涉及更多新的领域。例如，CPTPP 等对投资定义不仅包括企业、股权、建设项目等传统形式，也扩大到金融资产、特许权、租赁、抵押、知识产权等形式。在禁止业绩要求方面，CPTPP 不仅把禁止业绩要求引入传统领域，还在服务和技术等新兴领域引入了禁止业绩要求。同时，CPTPP 还规定成员国不能对外资企业提出任何强制性要求，或要求外资企业做出任何承诺。此外，还将投资者—国家间解决争端机制引入自贸协定（孙晓涛，2022），这些新规则的制定有助于促进跨国投资、保护投资者权益，但也对东道国政府构成了更多权力约束。

二、服务和数字是国际投资自由化的主要方向

全球投资规则的主旨依旧是促进投资自由化，保护投资者利益和产业发展。近年来，各个重要协定如 CPTPP、RCEP 和 CAI 都在不断取消各类服务领域的市场准入门槛，扩大金融、法律、建筑、运输等服务业的开放。如 CPTPP 和 RCEP 都对跨境金融服务提供作了明确规定，RCEP 还首次引入了新金融服务；在 CPT-PP、RCEP 和 CAI 等协定中都有具体条款要求各缔约方保证电信服务的开放和公平；RCEP 电信服务附件则进一步规定了电信主要提供者的待遇、电信专用线路服务的提供和定价等细节；而在 CAI 协定中，中国取消了对云服务外商投资的限制，但外国投资者股比仍受到限制。在中国与欧盟 CAI 协定中，大幅开放了医疗健康、电信、研发、金融保险、环境服务等服务领域，而欧盟也扩大了制造、新能源和批发零售等领域的开放。总体来看，新一代自由贸易协定促进了服务和数字领域的自由化，说明服务和数字已代替制造业成为投资自由化的发展方向。

三、负面清单成为投资准入管理的通行模式

投资规则中的国民待遇原则要求成员方在除限制或禁止开放的领域外，无论是在投资者准入时还是准入后，必须采取全方位开放的措施，给予投资者国民待遇。而成员国将限制或禁止开放的领域在负面清单中列明，这种负面清单管理模式能确保投资者在一个公平透明的环境中进行投资，提高了投资者的信心和积极性。

从大型区域 IIAs 来看，负面清单已成为许多国家的投资管理模式，包括发达国家和发展中国家。CPTPP 采用全面的负面清单模式，RCEP 的投资管理模式是

"负面清单+正面清单"方式，其中，日本、韩国等国选择了负面清单模式，中国、新西兰、柬埔寨等国则选择了分阶段实施负面清单的模式，过渡期为 6 年。在 CAI 协定中，中欧双方采取了全面的负面清单模式，覆盖了所有的行业领域。

四、东道国与投资者利益平衡模式是投资争端解决的改革方向

CPTPP、RCEP 等都在不断对投资争端解决机制进行调整。CPTPP 将投资者—国家争端解决程序引入自由贸易协定，加强了对投资者的保护（孙晓涛，2022）。RCEP 没有明确规定投资争端解决机制，倾向于采用磋商、协调等方式解决争端。《中欧投资协定》提出了国家间协商和仲裁两步法，以减少和解决争端。

从前的投资争端解决机制袒护投资者，导致出现大量投资仲裁案件，降低了发展中国家进一步开放的决心。为了改变这种状况，联合国贸易法委员会发布了《投资者与国家基于条约仲裁透明度规则》，同时 G20 也颁布了《全球投资政策指导原则》，这两项规范的出台表明了投资争端解决机制正逐渐从以投资者为中心向东道国与投资者权益平衡的模式转变。而 CPTPP 和 RCEP 等区域贸易协定对投资争端解决机制的安排，则是实践了《全球投资政策指导原则》所倡导的方向（张娟，2022）。

五、可持续发展是国际投资新规则的新导向

新一代自贸协定的投资规则纳入了环保、劳工等条款，体现了可持续发展的核心理念。如 CPTPP 规定成员要遵守多边环境协议的义务，又将投资与环境问题挂钩，为新一代国际投资规则的制定奠定了基础。CAI 对环境和气候等可持续发展议题作出承诺并列入专门章节，规定不得通过降低国内法规定的环保标准来使国内企业获得低成本竞争优势，这是协定的一大亮点。此外，CAI 还鼓励环境、气候友好型投资。

这表明区域贸易协定的投资条款已把经济、社会、环境的可持续发展问题作为重要的考量，致力于推动和发展负责任投资，这成为国际投资规则新的导向（张娟，2022）。

第四节　中国外商投资政策与 FTA 投资规则

近年来，中国在外商投资管理方面进行了深入改革。2013 年，中国开始在

自由贸易试验区试点采用负面清单的外资准入管理模式，随后，逐步在全国推广，并不断扩大对外商投资的行业开放度。同时，中国改革了外资企业和投资项目的管理制度，减少审批和核准程序，扩大备案制度。2019年，中国发布了《外商投资法》和《外商投资法实施条例》，这些法规不仅固化了自由贸易试验区的外商投资改革措施，也标志着外资管理体制不断完善，为中国参与全球投资治理奠定了良好的国内基础。

自2002年与东盟签订第一个自由贸易协定以来，中国已签订19个自由贸易协定，在2022年生效的《区域全面经济伙伴关系协定》中首次采用了负面清单投资管理模式。虽然中国签署的RCEP等协定的投资章节与CPTPP等高标准自贸协定并无太大差异。然而，中国的外商投资政策及FTA投资规则与CPTPP等协定相比仍存在差距，主要表现在以负面清单为主的行业开放程度，以及投资者保护方面，尤其是投资者与国家间的争端解决机制。

一、中国外商投资政策与投资新规则的差距

（一）投资负面清单较长、限制措施较严

与美国、日本等国家相比，中国的投资负面清单限制的项目较多，还无法达到CPTPP成员国的标准。

中国发布的《外商投资准入特别管理措施（负面清单）（2021）》共包括31项限制措施，涵盖农业、制造业和服务业等领域。中国在很多外资有迫切愿望进行投资的领域如农业、法律、医疗、社会调查、互联网信息服务、文化新闻出版等方面的限制较为严格。

在外商投资限制措施方面，中国有禁止投资和合资要求两种方式，在负面清单31项措施中，有21项是禁止投资，10项是合资要求。这些限制措施是硬性规定，缺乏灵活性。而美国、日本等国的投资限制措施包括特别许可、对等开放、特定类型企业注册等方式，灵活性较大。中国负面清单限制措施较严格的原因在于，中国行业主管部门法律制度并未特别强调外资管理，常见做法是在文件中加入"外商投资行为，法律、行政法规另有规定的，从其规定"等条款，将外资准入管理权更多地赋予外资主管部门。这种处理方式不仅会导致中国难以进一步放开外资准入，影响自贸协定的谈判，也会造成部分行业在开放后缺少安全保障跟进等问题（孙晓涛，2022）。

投资负面清单一般只列举了限制和禁止准入的行业或领域，各国仍会不断调整和完善清单内容。为解决清单调整可能带来的问题，负面清单通常会设置对应的投资保留和不符措施。即通过附件清单方式，列明股权比例、国民待遇和业绩要求等负面清单以外的现行管制措施，保证投资措施具有一致性。

中国在 RCEP 框架中列出了投资保留和不符措施。但是，中国的《外商投资法》并未在负面清单中列出投资保留和不符措施，这可能会导致外资在准入后仍面临经营限制。在中国的外商投资负面清单中，除了制造业，还包含了 20 个服务业的外资经营规定，包括相关法律、行政法规、地方性法规、规章等的要求。根据《中华人民共和国立法法》规定"部门规章之间、部门规章与地方政府规章之间具有同等效力，在各自的权限范围内执行"。因此，在同一领域行业中，外资准入后可能面临同等效力法律规章的不同要求（张娟，2022）。

（二）已在全国实施跨境服务贸易负面清单，但与国际经贸协定还有差距

近年来，国际贸易规则的一大趋势是采用一张负面清单来管理投资和跨境服务贸易。在 CPTPP 中，11 个缔约国都采用了这一模式。而中国在 RCEP 中负面清单只适用于非服务业领域（孙晓涛，2022）。在 CAI 中，负面清单也只适用于服务业和非服务业，而不适用于跨境服务贸易，对跨境服务贸易仍然是正面清单的管理模式。在国内改革方面，2018 年上海发布了《中国（上海）自由贸易试验区跨境服务贸易负面清单管理模式实施办法》和《中国（上海）自由贸易试验区跨境服务贸易特别管理措施（负面清单）（2018 年）》，2021 年 7 月 23 日，商务部正式发布了《海南自由贸易港跨境服务贸易特别管理措施（负面清单）（2021 年版）》，这是中国第一张国家层面的跨境服务贸易负面清单。

2024 年，商务部发布了《跨境服务贸易特别管理措施（负面清单）》（2024 年版）和《自由贸易试验区跨境服务贸易特别管理措施（负面清单）》（2024 年版），自 2024 年 4 月 21 日起施行。全国版和自贸试验区版跨境服务贸易负面清单的实施，标志着首次在全国对跨境服务贸易建立负面清单管理模式，形成了跨境服务贸易梯度开放体系。但现有清单在格式、分类标准及兜底条款方面与国际经贸协定的负面清单还有差距，这可能会影响跨境服务贸易管理的实效，以及今后国际经贸规则的缔约、履约工作。

（三）对投资者—国家间争端解决存在分歧

投资者—国家间争端解决机制是一项重要的保护投资者利益的机制，但随着国际经贸规则的变化和跨境投资的发展，现有的投资仲裁方式已经难以适应需求。因此，投资者—国家间争端解决机制的改革势在必行。然而，各国在改革的方向上存在分歧。欧盟提倡多边投资法院方式，美国主张维持双边国际投资仲裁，而中国等发展中国家主张采用已有的投资仲裁，并建立上诉机制解决一裁终局问题。

当前，各国在投资者—国家间争端解决机制改革方面存在分歧，形势紧张。

中国在 RCEP 和中欧 CAI 等协定谈判中暂停相关讨论，而欧盟在 TTIP 谈判时坚决反对引入投资者—国家间争端解决机制。TPP 将投资者—国家间争端解决机制引入区域贸易协定中，让美国在该领域拥有更多话语权。随着中国对外投资规模不断扩大，中国在维护国家利益和保护海外投资者利益之间面临着越来越大的挑战。1993 年中国加入《华盛顿公约》时，仅在征收和国有化补偿的争议方面接受 ICISD 仲裁。而在 2000 年左右签署的双边投资协定中，中国才开始接受更多的 ICISD 仲裁管辖。近年来，投资者—国家间争端解决案件涉及面越来越广，从征收和国有化问题扩展到人权、环境、法治等方面，而且 CPTPP 等协定的投资者—国家间争端解决规则很明显是偏向于保护投资者，这对中国政府的应诉能力是个很大的考验。

（四）土地征收、国有企业、投资定义等条款与投资新规则存在差距

中国国内政策与 CPTPP 等协定的土地征收、国有企业、投资定义等条款还存在一些差距。一是土地征收补偿定价方面。CPTPP 规定，补偿定价要根据被征收目标的公平市场价值来确定。但是目前，中国土地征收的补偿标准并不是按照公平市场价值来确定的，而是由地方政府根据自身情况制定，这主要是由于中国的土地归国家所有，企业没有所有权。这与 CPTPP 中关于征收和补偿的规定存在差距。二是对国有企业行为的更多限制。CPTPP 扩大了传统自贸协定的规制范围，不仅对各级政府部门有较多限制，还对政府授权行使权力的国有企业或其他机构进行限制，进一步强调了对国有企业的监管。三是投资范围较大。CPTPP 对投资的定义不仅包括股权等直接投资，还扩大到金融资产、特许权、知识产权等间接投资方面，而《中华人民共和国外商投资法》定义的外商投资只包括设立企业、取得股权或财产、投资新建项目等直接投资形式。可见，在中国的法律体系中，对投资的定义范围相对较窄，仅包括单独投资、合资和再投资三种形式。虽然也涉及间接投资，但在具体细化方面还有待完善，在《中华人民共和国外商投资法实施条例》中并没有详细说明。

当前，中国对投资的定义范围较窄会产生一系列问题，无法应对来华外资愈加多样化的形式，不仅无法确定投资者在华身份给外资管理带来困难，也使一部分符合中国自贸协定承诺的外资面对没有中国内部法律可适用的问题，还可能在出现争端时引发投资管辖权纠纷。

（五）外资开放安全管理存在不足

在对外开放的过程中，开放安全至关重要。相较于发达国家，中国在国内安全保障方面的经验仍有短板。因此，对接 CPTPP 等投资规则时，我们不仅需要理顺放行的规则，更要加强规范管理。

1. 外资安全审查经验不足

根本安全是国际投资协定中的重要保障条款，TPP 和 CPTPP 都有安全例外条款，旨在确保东道国在维护本国基本安全利益的情况下，可以采取必要措施，即便这些措施与其他条款相冲突。美国根据根本安全条款构建了外资监管与审查制度，确保外资不会威胁本国安全，美国外国投资委员会在外资的风险评估方面具有较大的管辖权。中国也在 2019 年的《外商投资法》中，明确了对影响或可能影响国家安全的外商投资进行安全审查的制度，并于 2020 年 12 月发布了《外商投资安全审查办法》，不过与美国严格和完善的外资监管制度相比，还有很大的差距。

2. 对部分重点部门的安全保障不足

外资准入负面清单是保护本国特定产业利益的主要方式。在美国和日本的负面清单中，制造业等部门受到的限制程度较低，而农业、采矿业以及社会生活和公共安全部门的限制程度较高。在中国的负面清单中，文化、法律事务、社会调查、互联网信息服务、基因技术等部门的限制程度较高，在制造业、农业、能源等部门的限制程度与美国和日本基本相当，而在采矿、运输等部门中国的限制程度较低，限制的范围更小。相比之下，美国和日本对采矿权进行全面限制，美国要求当地存在和对等开放，日本则要求当地存在和特殊审批。此外，日本规定航天、军工、炸药制造、药品生产、电力、燃气等部门需要特殊审批，而中国的这些重点部门却没有列入负面清单。

3. 外资市场准入的法律法规还不成熟

从表面来看，发达国家的法律法规透明度很高，实际上却限制非常多。以美国电信行业为例，《美国通信法》第 214 节规定了新建通信线路需要申请许可，被称为"214 牌照"。然而，美国联邦通信委员会（FCC）的权力有限，只不过是一个审核机构，如果外资直接持股高于 5% 或间接持股高于 25%，便需要由电信小组进行审查。电信小组的成员构成是美国联邦调查局、司法部等各个国家职能部门的代表，而不是法律机构，虽然实际上有决定权，但却没有审批权，没有任何法律约束其职能，因此，美国电信行业外资准入审批的自由裁量权很大。近期的例子显示了这种裁量权的使用，比如 2021 年 10 月 26 日，美国联邦通信委员会以中国电信美洲子公司威胁美国国家安全为借口，要吊销其"214 牌照"。2011 年 9 月 1 日开始中国移动申请"214 牌照"一直没有获得批准。而同一时期，其他国家企业却可以轻松拿到"214 牌照"，凸显出美国电信行业审批存在的不公平和不透明性。而中国外资准入的法律法规还很不成熟，对外资主管部门依赖过大，而没有发挥行业主管部门的作用（孙晓涛，2022）。

二、中国 FTA 投资规则与投资新规则的差距

中国不同自由贸易协定的投资规则存在着明显的"两极化"现象。一些 FTA 的投资规则达到了 CPTPP 的"高标准、高自由",比如中韩 FTA 和中澳 FTA,而另一些则显得滞后、缺乏实质内容,比如中冰 FTA 和中巴 FTA。一些早期签订的 FTA,长期没有升级,其规则已经滞后于各缔约国的需求(谢孝婕,2020)。

(一)"准入前待遇+负面清单"没有普遍适用

尽管中国在部分自由贸易协定投资规则谈判时,曾承诺在未来的谈判中采用"准入前国民待遇+负面清单"的模式,但实际上该模式目前尚未普遍应用。虽然在中韩 FTA、中澳 FTA 的谈判中有所提及,但在 FTA 协议文本中并未明确规定该模式(谢孝婕,2020)。

(二)投资保护措施尚不完备

投资保护措施一直是广大投资者关注的焦点。中国的资本转移规定大致与 CPTPP 相近。但在禁止业绩要求的规定上还表现出一定的不足,例如,中澳 FTA 和中韩 FTA 中的规定仍较为简单或空缺。此外,在征收与补偿条款方面,也需要进一步完善。CPTPP 规定了三个征收条件:一是公共目的,二是合理补偿,三是遵循正当法律程序。然而,中国签订的部分 FTA 中只规定了部分征收条件,如中国与冰岛、哥斯达黎加 FTA 只规定了公共目的和合理补偿条款。此外,CPTPP 对于补偿支付做出了详细规定,而仅有中国—智利 FTA 和中国—新西兰 FTA 与之相似。征收补偿条款的详细规定不仅是对投资者的保护,也体现了东道国的责任。完善投资保护条款是优化投资环境的重要手段之一。因此,在中国 FTA 的投资保护措施方面,还需要进一步细化和完善,以避免投资者产生偏见,吸引外商投资者、避免投资争端、防止滥诉行为(谢孝婕,2020)。

(三)投资争端解决存在缺陷

中国 FTA 的 ISDS 机制与 CPTPP 的规定差异不明显。例如,中澳 FTA 中的 ISDS 机制的裁决规则大部分内容和 CPTPP 相近,有些甚至理念更为超前。然而,随着国际投资活动和投资争端的激增,ISDS 机制也逐渐显示出制度固有缺陷,如透明度较低、损害东道国利益、裁决不一致、一裁终局等。例如,在 ICSID 仲裁中,若一方认为裁决有误,只能提出撤诉。然而,实际上成功撤诉的案件寥寥可数,因为撤诉的提请条件主要集中在违反仲裁程序上,对于裁决结果的异议几乎没有机会。上诉机制的建立可以减少一裁终局的不良影响,但 ICSID 关于建立上诉机制的磋商最终都未能取得成果,因为当时的时机并不成熟。目前在 ISDS 机制中,还没有建立起成熟的上诉机制(谢孝婕,2020)。

第五节　投资新规则背景下中国的对策

一、中国国内政策如何对标投资新规则

自 2020 年以来，新冠疫情给全球供应链体系带来了冲击，导致世界经济受挫。然而，中国率先实现了经济复苏，为世界经济发展注入了信心。在这一背景下，党中央提出了构建以国内大循环为主体、国内国际双循环相互促进的新发展格局。这要求我们加快构建高水平对外开放新格局。

加入 WTO 以来，我国一直在努力适应全球经济治理的变化。随着中国的地位不断提升，我们开始参与制定区域 IIAs，积极推动投资自由化。今后中国应该不断完善负面清单管理制度，以及其他相关投资治理政策，同时，也要努力将国内投资治理与国际投资规则接轨，加强区域合作，不断完善全球投资治理体系，从而实现全球投资治理的"共商、共建、共享"理念（张娟，2022）。

（一）推动数字和服务投资自由化

虽然通过 6 次修订，中国不断压缩自贸区负面清单，但是，与 RCEP、CAI 和 CPTPP 协定的要求相比，中国还有待进一步加大数字和服务业投资的开放力度。因此，首先，中国需要积极推动 RCEP 中的"新金融服务"条款的实施，向 RCEP 其他成员国投资者开放国内金融市场，并允许他们进行与国内金融机构同等业务。其次，中国应该率先履行 CAI 的开放承诺。利用 CAI 带来的产业开放"窗口期"，取消医疗、生物科技等领域的外国投资者股比限制。此外，中国可以效仿海南在数字领域的开放，允许外国投资者在上海自贸试验区和临港新片区投资云计算和数据中心等业务，同时加大压力测试以确保整体开放政策的有效实施（张娟，2022）。

（二）进一步扩大外资市场准入

1. 加快外资准入负面清单的压减

我们应该遵循分类、分步原则，进一步扩大外资准入。可以借鉴美日两国都开放较大的领域，如互联网信息服务、金融、法律事务、医疗和文化等领域，进一步降低对外资的限制。鉴于当前中国外资准入负面清单的分类太过宽泛，一次性开放一类行业会带来较大冲击（孙晓涛，2022）。因此，应该对负面清单中的行业进行细分，并评估各细分领域的风险水平，在自贸试验区和自贸港先开放风险较低的领域，再扩大到其他地区。在外资准入负面清单的表述上，可以继续借鉴已有的表述方式，如"增值电信业务的外资股比不超过 50%（电子商务、国内多方通信、存储转发类、呼叫中心除外）"，对其他的细分行业进行先行开放。

2. 对外资准入进行精细化管理

针对外资准入负面清单中敏感度较高的领域，我们可以借鉴美国和加拿大的做法，探索较为灵活和多样的管理方式，力求外资准入管理的精细化。具体来说，我们可以考虑根据不同行业、企业类型、投资规模和股权比例设定不同的外资审查条件，并明确规定投资审查的程序和标准，增加外资政策法规的透明度。比如，将目前的"禁止准入"改为设置特别筛选程序，以挑选高技术、高效率、环保型企业，实现更有针对性的管理。另外，可以允许外资建立特定的企业形式，并进行特殊监管。此外，还可将中国某个行业开放作为筹码换取对方国家某个行业的开放（孙晓涛，2022）。

3. 着力于压缩服务类跨境投资负面清单

目前，中国在跨境提供、境外消费、自然人存在等跨境服务贸易的开放方面困难重重，负面清单内容繁杂，涉及领域众多。为此，可以先着手进行商业存在模式的开放，不断提升监管能力，并尝试探索其他模式的开放途径，实现对清单内容的逐步减少和优化（孙晓涛，2022）。

4. 保护国家的核心产业和利益

美国的做法为我们提供了一个很好的借鉴。美国将金融业、商业服务业、通信服务业和交通运输业列入投资负面清单，这些都是美国的优势产业。这表明，美国在吸引外资的同时，也在保护自己的核心产业免受风险的侵害。中国也可以根据产业结构和特点，明确相对优势和劣势的产业，对优势产业采取宽松的投资环境和政策支持，对劣势产业进行适度保护和加强监管；对于一些关键性、敏感度高的产业，还需要根据不同情况来设定外资的限制措施，确保国家的利益不受损害（李思奇、牛倩，2019）。

5. 完善负面清单管理制度

第一，争取在投资和跨境服务贸易全面采用负面清单。目前，中国在海南自贸港已经启动了跨境服务贸易负面清单模式，但还需要不断改进和完善。未来，我们应该致力于加强投资和跨境服务贸易的一体化管理，提升透明度和便利性。

第二，对于外资准入和跨境服务贸易负面清单的各项措施列明法律来源。可以借鉴 CPTPP 等国际通行的负面清单模式，在投资和跨境服务贸易负面清单的各项措施后列明法律来源。对于缺少法律依据的措施，要尽快制定新法规或修订现有法规，还要加强对限制措施的具体描述，使之更加清晰明了（孙晓涛，2022）。

第三，应当以不符措施列明与投资有关的国内法律、法规。针对同一领域外资准入后的经营要求存在同等效力法规解释不同的问题，应当以不符措施列明与投资相关的国内法律、法规，这样既能保护国家产业安全，又能提高投资政策的透明度和可预见性。为此，可以在海南自由贸易港、各自贸试验区按照 RCEP、CAI 外资准入负面清单承诺的做法，制定投资保留和不符措施承诺表。在与负面清单保持一致性的条件下，可选择法律位阶最高和约束力最强的法律、法规条款来列明投资保留和不符措施。这样可以降低协调成本和时间，提高开放措施的执行效率（张娟，2022）。

6. 引领国际投资争端解决预防机制

国际投资争端解决的发展越来越重视对投资争端的预防。中国与欧盟的国家间投资争端解决机制，就是通过诉讼前协商机制来预防争端发生，《中华人民共和国外商投资法》中也有与投资争端预防类似的外商投资企业投诉工作机制，为外国投资者提供了一个沟通的渠道，避免投资争端的发生。

投资争端预防工作至关重要，中国需要着重完善投诉处理的机制和路径。首先，在投诉处理时效方面，可以借鉴韩国的做法，规定严格的时限要求，确保投诉得到及时处理。其次，在投诉处理协调机制方面，可以推广上海等地的政企圆桌会议模式，通过实际效果的验证，进一步固化这种协调机制。最后，在投诉处理终结机制方面，地方政府应明确问题解决的责任分工，如有必要可提交中央部委介入解决，以确保问题得到妥善处理。若无法达成具体处理结果，商务部投诉中心则可组织专家进行裁定。中国可通过国内投资争端预防实践，引领国际投资争端解决预防机制（张娟，2022）。

7. 引领国际投资促进和便利化机制

在全球范围内，大多数国际投资协定没有制定投资促进与便利化条款。然而，中国通过改革开放的实践已建立了高水平的投资促进和便利化机制，并在这方面做出了积极的探索和实践。例如，在服务促进方面，上海成立了外国投资工作领导小组，并建立了"单一窗口"服务机制，还建立了投资促进机制以提高外国投资的总部功能和研发功能。在政策促进方面，中国的外商投资产业政策被认为是全球最为清晰的政策之一，并且不断调整细化政策（崔新健、欧阳慧敏，2021）。中国可以利用已经建立的成熟的投资促进、便利化机制，并根据《G20投资便利化行动方案》的要求，进一步完善并优化这些机制。同时，依靠RCEP、"一带一路"建设等平台，引领全球投资促进、便利化机制（张娟，2022）。

8. 完善事中事后监管体系

安全问题是中国进一步扩大开放过程中的重大问题。中国需要加强采集外资信息的能力，重视对比外资信息与外商资金流，准确把握外商投资活动。各部门要加强在商务、市场监管和外汇管理方面的监管与协调，制定统一的外资统计标准，明确定义外资、实际控制人和协议控制等概念。同时，要充分运用反垄断、反不正当竞争、外资安全审查等工具，加强对公共服务、信息、通信、交通和金融等重点领域的监管，维护国家安全和社会稳定（孙晓涛，2022）。

二、中国 FTA 投资规则如何对标投资新规则

（一）积极参与国际经贸规则制定

积极参与高标准国际投资规则谈判，对于中国提升国际投资治理的地位至关重要。中国需要不断升级和完善重点的双边投资协定。通过加强与各国的接触，及时了解各国关注的问题和要求，从而扩大中国双边投资协定的覆盖面。目前，我们需要审时度势，积极推进中欧全面投资协定的签署，还应推动中日韩、中日自贸协定等谈判。中国对于投资者和国家之间的争端提出了"延续投资仲裁方式，建立上诉机制"的建议得到了广泛支持，尤其是发展中国家的支持。因此，我们需要积极与各国沟通，推动这一机制的实施。同时，我们也应积极参与联合国国际贸易法委员会（UNCITRAL）关于投资者和国家间争端解决的改革，参与RCEP、CAI 关于投资者和国家间争端解决的谈判，引领这一机制向对中国有利的方向发展（孙晓涛，2022）。

（二）采用"准入前国民待遇+负面清单"

建议中国在未来 FTA 谈判中积极推广"准入前国民待遇+负面清单"制度。这一举措不仅有利于与国际投资规则接轨，促进市场开放和外资引进，也更有助于中国法律体系与国际接轨。

（三）签订 FTA 的征收条件可采纳国际通用"四要件"

中国未来签订自由贸易协定的征收条件条款时，可以参考国际通用的"四要件"，并在补偿条款上进一步精细化。应当考虑增加关于财产价值评估和补偿支付等细则，以提高补偿的公正和合理性。

（四）对投资争端解决机制的适用范围规定例外条款

投资争端解决机制的适用范围可借鉴 CPTPP 模式，并制定例外条款作为兜底措施，明确定义不适用的领域。其他领域可以利用"公共利益"等模糊概念做出解释，并在具体应用时兼顾国家的实际发展状况（谢孝婕，2020）。

（五）加快建立投资争端解决上诉机制

中澳自贸协定作为国际投资领域的重要合作框架，其在 ISDS 程序规则上对标 CPTPP，具有里程碑意义。其中最引人注目的是关于上诉机制的规定，即

ISDS 裁决后，败诉方可以对结果提起上诉，这有利于减少一裁终局的不利影响。不过该协定的上诉条款还没有规定具体的实施程序。目前，在国际投资规则中上诉机制的规则还很不成熟，因此，中国制定上诉机制相关规则并加以推行、应用，将有助于中国在未来规则制定方面获得更多的话语权，更有可能为国际社会带来长远的利益（谢孝婕，2020）。

（六）根据缔约国情况适当保留"用尽当地救济"措施

根据"用尽当地救济"原则，投资者母国不应擅自介入争端，除非东道国无法提供有效救济。目前，国际投资协定和自由贸易协定对是否采用该原则存在分歧。CPTPP 中排除了这一原则的适用，然而，这可能会导致 ISDS 机制被投资者滥用，提高了东道国被诉风险。"用尽当地救济"措施有利于东道国国内司法体系解决一部分投资争端，使东道国被诉风险降低，有利于投资的稳定。当前，中国吸引了世界各地的外资，投资争端也日渐增多。作为一个发展中国家，中国不宜放弃"用尽当地救济"原则。况且 CPTPP 中的新西兰、马来西亚、文莱和越南等国家，在协议中都保留了"用尽当地救济"原则的适用。这表明即便是发达国家也认可这一原则。因此，在未来签署的自由贸易协定（FTA）中，我们应灵活规定这一原则，以减少外国投资者滥诉，从而维护本国的主权和利益（谢孝婕，2020）。

第三章 服务贸易新规则与中国的对策

随着信息技术的迅速发展，服务业已成为全球经济不可或缺的一部分，服务贸易也逐渐占据国际贸易的核心地位。大力发展服务贸易，是实现中国对外贸易高质量发展和贸易强国的重要举措（石静霞，2018）。当前，国际服务贸易规则面临着重大的重构，扩大服务业开放是规则演变的主要趋势。这将深刻影响中国在国际舞台上的角色转变、经济制度的改革、经济结构的调整、政策机制的变革，以及参与国际规则制定等方面（郭周明、李杨，2019）。因此，适应国际服务贸易规则的发展趋势，进一步推进国内服务市场开放，构建"一带一路"服务贸易合作机制，具有重要的研究价值。在当前贸易保护主义抬头、反全球化趋势明显的形势下，我们应当高举自由贸易的旗帜，坚定地推进改革开放，积极参与国际经济治理（郭周明、李杨，2019）。这不仅有利于中国应对"中美贸易摩擦"的挑战，也符合中国的现实需要和根本利益。

本章对服务贸易规则的历史演进、主要多边和区域贸易协定的服务贸易新规则，以及中国在自由贸易区协定中的服务贸易规则和自由贸易试验区中的相关政策进行了综合分析。在此基础上，提出在新的历史背景下如何制定中国的服务贸易政策，以及如何在"一带一路"倡议建设中构建服务贸易合作机制的对策建议。

第一节 服务贸易规则的演变

一、服务贸易规则发展的第一阶段

第二次世界大战后，以美国为首的国家为重建战后经济秩序，于1947年签署了关税及贸易总协定（GATT）。然而，在早期的GATT框架中，服务贸易并未得到足够的重视，主要是因为当时世界贸易主要聚焦于货物贸易。这一时期一系列互惠互利的协议被精心构建，这些协议旨在彻底消除国际贸易活动中的歧视性待遇，它们作为基石，构筑了第二次世界大战之后全球贸易体系的基本准则与框架。

进入 20 世纪 70 年代，随着发达国家进入后工业化阶段，服务业逐渐成为经济增长的新引擎。在此背景下，服务贸易的地位逐渐提升。此时，以美国为代表的发达国家，已经从以第二产业为主的经济结构转变为第三产业占据国民经济的主导地位。因此，从 20 世纪 80 年代开始，它们开始重视扩大服务出口，以促进经济增长。发达国家希望在服务贸易方面建立规则，从而使各国特别是发展中国家开放服务市场。在此背景下，GATT 乌拉圭回合谈判将服务贸易纳入谈判议题，并达成服务贸易总协定（GATS）。

GATS 是第一个有关服务贸易的多边协定，制定了最惠国待遇、市场准入、国民待遇以及逐步自由化等规则。各国采用正面清单模式对服务市场的开放进行承诺，即各成员国有权自主决定其在哪些具体服务部门或分部门中进行市场开放，以及开放的程度和条件。此外，GATS 还允许发展中国家通过逐步自由化来推进市场准入。这有助于减少发展中国家在服务业市场开放中的风险，并为它们提供更多的时间和空间来适应和参与全球化进程。

二、服务贸易规则发展的第二阶段

20 世纪 90 年代后期，随着服务贸易的迅猛增长，各国服务贸易的结构呈现出明显差异，发达国家更侧重于资本、技术和知识密集型的服务业，而发展中国家则更多地依赖劳动力和资源密集型服务业。服务贸易规则发展的第二阶段伴随着激烈的国际竞争和 WTO 多哈回合谈判的挑战。多哈谈判的目标是进一步削减贸易壁垒，但在服务贸易领域，由于发达国家与发展中国家之间的利益和关切差异显著，谈判陷入了僵局。发达国家要求更广泛的市场准入和更多国民待遇，尤其在金融、电信等敏感领域，而发展中国家则担心过度的自由化会对其国内产业造成冲击。

在这种背景下，服务贸易谈判呈现两大新动向：一方面，为了增强全球服务贸易的治理，国际服务贸易协定（TISA）谈判正在寻求更多 WTO 成员的参与，并寻求在 WTO 体系内实现多边化适用。另一方面，通过一系列区域贸易协议，如 TPP、USMCA 以及 TTIP，制定了一系列服务贸易新规则，这些规则标准更高，致力于促进服务贸易自由化。

亚太地区在推动多边服务贸易自由化方面取得了显著进展。除了 CPTPP，东盟引领的 RCEP 也备受瞩目。自 2017 年以来，RCEP 的谈判进展迅猛，对货物与服务贸易、投资、卫生与技术标准等多个议题进行了深入探讨。2020 年 11 月

15 日，东盟十国等 15 个国家签署了 RCEP（杨玉英、任安娱，2019）。

第二节　《服务贸易总协定》的主要内容

WTO 法律框架中 GATS 制定了服务贸易方面的规则，包括国民待遇与最惠国待遇、市场准入以及逐步自由化等规则。

一、国民待遇与最惠国待遇

在 GATS 之中，国民待遇是以一种非一般化的形态存在，确切地被称为"具体承诺"而非"一般义务"，亦即此项待遇仅限于那些已明确承诺开放并详细列入承诺减让表的部门。因此，发展中国家得以根据各自的发展阶段和实际需求，选择开放的服务部门及其开放程度，最不发达国家有权免予开放其服务部门（倪月菊，2016）。此外，GATS 的国民待遇义务，其涵盖范围仅限于"准入后"阶段。而正是这种灵活的安排，为 WTO 成员在实际操作时留下了不少策略性的操作空间，有时被一些成员国用作保护其服务业。

GATT 自 1947 年签署以来，最惠国待遇条款成为多边贸易体制的支柱。最惠国待遇的基本含义是，缔约方现在或将来给予任何第三方在贸易上的特权、优惠和豁免，也同样给予缔约对方。根据 GATS 第 2 条，世贸组织的成员在服务贸易方面也承诺同样的义务。

二、市场准入

作为国际服务贸易规则的基石，GATS 坚守"逐步自由化"理念。选择了正面清单作为承诺模式（杨幸幸，2019），明确成员方仅在做出准入承诺的部门内避免使用数量限制，同时允许列出那些希望维持的准入限制措施，这一安排既保障了市场开放，又为各国提供了缓冲（倪月菊，2016）。

三、国内规制

（一）"必要性测试"
GATS 协定尊重各成员国的国内规制，但缺乏"必要性测试"这一工具，这造成了规制的有效性和合理性缺乏保障。
（二）"技术中性"原则
"技术中性"原则是指各方不能对任何技术方式提供的服务进行歧视。这是由于科学技术的进步使服务贸易采取的技术方式越来越多样化。TISA 各成员都提倡在协定中规定这一原则。尽管 GATS 条款中从未提到"技术中性",但实际上已经体现了这个原则。在安提瓜对美国网络赌博服务起诉一案中,WTO 争端解决机构认为,美国已经作出了对赌博服务的承诺,因此不应限制这项服务的跨境提供,即使当时美国并未预见互联网会对服务贸易带来巨大改变。

四、透明度和国内措施管理规定

GATS 的透明度规则内容比较宽泛,分散在其他的规则中,没有成为体系。

五、跨境服务贸易

随着互联网技术的迅猛发展,跨境数据流动已成为服务贸易的主要方式。发达国家在跨境服务领域具有明显优势,它们积极倡导"数据跨境自由流动",促使各国降低对跨境数据流动的限制,扩大跨境服务贸易(张悦、李静,2017)。

WTO 协定早就有禁止当地成分要求和歧视性的本地化等规则。比如,TRIMs 中明确禁止成员国实施与 GATT1994 不一致的与贸易有关的投资措施,包括禁止当地成分要求。同时,根据《补贴与反补贴措施协定》,任何以使用国产货物而非进口货物为依据的补贴都是被禁止的。此外,根据 GATT 和 GATS 中的国民待遇条款,对外国服务提供者实施各种歧视性措施是被禁止的,自然包含了歧视性的本地化政策(石静霞、鄢雨虹,2020)。

六、相互承认专业服务提供资格

GATS 的相互承认条款鼓励政府增强市场竞争力,但实际上很少达成相互承认协议,对专业服务也未有独立规定。

七、金融服务

(一)结构安排

《金融服务附件》是 GATS 的组成部分,仅规定了金融服务的定义、范畴、国内监管、认可和争端解决机制,GATS 的一般规则也适用于金融服务领域。WTO 各成员在服务部门的承诺减让表中列出了关于金融服务的具体承诺。然而,各国在减让表中对金融服务的开放程度并不高(倪月菊,2016)。

(二)市场准入

GATS 规定了市场准入的 6 种限制性措施,即禁止任何一方通过限制另一成员方金融机构的数量或金融服务交易总值、资产总值、业务总数或产出总量。此外，也不能限制金融机构雇员数或通过特定的企业类型提供服务。

（三）跨境金融信息的转移

跨境金融信息的传输和处理对于促进国际金融服务的便利化至关重要，尤其是在信息时代的今天。通过允许电子数据传输和设备转移，金融服务提供者可以更高效地开展业务，满足客户不断增长的需求。GATS《关于金融服务承诺的谅解》要求成员国对传送和处理金融信息或转移设备不得进行限制，保证金融服务提供者正常提供服务。虽然这一规定对促进跨境金融服务合作具有重要意义，但并非所有国家都普遍适用。

（四）最惠国待遇

GATS 将最惠国待遇作为一般义务，但同时设置了"保留原则"，这使最惠国待遇的"一般"属性受到破坏。

（五）审慎例外

GATS《金融服务附件》中将"审慎例外"称为"国内法规"。一些人认为，这种中性措辞和模糊表述容易导致该条款与 GATS 协议中的"国内法规"产生混淆，可能削弱了该条款所蕴含的例外特性。为了防止成员国滥用"审慎例外"条款，损害金融服务自由化的成果，GATS 在规定中增加了反滥用要求（温树英，2019）。

八、自然人存在

GATS 没有明确规定商务人员短期流动的原因，没有具体规定自然人流动的期限。而 GATS 对于不同类型"商务短期"入境表述模糊，没有明确相应的"准入"时间。在国家间合作方面，GATS 没有任何承诺（倪月菊，2016）。

九、"冻结"条款

在 GATS 中，除了减让义务，还存在一些隐性的冻结义务，如关于"经济一体化"的规定。"冻结条款"是指在谈判中各方的承诺是以目前的实际承诺为基准，而不是以它们在 GATS 减让表中的承诺为基准。虽然在 GATS 框架下，各成员国的服务贸易自由化水平不断提升，但是在新一轮贸易谈判中仍然有部分成员方的承诺会低于它们目前的开放程度（程诚、李晓郢，2017）。

十、争端解决机制

WTO 的争端解决机制是首先把争端转变为成员国之间的问题，然后通过一定的程序解决争端，因此，WTO 的争端解决机制只允许一个国家政府控告另一个国家政府。然而，WTO 的争端解决机制存在诸多问题，如效率低下、透明度不足等。GATS 没有针对金融服务争端解决的规定。

第三节　新一代自由贸易协定的服务贸易规则

20 多年来，多边服务贸易规则的磋商因多哈回合的僵局而陷入停滞状态，WTO 服务规则与经济发展之间的错位现象日益凸显。在这一背景下，近年来，USMCA、CPTPP、RCEP、TISA 等 FTAs 或诸边贸易协定已然成为了国际服务规则革新的重要平台（杨幸幸，2019）。

TPP/CPTPP、USMCA、RCEP 以及 TISA 协定不仅覆盖了电信、金融、运输等重要领域，也涵盖了电子商务、数字经济等新兴产业，它们所展现的广度与深度，无疑为全球贸易与投资规则的革新树立了新的标杆。从立法的角度来看，这些协定不仅更新了原有的 GATS 框架，更引入了一系列创新性的规定。在这些谈判与协定的背后，我们看到了美欧等经济大国意在构建一个符合自身经济发展需求的全球贸易与投资框架，并从规则层面对中国的国际服务贸易进行限制。研究这些协定服务贸易规则的发展动态有利于我们理解新时期全球服务贸易规则的走向。

一、国民待遇与最惠国待遇

美国最早在北美自由贸易协定（NAFTA）中引入了准入前国民待遇的理念。从此，许多自贸协定把准入前国民待遇作为一个普遍适用的原则（倪月菊，2016）。

深入研究 NAFTA、TPP/CPTPP 以及 USMCA 等协定中的国民待遇，不难发现它们高度一致。即对于投资设立的取得、扩大、管理、运营、销售以及后续处置，各成员方都承诺为其他成员方的投资者提供不低于本国投资者所享有的待遇。同样，对其他成员方的服务机构及其投资者的投资，也保证与本国服务机构及其投资者享有的待遇相一致。可见，TPP/CPTPP 和 USMCA 将国民待遇提升到一般义务的层面，明确了对所有服务部门，包括那些不可预知的新兴服务领域，都将实施准入前的国民待遇原则（温树英，2019）。

RCEP、TISA 和 CPTPP 对服务贸易在国民待遇方面的承诺大体一致。

CPTPP 还规定了应遵守"最惠国待遇"原则，要求"给予另一方的待遇不得低于给予任何第三方的待遇"。RCEP 在最惠国待遇方面包括三种豁免，即已经给予的相关待遇、毗邻国家边境贸易、东盟国家相互给予的待遇可以豁免。而 CPTPP 则没有这种豁免条款（全毅，2021）。

二、市场准入

TPP/CPTPP 协议明文规定，各缔约方需全面审视其领土内的服务限制措施，具体包含：不得通过数量配额、垄断专营、经济需求测试要求等方式来限定服务提供者数目；不能借由类似的方法约束服务交易、资产总值，或服务部门的业务总数和服务产出量；更不可对服务提供者所需雇佣的自然人数量强加数量上的约束。除此之外，成员方也不得以特定法律实体或合营企业形式，作为服务提供者提供服务的先决条件（蒙英华、汪建新，2018）。在跨境金融服务领域，TPP/CPTPP 要求各成员方必须按照国民待遇条款，接纳来自其他成员方的服务提供者从事附件中的金融服务。这彰显了协议之本意，即在负面清单以外的服务业部门，成员方不能对服务提供者进行数量限制。

USCMA 在市场准入限制措施方面，与 TPP/CPTPP 的规定保持了一致，但在适用范围上有所扩展。例如，在金融服务贸易方面，TPP/CPTPP 的相关规定仅聚焦于金融机构的设立环节，而 USCMA 则进一步将此限制措施延伸到金融服务的跨境贸易。不过，值得注意的是，它仅针对附件中明确列出的跨境金融服务提供者（温树英，2019）。

RCEP 在服务贸易方面采用正面清单和负面清单相结合的承诺模式，以适应不同成员方不同的开放水平。其中，日本、韩国、澳大利亚、新加坡、文莱、马来西亚、印度尼西亚 7 个国家采用负面清单模式；中国等其余 8 个成员国保留正面清单模式，并承诺于 RCEP 生效后 6 年内转变为负面清单模式（甘露，2023）。

在 TISA 谈判中，采取了混合式清单的承诺模式，在国民待遇方面采取了负面清单模式，而在市场准入方面采取了正面清单模式。这种混合模式不仅彰显出对与 GATS 兼容性的考虑，更使正面清单易于与 GATS 的承诺表合并解读。这说明，除非东道国特别规定例外，外国投资者一旦满足了市场准入的要求，便能享受同等的国民待遇。相较于 GATS 的承诺方式，TISA 的这一模式无疑为参与方设定了更高的开放度和透明度标准（张煜，2016）。

当前，TPP/CPTPP、USCMA 和 TISA、RCEP 所采取的准入模式有所不同。TPP/CPTPP 和 USCMA 采取负面清单模式；RCEP 采用正面清单和负面清单相结合的模式，不同成员方采用不同模式；TISA 则采用"混合模式"，即国民待遇采用负面清单模式，市场准入仍采用正面清单模式。不过，"准入前国民待遇+负面清单"模式是服务贸易新规则的发展方向（张琳，2015）。

三、国内规制

（一）"必要性测试"

在新一代的自贸协定中，各方开始推进监管一致性，以协调各国的国内规制。例如，TPP 规定成员国应以客观公正的方式采取管理措施，不能造成对服务贸易的障碍。必要情况下可以对国内规制进行"必要性测试"（倪月菊，2016），以确保规则的合理性和有效性。不过 CPTPP、RCEP 等协定未采纳 TPP 关于国内规制的"必要性测试"。

（二）"技术中性"原则

TISA 各成员都提倡在协定中规定"技术中性"原则。相比于 GATS，TISA 对"技术中性"原则更为明确，加强了之前在 GATS 中部分不完善的规则（张悦、李静，2017）。

四、透明度和国内措施管理规定

CPTPP 对透明度要求十分严格，不仅对事后信息的及时披露很重视，还关注事前对管理措施的参与、评论和修订。USMCA 对透明度做了详细规定，旨在确保政府在许可和市场准入许可方面的规范行为（温树英，2019）。TISA 也在其金融服务章节中规定透明度要求，规定各方应努力将国际化的监督和管理水平融入金融服务部门（黄琳琳，2017）。在透明度方面，RCEP 相比 CPTPP 更加注重事后对信息的披露（甘露，2023）。

监管一致性是指各国协调一致的监管体制和标准有利于提升贸易的流动性和效率。由于出口的货物或服务可能需要经过烦琐的审核程序，监管体制和标准的不一致性给跨国贸易带来了极大的成本和障碍，尤其是在涉及卫生、健康相关领域。为了解决这一问题，各国政府应加强产品测试、认证、检验检疫等方面的协调合作，减少监管差异，降低贸易障碍（杨玉英、任安娱，2019）。CPTPP 设立第 25 章"监管一致性"，以确保边境后措施的公平与合理。USMCA 对监管机构的授权、授权程序和条件及时间限制等都做出了明确规定。RCEP 没有对监管一致性做出规定（甘露，2023）。

服务的透明度和国内管制措施在自由贸易协定中呈现出越来越严格的趋势。从 CPTPP 到 TISA 再到 USMCA，透明度、国内管理措施要求和申请程序要求的详细程度都在不断提高（温树英，2019）。

五、跨境服务贸易

跨境服务贸易在 TPP/CPTPP 中是通过专章加以规定的，涵盖了自一成员方向另一成员方提供服务的三种方式，即从一成员方领土内向另一成员方领土内提供服务（跨境提供）、在一成员方领土内向另一成员方的人提供服务（境外消费）以及一成员方的国民在另一成员方领土内提供服务（自然人移动）。其中，包括服务的生产、分销、营销、销售与交付，服务的购买、使用或支付，以及获得和使用与提供服务有关的分销、运输或电信网络和服务等内容（蒙英华、汪建新，2018）。

在 TPP/CPTPP 框架下，成员国不能限制服务提供者的数量或企业形式，跨境服务提供者提供服务不需要在东道国有办事处或是当地居民。同时，成员国同意以公正、透明的方式实施管理，确保新的服务规定制定具有透明性。此外，TPP/CPTPP 还允许与跨境服务提供有关的资金自由转移（倪月菊，2016）。

USMCA 明确规定，禁止要求另一成员方的服务提供者在本国设立代表处或成为本国居民，以便跨境提供服务。

在跨境服务贸易领域，TISA 规定不能把其他成员方的服务提供者在其境内建立企业或成为居民作为跨境服务贸易的条件。这种"不设立权"的规定确保了外国服务提供者可以通过跨境方式为本国市场提供服务。TISA 的"本地化条款"进一步明确了禁止成员实施当地存在要求、当地高管和董事会成员要求、当地成分要求或其他履行要求。这反映了对本地化措施和当地存在要求的新规制趋势，同时也明确了"禁止要求当地存在规则"的适用范围，即跨境服务贸易的三种模式（石静霞、鄢雨虹，2020）。

六、相互承认专业服务提供资格

TPP/CPTPP 通过设立单独的相互承认条款，打破了成员国服务提供者之间在教育和工作经验、许可证或认证方面的壁垒。专业服务条款对工程师、建筑师和律师资格的互相认可、认定程序等进行了规定，目标是降低专业技术人员提供跨境服务的准入壁垒。在现有的 FTA 协议中 TPP 协议是首次将专业服务作为附件加入条款的。

RCEP 在服务贸易章节中的专业服务附件，规定成员方应通过交流来相互承认专业服务资格，并应努力消除资格、执照和许可要求等方面的专业服务提供障碍。

TISA 中也包括了相互承认专业服务提供商资格和执照的规则。此外，协定还规定各国应制定减少执照和资格认证歧视的相关规定（倪月菊，2016）。

七、金融服务

（一）是否独立成章

TPP/CPTPP 中的金融服务条款作为一个独立章节出现。金融服务在 TPP 中被定义为跨境金融服务贸易或跨境提供金融服务的内容，抑或以投资形式在其他成员国境内提供金融服务。TPP/CPTPP 中金融服务的商业存在与跨境服务制定的规则不同。商业存在规则主要体现在投资章节中，采用国民待遇加负面清单准入模式；而跨境金融服务规则主要在跨境服务贸易章节，包含跨境交付、境外消费、自然人流动三种提供方式。CPTPP 扩大了跨境金融服务的市场准入，同时为便于东道国的监管，规定了对跨境金融服务提供者和金融工具进行等级注册和取得许可的管理程序。然而，这些条款也对包括的内容进行了一定限定。首先，金融服务条款不适用于构成社会保障制度的活动或服务，以及以成员国财政资源为担保或运作的活动或服务。但是如果某个成员国允许其金融机构在这些领域进行竞争，金融服务条款将会适用于这些活动。其次，金融服务条款也不适用于政府采购的范围。最后，金融服务条款也不适用于政府支持的贷款、担保和保险等活动。

USMCA 也单独设立了金融服务章节，与投资章节和跨境服务贸易章节独立存在。在开放清单方面，USMCA 也延续了美式自由贸易协定对金融服务的独立承诺。美国、墨西哥、加拿大三方就金融服务达成的承诺清单被列入协定的附件Ⅲ，而不是附件Ⅰ和附件Ⅱ，这两个附件分别涉及现行不符措施和未来不符措施。因此，USMCA 中的金融服务规则可以说在很大程度上是"自成一体"，独立于一般服务贸易规则。这与 GATS 体系中金融服务规则从属于一般服务贸易规则有所不同（杨幸幸，2019）。

RCEP 没有单独设置金融服务章节，也没有对跨境金融服务的三种模式与商业存在模式分别制定规则。金融服务贸易的内容分散在服务贸易、投资、电子商务和争端解决等其他章节中。服务贸易章节附件 A "金融服务"就金融服务贸易制定了具体规则（甘露，2023）。

（二）市场准入

TPP/CPTPP 对金融服务市场准入进行了规定，其中包括 GATS 对市场准入的 6 种限制性措施。另外，各成员方应根据国民待遇的原则，允许其他成员方的跨境金融服务提供者提供附件中列明的金融服务（温树英，2019）。

然而，CPTPP 的市场准入条款针对的是金融机构，没有涉及跨境金融服务贸易的市场准入，这意味着成员国可以自行实施任何跨境金融服务贸易的市场准入限制措施。由于 CPTPP 缺乏涉及跨境服务贸易市场准入问题的具体规定，因此，在其附件Ⅱ-A 的正面清单中列明了允许提供跨境金融服务贸易的领域，同时在附件Ⅲ的负面清单中对附件 A 的例外进行了规定（黄琳琳，2019）。因此，对跨境金融服务贸易，CPTPP 采用正面清单和负面清单相结合的混合清单模式。

USMCA 对商业存在模式下的金融服务贸易采取了负面清单的模式，而对于跨境金融服务贸易，USMCA 则一直沿用正面清单的模式。将所承诺开放的部门置于附件 17-A 中后，在不符措施清单中列出给予国民待遇、最惠国待遇以及市场准入等例外的规定（黄琳琳，2019）。此外，USMCA 还升级了 CPTPP 的规定，在跨境服务贸易的市场准入方面，USMCA 规定成员方不能要求其他成员的跨境金融服务提供者在其境内设立代表处或公司，或必须有其居民身份（温树英，2019）。

RCEP 中的金融服务市场准入采用正面清单与负面清单相结合的模式，但与 CPTPP 按照服务贸易不同模式加以区分不同，RCEP 按照不同国家进行区分。因此，与 CPTPP 和 USMCA 相比 RCEP 的金融服务市场准入规则的开放水平较低（刘玮佳，2023）。

由此可见，TPP/CPTPP、USMCA 等新一代自贸协定在金融服务市场准入方面呈现持续扩大的态势。TPP/CPTPP 明确禁止限制市场准入的措施，同时要求成员在跨境金融服务领域进行具体承诺。而 USMCA 增加了市场准入方面的义务，不仅覆盖金融机构设立，还扩大到跨境金融服务贸易。这标志着 USMCA 首次将跨境金融服务贸易纳入市场准入的条款，制约了缔约方对跨境金融服务贸易采取的限制性措施。这意味着国际社会对跨境金融服务贸易领域竞争的开启。

虽然 TPP/CPTPP、USMCA 设立了更为有力的规则促进金融服务贸易自由化，但实际上仍处于贸易壁垒消除阶段。从这个方面来看，它们本质上与 GATS 并无太大差异，只是方法更为积极（温树英，2019）。

（三）新金融服务

GATS 在其条款部分、《金融服务附件》或其他附件中都没有涉及新金融服务。

CPTPP 中"新金融服务"的定义是，已在其他成员方境内提供，但还未在该成员方境内提供的金融服务，包括通过各种新形式进行的金融服务交付，以及销售该成员方境内还没有销售过的金融服务。TPP/CPTPP 中规定了新金融服务的授权程序，各成员方应当授权其他成员方的金融机构提供该成员在相似情况下允许本国金融机构或金融服务提供者提供的新金融服务，并且不需要制定新的法律或修改现行法律，只有基于审慎原因才可以拒绝授权。

RCEP 规定的新金融服务规则与 CPTPP 比较类似，不过 RCEP 要求必须是已经提供且被监管的金融服务，新金融服务的适用范围比 CPTPP 有所缩小。

USMCA 的新金融服务规则与 CPTPP 完全相同（刘玮佳，2023）。根据 USMCA 规定，成员方应当允许其他成员方的金融机构从事其本国金融机构在现有法律条件下从事的新金融服务。这一规定在 CPTPP 中也被提及。除此之外，两个协定还规定，成员方可以规定新金融服务提供的机构类型和法律形式，也可以基于监管理由要求金融机构在提供新服务前必须经过特别授权（温树英，2019）。

（四）数据存储本地化要求

TPP/CPTPP 虽然规定了金融机构后台功能的运行，但对计算机设施所在地点没有明确规定，存在一定模糊性。根据 TPP/CPTPP 规定，金融机构的后台功能可以由位于其境内的总机构、附属机构或非关联的服务提供者来运行。各成员方可要求金融机构遵守相关国内规定，同时也应意识到不宜对这些功能施加过于严苛的要求。TPP/CPTPP 并未明确禁止数据本地化要求，而是允许各成员方要求其境内金融机构保留特定功能。因此，成员方仍具有对金融机构实施数据本地化存储要求的权利（温树英，2019）。CPTPP 还规定了采取数据本地化措施的合法事由，严格限制阻碍金融服务数据与信息自由流动的有关措施（刘玮佳，2023）。

根据 USMCA 协定，成员方应禁止数据存储本地化要求，不得把在其境内使用或设置计算机设施作为提供金融服务的条件，但前提是为了进行监管，金融监管机构能够及时、直接、完整地获取该人在其境内计算机设施中处理或储存的信息（温树英，2019）。

（五）跨境金融信息的转移

CPTPP 的电子商务章节在"信息自由流动"条款中确立了跨境金融服务提供者的信息传输自由。该条款规定，各成员方应允许个人和金融服务提供者为提供金融服务以电子方式跨境传输信息，包括个人信息。然而，CPTPP 缺乏针对跨境金融信息转移的具体规定。

USMCA 创新性地制定了金融信息的自由转移的条款，即成员方不能阻止另一成员方的金融机构和跨境服务提供者为从事经许可、授权或登记的业务活动而传输信息，包括个人信息，无论是通过电子方式还是其他形式。USMCA 中的金融信息自由转移条款独立存在，并未与其他条款合并。

RCEP 也有数据与信息处理规则，包括了信息的保护、处理和转移，对成员方管理金融服务数据与信息流动进行了较多限制。不过，该协定只允许商业存在和自然人提供模式的金融服务提供者进行信息的转移和处理。

可见，信息的自由流动是新一代自由贸易协定的核心内容。不同之处在于：CPTPP 和 RCEP 的相关规则主要针对金融机构的信息自由流动，而 USMCA 则在此基础上扩大到跨境金融服务提供者（刘玮佳，2023）。USMCA 更加明确了跨境信息传输的范围，即金融机构或跨境金融服务提供者经许可、授权的业务活动，以便于监管（黄琳琳，2019）。总的来说，USMCA 在跨境信息自由流动方面的规则自由化水平最高，其次是 CPTPP。

（六）最惠国待遇

在 TPP/CPTPP 协议的金融服务章节中，最惠国待遇是一般义务，要求成员方对其他成员方投资者、金融机构以及跨境金融服务提供者的待遇不得低于对任何其他国家的待遇。尽管 TPP/CPTPP 协议将最惠国待遇列为其金融服务章节的一个重要内容，但需要强调的是，这种待遇并不涵盖国际争端解决程序或机制。与 GATS 相比，TPP/CPTPP 在最惠国待遇方面的规定更为详细和严谨。USMCA 的最惠国待遇要求与 TPP/CPTPP 高度相似。

RCEP 在最惠国待遇方面为成员方提供了两种清单模式进行选择。选择正面清单的成员方须对国民待遇做出承诺，而选择负面清单的成员方不仅要做出国民待遇的承诺，还要对最惠国待遇做出承诺（刘玮佳，2023）。

TISA 并未单独设立最惠国待遇的规定，而是将其纳入一般条款中。这一条款涵盖了金融服务领域（程诚、李晓郏，2017）。

可见，在最惠国待遇规则方面，TPP/CPTPP 和 USMCA 的开放度最高。

（七）维护东道国金融管制权

1. 对商业存在和跨境贸易进行了不同的规定

在 TPP/CPTPP 和 USMCA 等协定中，对商业存在采取了国民待遇加负面清单的模式。这意味着，外国企业在缔约方的境内经营时将享受与当地企业同等的待遇，但在某些特定领域会有例外。而在跨境贸易方面，CPTPP 采用正面清单和负面清单相结合的混合清单模式。从事跨境贸易的金融服务提供者将在正面清单承诺的范围内获得与当地企业同等的待遇。而协定的跨境贸易包括了跨境提供、境外消费、自然人流动三种提供方式。另外，对跨境金融服务提供者的管理，这些协定也有详细规定。比如，TPP/CPTPP 和 USMCA 规定跨境金融服务提供者应登记或被许可，以便对其进行监管。这意味着东道国可以要求提供者取得特定资格证书或许可才能在该国提供金融服务。总的来说，这些自由贸易协定在促进跨境金融服务市场准入的同时，也强化了对其的监管（温树英，2019）。

2. 新金融服务提供方面增加限制性条件

TPP/CPTPP、USMCA 增加了国家对其金融市场管制的权力。这两个协定规定，协定仅适用于在本地提供的新金融服务，不适用于跨境提供的新金融服务。成员方有权要求提供新金融服务的法定形式和机构形式；另外，提供新金融服务的金融机构必须获得授权，授权条件依据本国法律而非协定规定；成员方可以就提供新金融服务的许可颁布新的法律或辅助措施。这一做法缓和了金融市场开放与维护国家金融主权的矛盾。

3. 设立审慎例外

TPP/CPTPP 和 USMCA 都允许成员方为维护金融体系的安全、稳健、完整性，以及支付和清算体系的安全性，采取或维持某些措施。同时，CPTPP 也限制了审慎例外措施的滥用。TPP/CPTPP 和 USMCA 不仅设立了审慎例外条款，还在解决审慎例外争端上采取了共同协商的方式。具体来说，争端的解决流程要求成员双方的金融主管机构先行协商决定某项措施是否符合审慎例外。这一机制的初衷在于保护每个国家的金融主权，避免将金融争议提交投资者与国家间的仲裁机构解决。

TPP/CPTPP 和 USMCA 对审慎例外的限制条件只强调了条约的善意履行原则，为成员方采取审慎措施提供了更大的自主权（温树英，2019）。与 GATS 相比，USMCA 在审慎例外方面更加完善和具体，还增强了审慎例外的抗辩功能，为缔约方在金融审慎监管方面提供了更多的操作空间。

RCEP 的金融服务附件也包括审慎例外条款，使成员国的金融监管机构可以制定保护金融体系完整性和稳定性的措施。但是，RCEP 的审慎例外条款较为独立和简单，主要内容和 GATS 基本相同，因此，开放水平低于 CPTPP（刘玮佳，2023）。

总的来说，CPTPP 对审慎例外的规定较为开放，USMCA 次之，GATS 和 RCEP 则较为保守。

4. 为监管机构提供及时获取必需信息的保障机制

由于取消本地化要求可能会削弱政府的监管权力，USMCA 明确规定了监管机构获取信息的权力，包括可以获取服务提供者在其或第三方服务提供者的计算机设施上处理或储存的信息。此外，一成员方有权在例外情况下采取或维持与协定不一致的措施，例如要求事先获得金融监管机构的许可等；监管机构在行使监管权时，可采取或维持相关措施运营和维护计算机设施。在监管机构不能获取相关信息时，成员方还可以要求服务提供者在其境内或其他成员境内设置计算机设施以获取信息（温树英，2019）。

根据 CPTPP 文本，电子商务章节中的"禁止本地化要求"不适用于金融服务领域。这就意味着，在金融服务领域，CPTPP 的成员国可以要求本地存储或本地处理数据（杨幸幸，2019）。

八、自然人流动

TPP/CPTPP 协议几个章节都有关于自然人流动的条款。例如，在跨境服务贸易章节中，承诺和规范了专业技术人员的教育背景和资格认定问题。在商务人员的临时入境方面，对成员方主管机构提出了申请信息提供、申请费用和及时通知的要求。此外，协议还对公众获取临时入境信息、信息公布等做出要求，使一般性政策机制和商业访客申请入境的透明度有所提高，商务人员出入境的便利程度也大大提升。

与 GATS 相比，TPP/CPTPP 在自然人流动方面的主要进展是：首先，TPP/CPTPP 明确了商务人员短期流动的原因，包括投资设立企业前后的人员流动、商务合同履行过程中的专业技术人才流动以及日常商务旅行和访问，而 GATS 没有这方面的明确规定。其次，对自然人流动的期限，GATS 没有具体规定。而TPP/CPTPP 对不同类型的"商务短期"入境作了详细划分，并规定了相应的"准入"时间，相较于 GATS 文本中的模糊表述更加具体。此外，在国家间合作方面，GATS 没有做出任何承诺。而 TPP/CPTPP 提倡成员方加强国际合作，如互相提供电子签证、利用生物识别技术以及分享旅客信息系统等。总之，在自然人流动的规制方面，TPP/CPTPP 较 GATS 更加明确，但是准入仍然倾向"高层次"人才（倪月菊，2016）。

RCEP 也有独立章节规定"商务人员临时入境"问题，RCEP 称之为"自然人临时移动"。RCEP"自然人临时移动"章节的主要目的是减少对自然人移动限制。不过，CPTPP 比 RCEP 对商务人员临时入境的承诺和程序更加明确清晰，而 RCEP 增加了随行家属的便利政策（甘露，2023）。

九、竞争中立

在 GATS 中没有关于国有企业的条款。TPP/CPTPP 规定了"竞争中立"原则，对竞争的反歧视要求以及禁止非商业援助原则作了规定，国有企业在从事服务贸易特别是跨境服务贸易时被无原则地歧视，协议规定成员国可以拒绝让国有企业享有各种优惠和利益，凸显了其对国有企业的无原则歧视。

TISA 中由于对"竞争中立"原则的运用，也可能会加入国有企业条款。

十、"冻结"条款

TPP/CPTPP 协议确立了"禁止反转机制",也称"棘轮条款",目的是使服务贸易的开放程度不断加深。各成员方一旦做出服务贸易的开放承诺,马上会被锁定,未来将无法逆转。这一规定意味着当前的自由化水平总是基础,而未来的水平必将提高(倪月菊,2016)。

TISA 和 RCEP 也通过"棘轮条款"来确保未来的服务贸易自由化水平不会低于已有水平,也就是说为未来的自由化进程设定了更高标准(张悦,2017)。

十一、争端解决机制

TPP/CPTPP 为解决国际贸易争端提供了双重机制,即投资者—东道国争端解决机制(ISDS)和国家—国家争端机制,并制定了金融服务的具体规则以调整这两种争端解决机制(杨幸幸,2019),提高了争端双方政府对仲裁的参与权和决定权,使争端解决机制更具灵活性。尤其是金融服务贸易的争端解决机制细化了 CPTPP"争端解决"章节的内容,提高了跨境金融服务贸易争端解决的效率(张方波,2020)。ISDS 使投资者可以直接对被投资国进行诉讼,由成立的"争端解决专家组"进行仲裁,TPP/CPTPP 的争端解决机制缩短了处理争端所需的时间,提高了效率(李鸿阶,2019)。

USMCA 的投资章节只规定了墨西哥和美国之间的投资争端解决机制,但取消了金融服务投资争端解决机制,不过美国和墨西哥在金融服务投资方面的争端解决机制仍然保留。根据 USMCA 的规定,任何涉及金融服务的争端只能通过国家间争端解决机制进行解决,不能通过 ISDS 机制寻求解决(杨幸幸,2019)。

RCEP 规定了遵循第 19 章的"争端解决办法",没有专门针对金融服务贸易的争端解决规则(甘露,2023)。与 CPTPP 相比,RCEP 的审理期限较长,RCEP 金融服务的争端解决效率低于 CPTPP。

总的来看,在金融服务争端解决机制方面,CPTPP 的创新与开放水平比 GATS、RCEP 和 USMCA 更高。

第四节　服务贸易新规则的主要特点

TPP、USMCA、TISA 等协定服务贸易规则在促进服务贸易的自由化和维护各国的金融管制权方面呈现出很多新的特点,反映了服务贸易新规则的发展趋势。通过比较 GATS 与新一代自贸协定服务贸易规则（见表 3-1），我们可以看到服务贸易新规则有以下特点：

表 3-1　GATS 与新一代自贸协定服务贸易规则的比较

条款	GATS	TPP/CPTPP	RCEP	USMCA	TISA
国民待遇	适用于成员承诺开放并列入清单的部门，准入后国民待遇	成员国的一般义务，准入前国民待遇	成员国的一般义务，准入前国民待遇	成员国的一般义务，准入前国民待遇	成员国的一般义务，准入前国民待遇
市场准入	以正面清单为主	除负面清单中的部门外，其他部门不得对服务提供者进行数量限制	部分国家采用正面清单、部分国家采用负面清单	除负面清单中的部门，其他部门不得对服务提供者进行数量限制	混合式清单国民待遇采取负面清单模式，市场准入采取正面清单模式
透明度和国内措施管理	透明度规则内容宽泛，不成体系	对透明度要求严格，重视事后信息及时披露和事前对管理措施的参与、评论和修订	更加注重事后对信息的披露	对透明度做了详细规定	在金融服务章节专门列出透明度的要求
监管一致性		要求愈加严格，申请程序的要求更加详细	没有对监管一致性做出规定	明确规定监管机构授权方式、授权程序和条件，以及时间限制	
跨境服务贸易	规定了禁止当地成分要求和歧视性的本地化等	不得限制服务提供的数量或要求特定的企业形式；禁止当地存在的要求；采用负面清单模式	部分国家采用正面清单、部分国家采用负面清单	禁止当地存在要求；采用负面清单模式	系统规定了服务贸易中的本地化措施，"禁止要求当地存在"适用于跨境服务贸易的三种模式
信息自由流动	要求成员国不能限制传送和处理金融信息或转移设备，并非所有国家都适用	允许个人和金融服务提供者跨境传输信息，包括个人信息	规定信息的保护、处理和转移，只允许个人和金融机构跨境传输信息	将取消数据存储要求和信息自由流动有机结合，允许金融机构或跨境金融服务提供者跨境传输信息	

条款	GATS	TPP/CPTPP	RCEP	USMCA	TISA
相互承认	很少达成互相承认的协议，GATS中专业服务没有独立章节和条款	单独设立相互承认条款，鼓励成员国相互承认服务提供者的教育和工作经验、许可证或认证	规定成员方应通过交流来相互承认专业服务资格		包含有关专业服务提供商资格和执照的章节，避免执照和资格认证过程中固有的歧视性待遇
金融服务是否独立成章	以附件形式出现，仅规定了金融服务的定义和范畴、国内监管、认可、争端解决机制等	独立成章，金融服务包括商业存在与跨境服务，商业存在规则在投资章节，跨境金融服务规则在跨境服务贸易章节	没有单独设置金融服务章节，也没有对跨境金融服务的三种模式与商业存在模式分别制定规则，内容分散在其他章节中	单设"金融服务"章节，金融服务的承诺清单作为附件Ⅲ，独立于附件Ⅰ（现行不符措施）和附件Ⅱ（未来不符措施）	
金融服务市场准入	各国开放承诺水平较低，没有涉及新金融服务	规定禁止市场准入的限制性措施，对跨境金融服务贸易，采用正面清单和负面清单相结合的混合清单模式，允许成员国金融机构提供本国金融机构提供的新金融服务；但缔约方可对提供新金融服务的机构、形式、授权提出要求	金融服务市场准入采用正面清单与负面清单相结合的模式，按照不同国家进行区分，新金融服务规则要求必须是已经提供且被监管的金融服务，新金融服务的适用范围比CPTPP小	对商业存在模式下的金融服务贸易采取负面清单模式，对跨境金融服务贸易，采用正面清单模式；允许成员国金融机构提供本国金融机构提供的新金融服务，但缔约方可对提供新金融服务的机构、形式、授权提出要求	
金融数据存储本地化要求		没有"禁止数据本地化要求"，成员方可对金融机构提出数据存储本地化要求		禁止数据存储本地化要求，但规定了相应的保障机制	
金融审慎例外的规定	将"审慎例外"称为"国内法规"，中性措辞和含糊定位	允许成员方金融监管者保留广泛的自由裁量权，成员双方的金融主管机构先行协商决定某项措施是否符合审慎例外的措施	审慎例外条款较为独立和简单，主要内容和GATS基本相同	允许成员方金融监管者保留广泛的自由裁量权，成员双方的金融主管机构先行协商决定某项措施是否符合审慎例外的措施	

续表

条款	GATS	TPP/CPTPP	RCEP	USMCA	TISA
跨境金融信息的转移	成员不得阻止金融服务提供者开展正常业务所必需的信息传送、金融信息处理或设备转移，但这并非一揽子协议的一部分	纳入了"信息自由流动"条款，确立了跨境金融服务提供者的信息传输自由，主要针对金融机构的信息自由流动	数据与信息处理规则对成员方管理金融服务数据与信息流动进行了较多限制，只允许金融机构和个人进行信息的转移和处理	首次增加"金融信息的自由转移条款"，并独立存在，信息自由流动从金融机构扩大到跨境金融服务提供者	
最惠国待遇	是一般义务，但同时设置了"保留原则"，使最惠国待遇的"一般"属性受到破坏	是一般义务，单独在金融服务章节列出，规定详细和严谨	有两种清单模式可选，选择正面清单的成员要做国民待遇的承诺，选择负面清单的成员不仅要做国民待遇的承诺，还要对最惠国待遇做出承诺	与CPTPP高度相似	在第1部分"一般条款"中列出，其内容规定与GATS规定相同
自然人流动	没有明确商务人员短期流动的原因，对自然人流动的期限没有具体规定，在国家间合作方面未做出任何承诺	对商务人员的短期流动类别进行了划分；根据不同类别规定了详细的"准入"时间；要求成员方在签证手续和边境安全等方面加强合作	规定减少对自然人移动限制，对商务人员临时入境的承诺和程序没有CPTPP明确清晰，增加了随行家属的便利政策		
竞争中立	未涉及国有企业的问题	强调"竞争中立"原则，对国有企业采取了无原则的"歧视"对待			对"竞争中立"原则的运用，也会加入国有企业条款
"冻结"条款	存在隐形冻结义务	确立了"禁止反转机制"	纳入"棘轮条款"		采用了"棘轮条款"

资料来源：笔者根据资料整理。

一、覆盖范围广、标准高，服务贸易自由化程度提高

全球金融危机后，为推动服务贸易自由化的发展，TPP、TTIP、USMCA等新一代自由贸易协定重新制定服务贸易规则，其核心便是高水平的服务贸易自由

化和便利化措施。

首先，拓展市场准入的范围，并制定更高标准的规则。近年来，CPTPP 和 TTIP 等自贸协定服务业市场准入的范围不断拓宽，不仅扩大到高端、敏感性服务领域，如会计、咨询、软件设计、影视娱乐、金融保险，同时，也扩大到电子商务、数字经济等新兴服务领域；此外，在知识产权保护、跨境数据自由流动等方面制定了更高标准的规则。

其次，涉及的服务贸易提供方式更加广泛。以前商业存在是服务贸易最重要的提供方式，然而信息技术的发展改变了这一状况，目前在服务贸易的四种提供方式中，跨境提供已成为最主要的提供方式。因此，TISA 规定了更高水平的市场准入规则，规定任何服务部门和服务提供方式不可以被预先排除，并特别在自然人移动方式方面规定，成员方应给予商务访客、专家、有关技术人员及企业内调任人员在签证、办理流程以及国外居留时间等方面更大的便利性。

最后，一般义务的标准更高。如 TISA 对于市场准入和国民待遇义务采用了正面清单和负面清单相结合的混合模式，即市场准入采用"正面清单"模式，而国民待遇采用"负面清单"模式。在这种承诺模式下，国民待遇原则基本相当于"一般义务"，即在负面清单以外的其他服务部门，成员国对其他成员的服务和服务提供者均须给予国民待遇。在 CPTPP 协议中也制定了"准入前国民待遇+负面清单"原则，要求给予外资准入前国民待遇，除了负面清单列出的服务部门，其他部门都应该对外资开放。此外，CPTPP、TISA 等协定还引入了"棘轮条款"，锁定现有自由化水平，未来开放度只能更高。

二、更加重视金融服务的开放

新一代自贸协议对金融服务贸易问题的重视程度更高，TPP、CPTPP、USMCA 等协定都将金融服务规制独立成章。

在市场准入方面，USMCA 对跨境金融服务采用负面清单模式，成员方要开放负面清单以外的所有金融服务部门（杨幸幸，2019）。此外，在跨境服务贸易的市场准入方面，USMCA 规定成员方不能要求其他成员的跨境金融服务提供者在其境内设立代表处或公司，或必须有其居民身份（温树英，2019）。在特定金融服务部门，USMCA 通过正面清单的方式规定了成员方的市场准入和国民待遇（杨幸幸，2019）。

根据 USMCA 规定，成员方应当允许其他成员方的金融机构从事其本国金融机构在现有法律条件下从事的新金融服务。这一规定在 TPP 中也被提及。除此之外，两个协定还规定，成员方可以规定新金融服务提供的机构类型和法律形式，也可以基于监管理由要求金融机构在提供新服务前必须经过特别授权（温树英，2019）。

TPP/CPTPP、USMCA 在金融服务市场准入方面呈现出持续扩大的态势。TPP/CPTPP 明确禁止限制市场准入的措施，同时要求成员在跨境金融服务领域进行具体承诺。而 USMCA 增加了市场准入方面的义务，不仅覆盖了金融机构设立，还扩大到跨境金融服务贸易。这标志着 USMCA 首次将跨境金融服务贸易纳入市场准入的条款之中，制约了缔约方对跨境金融服务贸易采取的限制性措施。

三、适应数字化发展的需要

为了适应数字化发展，新一代自贸协定制定了一系列新的服务贸易规则。例如，CPTPP、RCEP 均包括了与电子商务相关的章节，制定了关税、国内监管框架、消费者保护、数据跨境流动、个人信息保护等数字贸易方面的规则。全球首个数字经济专项协定 DEPA，除了详细规定了很多数字经济规则，还涉及数字身份、金融科技合作、人工智能、数据创新和数字包容条款等新兴的数字经济议题（甘露，2023）。USMCA 规定，金融监管机构在进行金融服务许可时，对于数字形式的申请或经认证的文件复印件应予以接受。同时，规定准许数据跨境自由流动，成员方也可以对个人数据和隐私进行保护，如保护个人记录或账户的机密性。除了以上规定，新的服务贸易规则还涵盖了计算机设施的设置位置等方面，以更好地适应数字化时代的发展（温树英，2019）。根据 USMCA 协定，成员方应禁止数据存储本地化要求，不得把在其境内使用或设置计算机设施作为提供金融服务的条件，但前提是为了进行监管，金融监管机构能够及时、直接、完整地获取该人在其境内计算机设施中处理或储存的信息（温树英，2019）。

四、服务的国内管制措施越来越严格

服务的国内管制措施在自由贸易协定中呈现出越来越严格的趋势。从 TPP 到 TISA 再到 USMCA，国内管理措施要求和申请程序要求的详细程度都在不断提高（温树英，2019）。例如，CPTPP 设立第 25 章"监管一致性"，以确保边境后措施的公平与合理。USMCA 对监管机构的授权、授权程序和条件及时间限制等都做出了明确规定。

五、重视对东道国金融主权的维护

新一代自由贸易协定在促进跨境金融服务市场准入的同时，也强化了对其的监管（温树英，2019）。比如，TPP 和 USMCA 规定跨境金融服务提供者应登记

或被许可，以便对其进行监管。这意味着东道国可以要求提供者取得特定资格证书或许可才能在该国提供金融服务。

TPP、USMCA 规定，协定仅适用于在本地提供新金融服务，不适用于跨境提供的新金融服务。另外，提供新金融服务的金融机构必须获得授权，授权条件依据本国法律而非协定规定；成员方可以就提供新金融服务的许可颁布新的法律或辅助措施。

TPP 和 USMCA 都允许成员方为维护金融体系的安全、稳健、完整性，以及支付和清算体系的安全性，采取或维持某些措施。TPP 和 USMCA 不仅设立了审慎例外条款，还在解决审慎例外争端上采取了共同协商的方式。具体来说，争端的解决流程要求成员双方的金融主管机构先行协商决定某项措施是否符合审慎例外的措施。

根据 CPTPP 文本，电子商务章节中的"禁止本地化要求"不适用于金融服务领域。这就意味着，在金融服务领域 CPTPP 的成员国可以要求本地存储或本地处理数据（杨幸幸，2019）。由于取消本地化要求可能会削弱政府的监管权力，USMCA 明确规定了监管机构获取信息的权力，包括可以获取服务提供者在其或第三方服务提供者的计算机设施上处理或储存的信息。此外，一成员方有权在例外情况下采取或维持与协定不一致的措施，如要求事先获得金融监管机构的许可等；监管机构在行使监管权时，可采取或维持相关措施运营和维护计算机设施。在监管机构不能获取相关信息时，成员方还可以要求服务提供者在其境内或其他成员境内设置计算机设施以获取信息（温树英，2019）。

第五节　中国自贸协定中的服务贸易条款

在截至目前中国已签署的自贸协定中，服务贸易规则多种多样，立法模式和规则内容都有所不同。从中国加入世界贸易组织到《中韩自由贸易协定》签订之前，自贸协定的水平相对较低，主要集中在关税减让方面，服务业方面很少有进一步的开放承诺。中国自贸协定的服务贸易规则与新一代自贸协定存在明显差距。要建设高水平自贸区，中国还有巨大挑战。

中国自贸协定服务贸易规则不适用于海运服务中的沿海和内河运输服务、影响自然人存在市场准入的措施等，与目前服务贸易新规则适用范围扩大的趋势相抵触（蒙英华、汪建新，2018）。

一、立法模式

中国自贸协定对金融服务的立法模式多种多样。一些协定的金融服务条款独立成章，如《中韩自由贸易协定》；而另一些协定的金融服务规则是放在服务贸易的附件里面，如中国与澳大利亚和格鲁吉亚的自贸协定。也有一些协定将调整后的GATS金融服务规则的内容放在协定中，如中国与冰岛、东盟、秘鲁、新加坡等的自贸协定。还有些协定则把金融服务规则作为服务贸易协议的组成部分，如中国与瑞士、新西兰的自贸协议，《内地与香港关于建立更紧密经贸关系的安排》。同时，也有些协定没有关于金融服务的规则，如中国与哥斯达黎加、智利的自贸协定，这些协定未对金融服务做出具体的规定，将其排除在外（温树英，2019）。

二、具体承诺方式

中国签订的自贸协定，在商业存在和跨境服务贸易方面一般用正面清单的承诺模式（《内地与香港关于建立更紧密经贸关系的安排》除外）。此外，市场准入的保留项目和国民待遇的限制行业列在具体承诺表中，限制措施一般不区分现有不符措施和未来可能采取的不符措施。

不过，在中韩FTA升级谈判中，中国在服务贸易和商业存在方面采用负面清单模式，中澳FTA的升级谈判也采取负面清单承诺模式，这说明中国的自贸协定向更加开放的方向迈进（蒙英华、汪建新，2018）。

现行《中华人民共和国外商投资法》规定了外商投资的管理制度，并实行"准入前国民待遇+负面清单"管理模式。然而，中国签订的自贸协定却采用的是正面清单模式，因此，这些自贸协定需要升级，将商业存在方面的管理模式改为"国民待遇+负面清单"，而在跨境贸易方面可继续采用"国民待遇+正面清单"模式，以保证有效监管（温树英，2019）。

三、国民待遇条款

中国自贸协定与CPTPP对国外服务和服务提供者的待遇存在一定差异，其中，中国自贸协定规定对其他成员国的服务或服务提供者的待遇不得低于本国同类服务或服务提供者的待遇，CPTPP则规定对其他成员国服务和服务提供者的待遇不得低于相似情况下给予本国服务和服务提供者的待遇。中国自贸协定中"同类服务或服务提供者"的表述，在TPP中则为"相似情况"，这意味着TPP的规则适用范围更广泛，标准更高（蒙英华、汪建新，2018）。

四、市场准入

中国自贸协定的市场准入规则与 GATS 完全相同，主要是规定取消 6 项市场准入限制措施。虽然 TPP/CPTPP 的市场准入条款与 GATS 比较相似，但是在商业存在方面，TPP 等协定对服务业投资方面的征收、最低待遇标准和投资者—国家争端解决等有较多限制，这些是中国自贸协定所没有涉及的（蒙英华、汪建新，2018）。

五、禁止当地存在

在全球价值链发展的背景下，允许服务的跨境提供，有助于降低外国服务提供者的成本，进而推动电子商务的蓬勃发展。然而，允许跨境服务提供、禁止当地存在规则政府需要具备一定的监管能力。目前中国签订的自由贸易协定中尚未包含允许服务的跨境提供的规则，但随着这类规则的普及，中国有必要密切关注并制定相应的对策（石静霞，2018）。

六、监管透明度

中国与不同国家签订的自由贸易协定中，监管透明度方面的规定不统一。《中国—澳大利亚自由贸易协定》和《中国—格鲁吉亚自由贸易协定》均规定各方应确保自律组织采取的普遍适用的规定能够迅速公布或公开获取。而《中国—韩国自由贸易协定》中的规定则并未涉及自律组织的规定。

七、争端解决

中国与韩国自由贸易协定规定了金融服务投资的事前磋商，而与澳大利亚、格鲁吉亚达成的自由贸易协定却没有包含这方面的规定（温树英，2019）。

八、竞争政策

中国目前签订的自由贸易协定没有专门涉及国有企业的规定。然而，在中国与冰岛、韩国、瑞士、格鲁吉亚等国签署的协定中，涵盖了关于"竞争"的具体章节。这些章节的目标是禁止反竞争行为，推进竞争政策，并为此进行合作（石静霞，2018）。

九、冻结条款

锁定自由化程度对不少国家意味着巨大的挑战。与 TPP/CPTPP 等协定不同，中国的自贸协定并没有规定禁止反转条款。这为各国提供了更大政策空间，但也可能导致贸易关系的不确定性。

十、数据本地化要求以及跨境数据流动

近年来，随着数字经济和贸易的迅速发展，各国在区域贸易协定中纷纷承诺确保跨境数据流动。这些承诺包括不强制要求在境内存储或处理数据、不禁止在其他国家境内存储或处理数据等内容。然而，中国目前已签署的区域贸易协定中，并未详细涵盖这些规定，如中韩和中澳协定中虽然有"电子商务"专章，但是对禁止当地存在、数据本地化要求以及跨境数据流动等问题都没有进行明确规定。但中国未来与其他国家进行自由贸易协定谈判，可能会面临跨境数据流动方面的问题。因此，中国需要在国内法律和措施上积极采取应对措施（石静霞，2018）。

十一、自然人流动

中国签订的部分自由贸易协定中包括了便利商务人员和自然人流动的条款，其中，中国与哥斯达黎加和秘鲁签订的 FTA 中有"商务人员临时入境"章节，而与韩国、澳大利亚、新加坡、新西兰等国家的 FTA 中包含了"自然人移动"规则。这些条款为促进专业服务人才的流动提供了便利（石静霞，2018）。

未来，中国自贸协定的服务贸易规则需要在覆盖领域、谈判模式和内容框架、负面清单谈判方式、禁止反转条款和透明度条款等方面不断拓展和深化。

第六节　中国自贸试验区的服务贸易规制

自 2013 年中国第一个自贸试验区——上海自由贸易试验区成立，到目前为止已有 22 个自贸试验区。这些自贸试验区都制定了适合自身发展需求的服务贸易规制，不断探索"准入前国民待遇+负面清单"模式、事中事后监管、贸易投资便利化等措施，并不断拓展服务贸易规则的适用领域。如《中国（海南）自由贸易试验区总体方案》涉及医疗、教育、旅游、电信、互联网、文化、金融、航空、海洋经济、新能源汽车制造等服务贸易领域，并尝试与 CPTPP 等高水平自贸协定的规则对标（李震，2020）。2024 年商务部发布《跨境服务贸易特别管理措施（负面清单）》（2024 年版）和《自由贸易试验区跨境服务贸易特别管理措施（负面清单）》（2024 年版），首次在全国对跨境服务贸易建立负面清单管

理模式，形成了跨境服务贸易梯度开放体系。然而，与 TPP、USMCA 等的服务贸易规则相比，中国自贸试验区仍存在不小的差距。

一、列表方式

自贸区在投资领域的创新举措引起了广泛关注。与过去正面清单制度相比，自贸区采用了更加开放、灵活的负面清单制度，并倡导事中事后的监督体系，摒弃了事前审批的方式。在 2013～2024 年的各个自贸区外商投资准入负面清单版本中，不仅改进了开列方式和不符措施内容，还吸纳了最新的法律和制度修订成果。这些举措为全国负面清单市场准入方式的转变奠定了基础（谢徐娟，2017）。

二、负面清单模式

一是中国自贸试验区的外商投资准入负面清单虽然开放度增加，但仍存在股份限制措施。与此同时，TPP 成员国的负面清单条款更为简洁明了，取消了对具体产业的股份限制条款。二是自贸区的外商投资准入负面清单缺乏保留权利条款。虽然中国自贸试验区外商投资准入负面清单逐步缩减，2021 版已压缩至27 项，但是中国的不符措施没有划分为"现有不符措施"和"未来可能的不符措施"，仅有"现有不符措施"，没有制定保留权利条款。三是跨境服务贸易和金融服务的负面清单项目较多，不够完善。CPTPP 的负面清单包含了跨境服务贸易和金融服务，且限制措施较少。商务部发布的《自由贸易试验区跨境服务贸易特别管理措施（负面清单）》（2024 年版）涉及 11 个行业类别共 68 项，总数较多。CPTPP 大部分成员国的跨境服务贸易负面清单只有 20 项左右。自由贸易试验区金融负面清单的限制措施有 15 项，也高于 CPTPP 的平均水平。从表格形式来看，CPTPP 金融负面清单是"部门分类+涉及的义务+政府层级+法律依据+措施内容描述"，自由贸易试验区跨境服务贸易负面清单为"说明+特别管理措施"。CPTPP 金融负面清单援引了国际国内法律、部门规章、地方性法规。而自由贸易试验区金融负面清单与国内法律法规、《市场准入负面清单（2020 年版）》的关联性较低。此外，CPTPP 规定成员方负面清单承诺采用"棘轮"模式，而海南没有这一规定（甘露，2023）。

三、禁止要求当地存在

中国对电信服务的市场准入限制保留了设立合资企业的模式，这意味着服务提供者必须以设立中外合资企业为前提才能通过跨境提供方式提供服务，这就构成了当地存在要求。除此之外，在广告、海运辅助服务、空运服务等领域，也有当地存在要求。对于其他大部分服务也保留了实施当地存在要求的可能性（石静霞、鄢雨虹，2020）。

2018 年 9 月，上海发布了《中国（上海）自由贸易试验区跨境服务贸易特别管理措施（负面清单）（2018 年）》和《中国（上海）自由贸易试验区跨境服务贸易负面清单管理模式实施办法》，首次采用负面清单模式管理跨境服务贸易，规定了未纳入负面清单的当地存在要求按照"内外一致原则"进行管理，显示了相对进步，但与"禁止要求当地存在规则"之间仍有明显差距。

中国在商业存在和跨境服务贸易方面已实施负面清单模式，特别是全国版和自贸试验区版跨境服务贸易负面清单的实施，标志着首次在全国对跨境服务贸易建立负面清单管理模式。虽然这些努力是值得肯定的，但是依然存在一些问题需要解决。一方面，现有的负面清单中保留了大部分当地存在要求，缺少对修改或新增不符措施的制约，使清单可能出现不稳定的状况。另一方面，清单中与不符措施对应的义务保留、政府层级和国内法律条文没有明确列出，对一些措施的表述不规范，使得保留措施涉及直接投资而非跨境服务贸易，与清单的涵盖范围不符（石静霞、鄢雨虹，2020）。

四、互认条款

TPP \ CPTPP 协议的实施对中国行业标准和资格认证与国际接轨带来了巨大压力。互认条款要求各成员国之间相互承认服务提供者的教育和工作经验、许可证或职业认证。然而，中国目前的职业资格和标准体系与 TPP \ CPTPP 等协议的要求存在较大的差距，这意味着中国必须全面接受并适应全新的国际执业标准。这一转变的过程将需要支付较大的转换成本，从而增加了对中国企业和从业人员的挑战。

五、竞争中立

当前，中国服务贸易法律体系已规定要贯彻和落实竞争中立原则。《中华人民共和国外商投资法》的实施进一步深化了这一原则，特别是在外资企业参与政府采购方面。相关规定保障了外国投资者在政府采购活动中能够获得公平待遇，强化了市场竞争机制（李震，2020）。但是，仍然存在对信息披露不足及政策制定和执行不够公开透明等问题，在电信、电力、石油、铁路、航空等领域存在行业垄断，对外资和民营企业长期存在准入限制。这些不符合 CPTPP 对竞争的反歧视要求以及禁止非商业援助原则。

六、金融审慎管理制度

以上海自贸区的金融创新风险审慎管理制度为代表，在金融领域取得了显著成就。该制度以自由贸易账户体系为核心，涵盖资本项目、金融开放、风险控制、金融基础设施建设以及全口径跨境融资管理等多个方面。这一系统性的管理框架不仅在上海自贸区得到成功实践，也得到了全国范围内的复制应用。这一经验不仅为中国各自贸区提供了有益借鉴，也为中国与其他国家的自贸区谈判奠定了坚实基础（谢徐娟，2017）。

七、市场准入

中国不断扩大服务市场的开放，采取了一系列措施放宽投资限制。在金融领域，外资可以申请设立独资银行、合资银行，并允许外国银行分行申请人民币业务，同时取消了面向国外市场的离岸呼叫中心的外资股比限制（石静霞，2018）。根据《外商投资准入特别管理措施（负面清单）（2018 年版）》的规定，2021 年后银行业、证券业、保险业取消外资股比限制，意味着金融服务开放程度进一步提升（温树英，2019）。此外，在签证便利、工程咨询服务、法律服务等领域也出台了新的开放措施。

上海自贸区积极深化金融领域改革，推出了一系列开放举措，如"金改 40 条"等政策。这些举措旨在扩大金融服务业对外开放，减少市场准入限制（程诚、李晓郭，2017）。

当前中国自贸区在吸取国际自由贸易区经验的基础上制定了一系列政策，然而在金融领域的开放程度并不高，各自贸区在金融领域的试点探索比较有限。尽管自贸区在金融制度改革方面做出了努力，但在资本项目开放等方面还未取得实质性成果，金融负面清单也需要缩减完善（谢徐娟，2017）。

CPTPP 等协议要求各成员国开放本国金融服务业，包括承诺允许其他成员国提供新型金融服务。而中国金融机构大多从事传统金融业务，如银行、保险和证券等，在新金融服务方面处于竞争劣势。此外，中国的金融监管体系也需要做出相应调整以监管这些新金融业务（蒙英华、汪建新，2018）。

八、服务贸易的资金转移

根据 CPTPP 和 RCEP 的规定，跨境服务贸易中的资金应当允许自由转移。尽管中国目前只对国际收支资本项目下的外汇实施管制，而贸易项下的外汇资金允许自由转移，但中国外汇管理模式中对银行和外资企业进行监管的规章制度较为烦琐，也可能受到政府指导和限制，还难以实现跨境转移和支付自由。人民币国际化和服务贸易的发展要求监管模式从"规则监管"转变为"原则监管"，在这种情况下，央行和外汇管理部门的监管面临挑战（张萍，2017）。

九、禁止反转条款

中国在服务贸易领域总体上仍遵循 GATS 规则，自贸试验区的负面清单没有禁止反转规则。以中国（上海）自由贸易试验区的负面清单为例，2013 年不包含中外合资医疗服务，但 2015 年却在负面清单中列入中外合资医疗服务，这是违反禁止反转规则的。

十、国际金融纠纷争端解决机制

CPTPP 在金融服务领域可以适用投资者与东道国争端解决机制，金融服务投资者可以独立对东道国提起仲裁。我国的自贸试验区的金融司法机构层级、管辖范围、国际化和专业化程度等都有待提高，缺少国际金融纠纷争端解决的平台和法律依据（甘露，2023）。

第七节　服务贸易新规则背景下中国的对策

一、中国国内政策对接服务贸易新规则的对策建议

以 TISA 和 TPP/CPTPP 等新一代自贸协定的服务贸易规则，可能会取代 GATS 的服务贸易规则框架。为此，中国应当密切关注服务贸易新规则的发展趋势，做好服务贸易领域的开放准备。只有这样，中国才能更好地融入全球经济体系，实现经济的可持续发展。

（一）进一步完善投资管理模式和制度体系建设

首先，中国要致力于扩大电信、金融、互联网服务、建筑工程、教育、电子商务、环境等服务业部门的开放程度。构建符合中国国情的服务贸易负面清单，完善"准入前国民待遇+负面清单"的投资管理模式，逐步压缩负面清单。对于开放程度较高的行业，例如物流业，可以采用简短的负面清单。而对于那些涉及民生安全或开放程度较低的行业，如水利和金融行业，应采用较长的负面清单，以保障国家利益和市场秩序（吉洁、高玉婷，2016）。

其次，应增设负面清单的保留权利条款。在 TPP 协定中，成员方的负面清

单包括了现有不符措施和保留权利条款，负面清单和限制条款不允许增加，但保留权利条款可以增加新的限制，这有利于保护新兴产业。而中国自贸试验区的负面清单只包含现有不符措施，没有保留权力条款。为了促进高新技术产业和战略性新兴产业的发展，中国应该在负面清单中增加保留权利条款（福建社科院课题组、李鸿阶，2019）。

此外，要提高负面清单的可操作性和可预期性。以部分服务行业为例，虽然允许外资进入，但是却附带限制条件，如要求通过国内代理机构从事注册、审批等活动，导致外国投资者在这些限定条件下进行业务活动障碍重重。为保障投资者和服务提供者的正常业务运转，应逐步减少对国外服务企业在进入后的各种限制，并强化对代理机构的分类与管理，减少对投资者和服务提供者的障碍（李震，2020）。

（二）构建高质量数字贸易治理体系

中国的自由贸易试验区应该充分适应数字化时代的需求，在设立服务贸易机构和授权跨境服务提供者的程序方面做出相应规定。针对数字经济、电子商务、跨境数据自由流动、专业资格相互认可以及商务人员临时入境等议题，我们可以积极创新，并建立风险压力测试机制。在确保安全可控的前提下，我们应该大胆尝试和探索，不断开放创新（张萍，2017）。

我们需要深入研究和设计自贸区数字知识产权保护体系，尝试制定和实施信息数据传输、数字传播平台和电子图形界面等方面的相关规定。同时，我们也要加大跨境知识产权保护的交流合作力度，建立海外知识产权援助机制，为企业提供更好的保护。此外，可以在全国范围内创建数字知识产权保护示范区，推动中国数字经济发展。

在数字经济飞速发展的时代背景下，数字治理体系建设变得尤为重要。要在开放的条件下，不断探索完善数字贸易管理体制和监管模式。其中，分级分类的跨境数据和数字服务监管制度的建立具有重要意义。我们应该积极开展商务数据跨境流动试点和安全管理试点，通过允许安全可控原则下的跨境商业数据自由流动来促进数字经济的跨境合作。举例来说，可以借助海南自贸港这样的区域，实现数据在自由贸易港内的跨境流动。同时，还需探索在数据交互、业务互通、监管互认和服务共享等方面展开国际合作，推动数字证书、电子签名等工具在国际间的互认。通过这些举措，建设起国际一流的数字贸易生态圈，为数字经济的健康发展提供支持和保障（胡雅蓓、陈群、徐锋，2021）。

（三）尝试提出更完善的争端解决机制

随着中国"走出去"战略的不断深化，中国对外投资已超过吸收外资。在这个过程中，加强对外投资保护至关重要。同时，要进一步完善国内争端解决机制以妥善处理贸易纠纷，例如，可以借鉴 TPP 中仲裁透明度和法庭之友等规制。这样一来，通过仲裁、司法或行政救济手段，外国投资的争议和纠纷可以尽量在国内得到解决。

中国可探索在《中华人民共和国外国投资法》和《中华人民共和国民事诉讼法》中，构建投资者与国家争端国内解决机制的框架。同时，可以制定征收条件、程序和补偿方式等方面的司法解释。另外，针对国内法律中对 ICSID 国际仲裁裁决缺乏适用和执行机制的问题，可在相关法律法规中对裁决的认可和执行做出对标国际通行规则的规定（张萍，2017）。

（四）适时引入"禁止要求当地存在规则"

为了推动中国跨境服务贸易的有序开放，我们可以选择合适时机在自贸试验区、国内法规或自贸协定中引入"禁止要求当地存在规则"（石静霞、鄢雨虹，2020），并加强监管能力建设和国际监管合作。首先，可以有针对性地开展跨境服务贸易境外经营试点，如在教育、运输、电信、研发与管理咨询等领域开展试点项目。其次，可以借鉴英国的"监管沙盒"制度，通过信用承诺制度、个案审批等方式加强跨境服务贸易的监管工作。另外，各监管机构应加强信息交流和监管合作，对各部门之间的监管工作进行统筹，防止出现监管权限不明晰和"多头管理"等问题。最后，要提高跨境服务贸易与"禁止要求当地存在规则"的契合性。目前，《上海自贸区负面清单》的第二条已经将"禁止要求当地存在规则"纳入其中。政府应将这一规则纳入负面清单中，并明确具体适用范围（马霞，2021）。

（五）积极推动金融服务领域的开放

金融服务领域应当强调审批程序的透明度，加强审查监督机制，以主动开放为核心，推动金融服务业的有序开放。在适当的情况下，应当放宽非银行金融机构的市场准入条件，但仍需保留重点领域的股比限制和业务限制，渐进推进金融服务业的开放和促进竞争力的提升（张悦、李静，2017）。

在国际上，高标准自由贸易区的金融服务包含 8 个方面，即新型金融服务、信息处理、审慎措施认许、审慎监理、自律组织、透明化、清算系统以及支付等。当前，中国金融体系尚未完善，仍面临市场风险的挑战，在这种背景下，可借鉴美国和韩国自贸协定的经验，将金融领域划分为 A、B 两章，以区分不同部门的不符措施。对于特别敏感或需要特别保护的领域，可以保留不符措施的权利，尽力降低金融开放带来的风险（谢徐娟，2017）。

各个自贸区的金融创新水平存在不小的差距，因此需要在保障市场稳定的基础上加快对外开放的步伐。各自贸区应根据自身情况积极推动人民币的跨境使用、资本项目可兑换、利率市场化等金融业务的先试先行（谢徐娟，2017）。此外，应将上海自贸区和前海试验区的金融政策在其他自贸区加以复制和推广，实现金融创新经验的共享和全面发展。

（六）完善跨境金融服务贸易的监管科技

第一，确立以数据为核心的监管理念。这一理念的实现，依赖于跨境数据的收集与触达机制，因此，建立数据获取机制显得尤为迫切。此外，数据的共享也至关重要，因此，构建一个由监管者、行业协会及消费者之间进行数据共享、传递的平台，有利于提高监管效率。另外，数据的分析处理也不容忽视。监管机构需运用先进的信息处理技术，对收集的数据进行深入评估，精确识别风险，以便作出明智的决策。

第二，创新金融监管新模式。在跨境金融服务贸易监管方面，可以借鉴"监管沙盒"模式。这种模式最初由英国政府提出，并在金融行为监管局（FCA）的定义下，被视为一个安全空间。在这个空间里，提供新金融服务的企业首先向监管机构申请，并在规定时间内取得监管豁免，以测试创新的金融产品、服务和商业模式。这种模式允许部分金融服务贸易领域进行跨境交付，放宽了监管标准，使金融服务提供者能够通过特定的渠道跨境交付金融服务。这不仅为金融服务的提供者提供了一个创新的平台，同时也为监管机构提供了及时获取数据和反馈信息的机会。监管机构可以利用这些数据和信息，对跨境金融服务的提供者进行可行性评估，并防范潜在风险（黄琳琳，2020）。

对于跨境金融服务投资，我们可以在负面清单模式的基础上，利用排除适用、豁免清单和审慎例外等方式，为金融监管留出空间（杨幸幸，2019）。

（七）政府监管思路和制度安排要与国际贸易新规则接轨

对标国际高标准的服务贸易新规则，中国要逐步加大改革和创新力度，特别要重视在监管和透明度、资金自由转移、知识产权保护、竞争政策、劳工政策和环保标准等方面的改进。要大力提高通关效率，促进人员、货物、资金的跨境流动。鼓励企业认证国际标准，加大知识产权保护，在自贸区内"孵化"更多的服务新业态和新业务。

政府需要转变职能，提升治理能力，优化服务贸易投资环境，提高国际吸引力，政府的监管思路和制度安排要尽快与国际贸易新规则接轨（张萍，2017）。此外，还应通过自贸区引领中国服务新业态"走出去"。自贸试验区要通过关检合作和省内各监管部门的协调合作，以促进国内监管一致性。同时，在跨境监管合作方面，也应积极探索采用其他国家或地区的认证认可结果和检验检测结果，以提高监管效率和国际兼容性。

（八）提高自贸试验区服务贸易法律体系的独立性

目前，适用于全国的外资准入负面清单和适用于自贸试验区的外资准入负面清单，仅有三项差异。这并未显示出自贸试验区更高的开放度，也未能凸显出先行先试的重要影响。此外，虽然全国人民代表大会出台《关于授权国务院在自由贸易试验区暂时调整适用有关法律规定的决定》，意图让各自由贸易试验区在制定本地条例时免受原有法律的束缚。但令人遗憾的是，该决定涉及的法律法规数还较少，各自贸区在试验制定规则时独立性仍不足。

因此，应赋予各自贸试验区更为独立的立法权限。这样，各试验区就能结合自身实际，制定更加符合本地特色、更具开放性的负面清单和法律法规，这将为全国范围内的法规实施奠定坚实基础（李震，2020）。

（九）制定探索符合中国实际的职业资格互认制度

制定符合中国国情的职业资格互认制度，建立服务贸易领域人员自由流动的制度安排（迟福林，2020）。例如，放宽金融领域自然人限制措施，便利金融领域专家和技术人员的准入。同时，探索建立与主要国家和地区专业技术资格证书的互认机制，以减少重复认证带来的烦琐程序。

二、中国构建区域服务开发合作机制的对策建议

"一带一路"倡议自提出以来，已获得众多国家的支持与响应。其中，服务贸易成为合作的重点领域，各国在此领域拥有广泛的合作空间。通过深化市场开放、构建服务贸易合作机制，中国服务业将实现更高水平的发展，并提升出口竞争力。这不仅有助于应对中美贸易摩擦带来的挑战，还能充分发挥服务贸易在长期发展中的潜力。因此，中国应把握"一带一路"建设契机，进一步完善服务贸易的开放与合作机制（石静霞，2018）。

（一）加快谈判建立高质量的自贸区

首先，构建一个以服务业为重点的"一带一路"自由贸易区。"一带一路"倡议是中国构建新型伙伴关系的重要国家战略。一方面，我们可以与"一带一路"共建国家签订服务贸易合作协议，开拓市场，推动服务业开放，并着力引进更多服务业和服务贸易项目，探讨建立自由贸易区的可行性。另一方面，我们要以中国、东盟自由贸易区升级版建设为契机，加大与东盟各国开展服务业贸易投资合作的力度（张悦、崔日明，2018），从而推动"一带一路"倡议下的服务贸易自由化。"一带一路"共建国家大多是发展中国家，服务贸易竞争力相对较弱。通过加强与这些国家的合作，我们可以构建一个服务贸易自由化水平更高、包容性更强的自由贸易区，打破目前由美欧主导的服务贸易规则框架，推动建立公平合理的新规则（张悦、李静，2017）。这将有助于中国服务业的国际化发展，加强服务贸易在区域内的优势地位，进而影响国际服务贸易规则。

其次，加强与中国具有互补优势国家的服务业合作。重点考虑与中国发展程度接近、服务业发展与中国互补性明显的国家，采用负面清单加准入前国民待遇的模式，建立升级版的自由贸易区，提升中国服务业的开放水平。同时，可以利用 CEPA 和 ECFA 先行打造面向港澳台地区的服务业试验区，为进一步推进服务贸易自由化提供宝贵经验（杜琼、傅晓冬，2014）。

最后，将中日韩自贸区作为重点，加快构建服务贸易开放度更高的自由贸易区。恢复与欧盟的双边投资保护协定谈判，推动中欧服务业合作（陆燕，2014）。

（二）实行商业存在方面国民待遇加负面清单、跨境贸易方面国民待遇加正面清单方式

对商业存在和跨境贸易，需要采取不同的管理方式。TPP 和 USMCA 规定的跨境服务贸易实际包括了 GATS 中跨境提供、自然人流动和境外消费三种提供方式（温树英，2019）。

目前，中国自由贸易协定大部分采取正面清单方式管理服务贸易，但在中韩自贸区协定中，首次尝试了负面清单模式。负面清单更加透明、稳定且普适，代表了高水平的对外开放（张琳，2015）。因此，中国应该修改自由贸易协定，商业存在方面采用负面清单加国民待遇的准入方式，并建立准入后以监督为主的投资管理制度；而在跨境贸易方面，仍然使用正面清单加国民待遇的准入方式，以有效进行监管。

（三）金融服务立法独立成章，加强法律规定的一致性

金融服务在自由贸易协定中的重要性不言而喻。然而，中国目前缔结的自由贸易协定对金融服务的规定缺乏一致性。这种情况不仅影响了中国自由贸易战略的实施，也使金融服务领域的法律执行面临挑战。为此，中国应借鉴国际经验，将金融服务立法独立成章，并加强法律规定的一致性。这样一来，不仅有利于中国自由贸易协定的实施，也能更好地适应金融服务贸易发展的需要（温树英，2019）。

（四）正确处理信息本地化存储与信息自由流动间的关系

中国金融领域要求信息本地存储。然而，如果金融机构在每个国家都建立独立设施，这不仅增加了成本，还限制了国际合作与服务贸易的发展。过多的数据本地化规定可能会导致金融机构选择退出某些市场，从而减少了消费者的

选择权。因此，在保留信息本地化存储要求的同时，确保相关信息的自由流动是金融服务贸易自由化的前提。为此，在自由贸易协定中，应该明确规定信息自由流动的条件和范围，在保证安全和有效监管的前提下，应允许金融机构或跨境金融服务提供者从事授权范围内业务的相关信息进行跨境流动（温树英，2019）。

（五）引领数字贸易新规则制定

在全球化的背景下，数字贸易已经成为世界经济的新增长点。为了促进这一领域的健康发展，制定与之适应的新规则显得尤为重要。考虑到现实需求，对于低价值货品，我们应当探索并实施免关税政策，为中小微企业电子商务提供关税优惠。此外，加强跨境电子商务规则的谈判与合作也至关重要。我们应与贸易伙伴分享和交换关于服务监管程序的信息，涵盖电子支付、物流和速递、在线通关等方面。同时，推动全球跨境互联网金融行业的合作也是一个关键方向。政府间应加强贸易融资创新的监管政策信息交换，并根据平台信用额度提供无抵押贷款等创新金融服务。在电子商务、大数据和云计算的推动下，构建全球企业的网络信用体系和认证体系也势在必行，这有助于促进跨境支付的便利化及消费者安全。中国作为数字贸易大国，更应积极引领全球跨境电子商务规则与法律的制定，通过优先与"一带一路"共建国家进行合作，构建跨境电子商务规则的标准框架，并积极推广，为数字贸易其他领域的规则制定提供借鉴（郭周明、李杨，2019）。

（六）推动跨境数据流动分级分类管理

在推动跨境数据流动的过程中，实施分级分类管理显得尤为关键。首先，对于金融、石油、电力和水利等关系国家经济命脉的重要基础设施领域，应当严格限制跨境数据流动，应当要求这些领域的数据中心建在国内，防止关键数据外流，便于监管。其次，对于为中小企业提供服务产生的跨境数据，只要不涉及国家经济命脉，可以适度放宽要求，并根据数据的不同类型分类管理。例如，与政府有关的信息、企业的商业秘密以及涉及个人隐私的敏感数据，要严禁跨境流动；而普通的企业数据和个人数据，可以允许跨境流动。在实施这一策略的过程中，不仅要加强相关立法工作，还要完善跨境数据流动的标准格式合同管理、安全协议限制和风险评估机制等配套措施，形成全面、系统的监管体系（徐金海、周蓉蓉，2019）。

（七）增设不符措施冻结条款或棘轮条款

目前在中国签订的自由贸易协定中，存在一个显著的问题，即缺乏保护机制来固定规则并逐步推进更大程度开放。这意味着，由于政治、全球经济形势、外交关系等各种因素的变化，签署国有可能对 FTAs 的内容倒退式进行修改，从而使 FTAs 的开放程度没有足够的保障。因此，未来签订 FTA 时中国应考虑增加"棘轮条款"，这才能真正保证中国和其他缔约方的开放程度越来越大（黄琳琳，2020）。

第四章　知识产权新规则与中国的对策

知识产权制度最早是从意大利文艺复兴时期建立，大多数欧美国家在19世纪就构建了完善的知识产权法律体系，如今知识产权制度成为西方法律体系的重要支柱。随着知识经济的发展，版权产业已成为发达国家国民经济的重要组成部分。知识产权贸易也逐渐脱离传统的货物与服务贸易，成为国际贸易中重要的组成部分。在新时代背景下，知识产权不仅被视为国家发展的战略性资源，更是国际竞争力的重要表现，其地位与作用愈发凸显。知识产权保护规则也成为国际组织谈判的重要议题。

在当前的国际背景下，世界各国对于建立一个公正、合理的知识产权法律秩序的需求变得日益迫切。发达国家出于维护自身经济利益和技术优势的目的，不再满足TRIPs所提供的知识产权保护水平。它们不再局限于多边主义的框架内，而是通过双边和诸边的方式，积极寻求更高标准的知识产权保护。以美国和欧盟为例，它们在与其他国家签订的区域贸易协定以及双边投资保护协定中，均加入了严格的知识产权保护条款。甚至在欧盟与埃及、美国与约旦等发展中国家签订的双边FTA中，知识产权保护标准也远远超过了TRIPs的规定。尽管中国并未直接参与这些知识产权新规则的谈判，但我们已经能从中美经贸谈判和中欧投资协定谈判中窥见这些高标准知识产权条款的身影。这一趋势对于中国在国际知识产权法律秩序中的立场和策略提出了挑战，也要求我们更深入地思考如何在维护国家利益的同时，推动构建一个更加公正、合理的国际知识产权法律秩序（张惠彬、王怀宾，2022）。

本章将深入解析知识产权领域国际贸易新规则，并探索WTO在知识产权方面的改革趋势，同时提出中国在此背景下的应对策略。

第一节　《与贸易有关的知识产权协定》的主要内容

1884年生效的《保护工业产权巴黎公约》与1886年生效的《保护文学和艺

术作品伯尔尼公约》是知识产权国际保护制度的雏形。随后"保护知识产权国际联合局"成立并承担了管理这两大公约的职责。然而，早期的"保护知识产权国际联合局"面临成员国地域性偏重欧洲发达国家、管辖权限相对狭窄、缺乏足够法律地位等诸多挑战。

在近一个世纪的时间里，知识产权保护领域一直缺乏一个强有力的、可执行的争端解决机制，这使知识产权的侵权问题在全球范围内越演越烈。特别是在20世纪90年代，美国因知识产权受到侵犯而在国际贸易中遭受了巨大的经济损失。在此背景下，美国等发达国家积极倡导改革，与贸易相关的知识产权成为GATT乌拉圭回合谈判的议题，并达成《与贸易有关的知识产权协定》。这一协定确立了新的知识产权保护标准，不再单纯依赖于传统的国民待遇原则，而是设定了一套更为严格、统一的最低保护标准。更值得关注的是，《与贸易有关的知识产权协定》要求成员国在国内实施一系列知识产权保护措施，这包括了民事和行政程序、临时措施、边境控制措施，乃至刑事程序。此外，该协定还引入了国际争端解决机制，对于成员国间因知识产权保护标准而产生的争议，将由WTO的争端解决机制来最终裁决（刘颖，2019）。

TRIPs是世界贸易组织中最为重要的协议之一，由序言和7部分内容共73条条款构成。在知识产权保护领域，TRIPs协议覆盖范围广泛，保护水平高，力度大。作为世贸组织三个新协议中最长的协议，其影响力不可忽视。

一、与贸易有关的知识产权的范围

TRIPs协定涵盖了多个方面，包括版权和邻接权、商标权、地理标志权、工业品外观设计权、专利权、集成电路布图设计（拓扑图）权、未公开信息专有权，主要指商业秘密权。

TRIPs纳入了《巴黎公约》和《伯尔尼公约》的实体性条款。在著作权与邻接权领域，TRIPs协定新增了《伯尔尼公约》中未明确规定的出租权，但未涉及精神权利的保护，凸显了其与贸易相关的本质。在商标方面，TRIPs不仅规定了商品商标和服务商标的保护，还规定了驰名商标的保护。在专利方面，TRIPs规定了专利权人的进口权和植物新品种的保护。在集成电路布图设计方面，TRIPs禁止强制许可，并不提供追溯保护。在未披露信息方面，规定各成员国要根据《巴黎公约》的反不正当竞争对未披露信息进行保护（邵思蒙，2021）。

二、基本原则

（一）国民待遇原则

TRIPs规定，在知识产权保护方面，成员国应当确保在遵守相关公约的前提下，给予其他成员国的国民不低于本国国民的待遇。这一义务适用于表演者、录音制品制作者和广播组织的权利。

（二）最惠国待遇原则

在知识产权保护方面，TRIPs 规定成员国必须将其给予任何其他国家国民的利益、优惠和豁免给予其他成员国的国民。

（三）公共利益原则

TRIPs 要求成员国在制定或修改法律法规时应优先考虑对公共利益重要的措施，只要这些措施符合协定要求，成员国就可以采取必要措施来实现公共利益的保护。

（四）禁止权利滥用原则

TRIPs 允许成员国采取必要措施防止知识产权滥用，包括防止知识产权权利滥用、对贸易造成不合理的限制或对国际技术转让不利的措施，但这些措施必须符合协定的规定。

三、知识产权执法

TRIPs 协定首次将各国国内法中的知识产权执法程序转化为国际规则。规定成员国应承担知识产权执法措施，包括实施知识产权保护的行政和司法程序，以及侵权行为的补救措施。此外，协定还明确了边境措施的要求。这是以往国际条约中未曾规定的内容。

首先，成员国应保证对知识产权侵权行为采取有效的法律措施，包括阻止进一步侵权和采取补救措施。知识产权执法程序应当公平、简洁，并且不得影响正常的国际贸易秩序。其次，TRIPs 详细规定了民事和行政程序、补救措施，以及知识产权执法程序中的临时措施和海关措施。为执行 TRIPs 规定的权利，各国应允许使用民事司法程序，对有商业规模的假冒商标或盗版案件，各成员国必须提供刑法保护。TRIPs 规定了一系列刑事补救措施，包括监禁、高额罚款、扣押、没收和销毁侵权货物等。最后，TRIPs 在知识产权执法方面具有一定的灵活性（邵思蒙，2021）。

四、争端解决

TRIPs 协定规定，成员国必须公布其制定的法律、法规、司法决定以及行政裁决，确保公开透明。同时，成员国间或政府机构间达成的关于知识产权的协定也必须公布。

TRIPs 协定针对成员国的经济水平差异做出了相应规定。发展中国家成员可延迟四年实施该协定，而最不发达国家成员可延长至十年。

五、TRIPs 的发展困境

第一，数字技术的发展给 TRIPs 带来了挑战。TRIPs 协议并未充分关注数字议程，对网络侵权以及判决执行等问题缺乏具体规定，导致了应对问题的困难。因此，针对数字技术快速发展的现状，TRIPs 协议需要进行必要的修订和完善，以适应数字时代的需求。

第二，后 TRIPs 时代，现代高新技术如信息技术和基因技术的保护问题，对传统知识产权制度形成了新的挑战。这些技术的出现给国际知识产权制度带来了不确定性，需要更加全面和灵活的规定来适应不断变化的技术发展。

第三，TRIPs 协议偏重技术性特征，与发展中国家的要求存在一定差距。TRIPs 协议侧重于保护发明、软件等知识产权的技术性方面，而对于技术性特征不明显的传统文化、民间文艺与遗传基因等客体不够重视，这给发展中国家保护这些资源带来了困难。因此，发展中国家近年来为保护这些资源往往不得不超越 TRIPs 协定的框架。TRIPs 协定应当更加平衡地考虑各国之间的发展需求，建立更加包容的知识产权保护机制。

第四，TRIPs 协定强调知识产权专有性，这与全球公共产品提供互相矛盾。为了应对气候变暖、疾病传播、粮食、水资源等全球公共问题，需要重新审视知识产权的地域性和权利人的专有性，以促进跨国合作和共享技术（董涛，2017）。

第二节　新一代自由贸易协定的知识产权规则

RCEP、CPTPP 与 USMCA 等高标准自贸协定代表了全球知识产权治理的新趋势，为知识产权保护树立了更高的标杆。这些协定中包含的知识产权规则超越了 TRIPs 协定的要求，为知识产权持有者提供了更强有力的保护。在当前"双循环"新发展格局下，中国知识产权制度面临新的挑战与机遇。本书将对这些主要协定的知识产权规则进行比较研究，并分析它们的特点。

一、代表知识产权新规则的主要自由贸易协定

（一）CPTPP

TRIPs 整合了专利权、商标权、版权、地理标识等七大类知识产权保护规则，意在促进全球知识产权保护标准的一致性。然而，随着时间的推移，一些发

达国家开始制定更严格的知识产权保护标准，要求发展中国家承担更多的责任和义务。

美国为了加强知识产权保护，将大量《反假冒贸易协定》条款纳入 TPP，旨在通过整合国际知识产权条约、自由贸易协定以及区域贸易协定中的相关内容，实现其 TRIPs-plus 目标。TPP 在知识产权保护范围、权利内容、保护期限以及执法标准上均高于 TRIPs。

相比于 TPP，CPTPP 在保护标准上略微降低，但仍然保留了 TPP 超过 95% 的内容，继承了 TPP 的高标准、高水平和全面平衡的特点。CPTPP 作为一项重要贸易协定，着重强调加强知识产权保护。其涵盖商标权、专利权、著作权以及执法措施四个关键领域，对知识产权的保护程度远超过 TRIPs。可以说，CPTPP 是 TRIPs 的全面升级版。

（二）USMCA

早期 USMCA 文本的知识产权规则与 TPP 相比变化不大，但《USMCA 修正议定书》对早期文本进行了重大修改，使知识产权保护标准有所降低（张惠彬、王怀宾，2022）。

USMCA 中关于知识产权的条款主要涉及版权与相关权利、商标、专利、数据保护与互联网和数字贸易等方面。该协定加强了现有的 TRIPs-plus 标准，例如，在对生物制药数据保护期的规则方面，TPP 规定是 8 年，USMCA 则延长至 10 年。在版权保护期方面，TRIPs 规定为作者有生之年加 50 年，USMCA 则延长至作者有生之年加 70 年。

（三）RCEP

RCEP 是在 TRIPs 基础上达成的全面更新，其知识产权章节体现了各成员国间经济发展水平和知识产权保护制度差异的平衡。与 TRIPs 相比，RCEP 不仅包含原有的知识产权保护种类和措施，还明确规定了新兴知识产权方面的条款，并全面提高了知识产权保护水平（王智慧、李青松，2022）。

RCEP 知识产权专章共包括 14 节，涵盖 83 项具体条款。分为总则和基本原则、著作权和相关权利、商标、地理标志、专利、工业设计、遗传资源、传统知识和民间文学艺术等多个方面。为了更好地实施这些条款，专章还规定了两项附件，即特定缔约方过渡期和技术援助请求清单（张乃根，2021）。

RCEP 单独规定了遗传资源、传统知识和民间文学艺术及国名方面的条款，但在保护未披露信息和集成电路布图设计方面没有单独规定。此外，在程序和其他规定方面，RCEP 把技术援助与过渡期进行并列，显示出对发展中国家技术发展的关注。

（四）ACTA（《反假冒贸易协定》）

ACTA 是一项由发达经济体如美国、欧盟和日本推动达成的国际协议，比 TRIPs 有着更高的标准。其主要目的是对假冒和盗版货物的来源国采取更严格的执法措施。类似于 TPP 和 CPTPP，ACTA 代表了发达国家对国际知识产权新规则的要求。

尽管 ACTA 没有得到美国、欧盟等主要成员国的批准，但其签署环节的完成表明，各缔约方对其条款表示认可。此外，ACTA 中的新规则正逐渐被引入新的贸易协定中。例如，欧盟与加拿大签署了于 2017 年生效的《全面经济贸易协定》（CETA），纳入了许多 ACTA 条款，被誉为"复活的 ACTA"。这显示了 ACTA 在一定程度上影响和引领着国际贸易规则的发展。

二、新一代自由贸易协定的知识产权规则

（一）知识产权发展目标

RCEP 第 11 章第 1 条强调了知识产权的平衡发展目标，强调需要考虑知识产权权利人的权利和义务，同时还需要兼顾经济和社会发展。通过加强知识产权合作，深化经济一体化，减少贸易和投资阻碍，同时也要考虑到各成员方经济发展水平和法律制度的不同，防止滥用知识产权。在保护知识产权的同时，应该照顾技术知识创造者和使用者的共同利益，实现权利和义务的平衡。这种平衡特别在涉及公共健康的规定中得到反映，要求各成员方同意并支持保护公共健康权利，尤其是使所有人能够获得药品。

虽然 TRIPs、CPTPP 和 USMCA 等协议也涉及了利益平衡的原则，但实际执行时却侧重保护知识产权权利人的利益（王智慧、李青松，2022）。

（二）商标与地理标志

1. TPP

（1）商标注册的范围逐渐扩大，不再局限于视觉元素。根据 TRIPs 规定商标必须是视觉可感知的，但 TPP 取消了商标注册时必须可视化的要求，气味和声音也可以申请商标注册。这意味着声音和气味可以成为商标的一部分，申请商标注册，受到法律保护。

（2）对于驰名商标的保护进一步增强。TPP 对驰名商标从同类保护扩展到跨类保护。在判定商标是否为驰名时，不再要求商标必须注册。TPP 在加大对驰名商标的保护力度的同时，还为商标所有权人提供更多的救济措施，如驳回或注销商标注册（张丽霞，2018）。

（3）认可和保护地理标志。为了遏制假冒和不正当竞争，TPP 特别强调了地理标志的保护，并填补了 TRIPs 协定的不足。TPP 不仅将地理标志保护列为独立章节，并且还受到商标制度的保护。此外，TPP 还规定了一系列条款，以防止注册不当地包含地理标志名称的商标，避免与现有商标混淆的情况发生。

2. CPTPP

在商标权方面，CPTPP 扩大了知识产权保护的范围。首先，CPTPP 取消了商标注册时必须可视化的要求，气味和声音也可以申请商标注册。其次，对于驰名商标的认定标准进行了调整，在认定是否驰名商标时不再要求注册，并且从同类保护扩展到跨类保护。此外，CPTPP 还延长了商标的保护期限，从 TRIPs 规定的不少于 7 年延长至 10 年，使知识产权得到更长时间的保护。另外，减少了商标许可中不合理的妨碍，并弱化了商标许可使用备案的作用（见表 4-1）。不再将备案作为许可有效性的条件，使商标许可更加灵活和便利（张惠彬、王怀宾，2022）。

3. USMCA

在 USMCA 的规定中，对于驰名商标的保护进一步加强。这并不仅仅局限于已注册的驰名商标，更进一步延伸到了未经注册的驰名商标。而 TRIPs 仅限于保护已注册的驰名商标。同时，与 CPTPP 相同，USMCA 也将气味和声音纳入知识产权保护的客体范围。同时，规定不把备案作为商标许可的条件（见表 4-1）。USMCA 对未注册驰名商标的保护加强明显有利于跨国公司（张乃根，2021）。

4. RCEP

RCEP 关于商标权的规则比 TRIP 更为标准和规范，甚至有所超越。其主要表现在以下五个方面：

第一，RCEP 在商标权的保护范围上进行了创新。它不再局限于传统的视觉标记，而是延伸至声音、气味和触摸标记等多元感知领域，彰显了对非传统标识的文化尊重和权利确认。第二，对于地理标志的保护，RCEP 更是开创了单独的或平行的保护制度，为各成员方提供了更为灵活的立法选择空间。这一制度的引入，旨在避免与 RCEP 成员方中含有地理标志的注册商标可能出现的权利冲突，体现了知识产权保护的严谨性与务实性。值得关注的是，RCEP 统一证明商标、集体商标和地理标志的保护制度，允许地理标志被注册为证明商标和集体商标。第三，RCEP 在驰名商标的保护上，通过承认知识产权组织《关于保护驰名商标的规定的联合建议》，实现了超越 TRIPs 标准的保护。第四，针对商标分类、商标注册和申请的流程制度，进行了全面的优化和完善。当商标注册申请被驳回时，申请人将收到明确的书面理由通知，并有权要求复审，甚至走到最终诉讼程序。一旦商标注册成功，政府机关将采用书面形式通知相关权利人关于商标异议、撤销、注销等行政决定。遵循《尼斯协定》的规范，对商标分类制度进行了标准化。同时，成员国被要求提供电子申请系统和公众可查询的商标电子数据库，以方便用户（王智慧、李青松，2022）。第五，充分考虑到成员国经济发展水平和法律制度的不同，为商标权设置了例外条款（见表4-1）。这样的设置不仅更具包容性，也更加注重各方利益平衡。

表4-1　新一代自贸协定对商标权保护的比较

	内容	CPTPP	USMCA	RCEP	备注
驰名商标跨类保护	跨类保护不要求注册	√	√		
商标注册限制条件	可注册气味和声音商标	√	√	任择	《新加坡条约》
商标许可限制	弱化商标许可使用备案	√	√		
商标保护期	延长商标的保护期限	√	√	√	从TRIPs不少于7年延长至10年
地理标志	单独保护			√	
商标权例外条款				√	

资料来源：笔者根据相关资料整理。

（三）关于专利授予和未披露数据的保护规定

TRIPs赋予各成员国根据本国情况自由裁量是否符合可授予专利的实质条件，关于创造性、实用性和新颖性的标准没有具体规定，只要符合法定条件，即可成为专利保护的客体；没有规定专利期限延长制度。TPP对专利保护进行了一些改革，其中包括降低了专利新颖性的标准和细化了专利申请及审查程序。

1. TPP

首先，TPP规定已知产品的新用途、使用已知产品的新方法和新工序可被授予专利，降低了新颖性的标准。其次，TPP关于授予植物品种专利权的规定超越了TRIPs和相关国际公约的规定。TPP规定专利可授予源于植物的发明；而TRIPs规定专利仅授予植物新品种，源于植物的发明不授予专利。最后，TPP细化了专利申请和审查程序，规定了具体的专利申请流程，以及由于不合理延误而延长专利保护期的补救措施。与此同时，TPP还规定了专利撤销的条件，将专利撤销的原因扩大至违反公共利益或"反竞争"等行为，增加了对专利的监管和保护（张丽霞，2018）。

TPP对未披露的数据的保护，扩大到了生物制品和新农业化学品。相较于TRIPs在这方面的空白，TPP确立了明确的规定。TPP要求成员国给予生物制品自首次批准上市之日起至少 8 年的保护期，或在该成员国进行了有效的市场保护条件下，享有 5 年的保护期。同时，对于新农业化学品，TPP 规定其实验安全性和有效性的数据应至少给予 10 年的保护期（张乃根，2020）。这一措施有助于确保农业生产的可持续性，防止因数据泄露而导致的不正当竞争。

2. CPTPP

（1）扩大专利保护范围。CPTPP 规定已知产品的新用途、使用已知产品的新方法或新工序可授予专利，这被称为二次使用专利。这一举措虽然可能促进技术创新，但也可能导致专利权的滥用。CPTPP 还规定了对源自植物的发明授予专利（见表 4-2），例如青蒿素等（张惠彬、王怀宾，2022）。

表 4-2　新一代自贸协定对专利权和未披露信息保护的比较

	内容	CPTPP	USMCA	RCEP	备注
专利保护范围扩大	源自植物的发明授予专利	搁置	√		
	二次使用专利	搁置	√		
保护遗传资源	可以进行知识产权保护			√	
	纳入专利审查程序	√		√	
保护未披露试验数据	药品	搁置	√	重申 TRIPs	至少 5 年
	生物制剂	搁置	√		至少 8 年
	农用化学品	√	√		至少 10 年
专利保护期	上市许可审批所致的延迟	搁置	√		
	审查机关不合理延误	搁置	√		
外观设计保护期	申请或注册之日起	任择	√	任择	15 年，《海牙协定》
专利链接制度	专利持有人应知悉	√	√		通知或允许其知悉
	上市前纠纷的早期解决	√	√		司法、行政程序等
	上市审批机构主动义务	√			
专利宽限期限制	放宽宽限期的适用条件	√	√		主动/被动披露
	延长宽限期	√		原则性规定	12 个月

注：在美国退出 TPP 谈判后，其他缔约方对于由美国主导、争议较大的相关条款予以暂缓适用（搁置）。在 CPTPP 所有搁置的 22 项条款中，知识产权章节就冻结了 11 项，占比一半，成为搁置条款最多的章节。由于上述条款属于暂缓适用，即被搁置而非完全废除，其仍属于 CPTPP 的一部分。未来，被搁置条款是否发生法律效力存在较大变数，将在很大程度上依赖于美国是否重返 CPTPP 谈判并继续推进搁置条款的落地生效。表 4-3 同此。

资料来源：笔者根据相关资料整理。

（2）延长专利保护期。CPTPP 规定，在专利审查机关有不合理延误的情况时，成员国可以向专利权人提供额外的保护期。此外，CPTPP 还规定了针对药品上市许可审批导致的不合理延迟情况的补偿措施，同时允许成员国设立额外的限制条件（张惠彬、王怀宾，2022）。除了专利保护，CPTPP 还提高了对外观设计的保护标准，允许保护产品的局部设计，并延长工业品外观设计的保护期限。根据 TRIPs 的规定，工业品外观设计至少应得到 10 年的保护，而 CPTPP 则要求考虑批准或加入《工艺品外观设计国际注册海牙协定》，该协定规定外观设计保护期不低于 15 年（张乃根，2020）。

（3）详细规定了专利的申请和审查程序。将限期延长到 1 年，放宽其适用条件，将滥用专利权的行为，如违反公共利益或"反竞争"等，列入专利撤销的事由；将商业秘密限制在刑事程序的保护范围内。

（4）对于未披露试验数据的保护，限于证明药品、农用化学品和生物制剂的安全性或有效性的数据。CPTPP 规定证明已获批准药品包含新适应症、新配方或新给药方法的临床信息享有不低于 3 年的保护期，含有此前未获批准化学成分的新药的临床信息享有不低于 5 年的保护期（张惠彬、王怀宾，2022）。此类保护适用于生物药剂（张乃根，2021）。此外，还加强了农业化学产品的保护，规定新产品未披露的实验和其他数据享有 10 年保护期。

（5）药品专利纠纷早期解决规则。CPTPP 允许专利持有人在涉嫌侵权产品上市前寻求法律或行政程序，同时可以请求临时禁令或其他快速救济措施，来解决已获批药品或使用方法所使用专利的有效性或侵权争议（张乃根，2021）。这一规定为药品研发和市场准入创造了有利环境，保护创新成果不受侵权行为损害。

（6）明确药品专利链接制度。把仿制药上市的审批与原研药的专利期满进行"链接"，如果第三方依靠已上市药品的安全性和有效性数据要求有关机构进行审批时，专利权人享有知情权，并给予足够时间和机会寻求救济措施。

3. USMCA

（1）扩大专利保护范围，延长专利保护期。USMCA 对源自植物的发明提供专利保护，这不仅为专利持有者提供了更长的保护期，也为专利所有人在专利授权存在不合理延迟时提供了补偿机制。针对药品专利，规定当获批上市程序导致有效专利期缩短时，成员方应为专利所有人提供调整专利期限的补偿措施。USMCA 还对工业品外观设计保护期限进行了调整。在 TRIPs 协议中，工业品外观设计保护期限至少是 10 年，而 USMCA 将其延长至至少 15 年（见表 4-2），更好地保护了外观设计的创新（张惠彬、王怀宾，2022）。

（2）在数据保护和互联网方面做出了重要规定。其中，对生物制药领域进行为期 10 年的数据保护，受保护产品的范围扩大，并为互联网服务提供商建立了版权安全港通知与删除系统（张乃根，2021）。

（3）保护未披露试验数据。根据 USMCA，只有用于证明药品、农用化学品和生物制剂安全性或有效性的数据才能获得未披露试验数据的独占保护。规定这些数据应在新药在成员方地域内获得市场许可后至少得到 5 年的保护，此类保护适用于生物药剂。此外，根据规定，药品的新用途也可以获得专利保护（张乃根，2021）。这些规定为创新药品的研发和市场准入提供了重要的法律支持。

（4）药品专利纠纷的早期解决机制，旨在保护药品专利拥有人的权益。根据协议规定，如果药品专利权人以外的其他人申请新药上市时使用专利药品的原始试验数据，应通知专利权人，使其可以在被指控侵权产品上市前寻求纠纷的早期解决（张乃根，2020 年）。这些规定超越了 TRIPs 协定的要求，体现了西方国家制药产业对于保护专利权益的迫切需求。

（5）在商业秘密方面做出了更详细的规定。在 TRIPs 协定基础上，USMCA 新增了民事保护、刑事执法、侵犯商业秘密行为等规定，加强了对商业秘密的保护。同时，还规定了临时措施、民事司法程序中的保密性、民事补救等措施，此外，还明确了商业秘密的许可和转让规定（张乃根，2020）。

4. RCEP

在专利权方面，RCEP 与 TRIPs 的保护水平基本一致，但也有些不同之处。

（1）要求成员国对植物新品种进行专门保护。

（2）出于推动创新的目的，允许因实验目的而侵犯专利权。各国可自行界定"实验目的"，这有助于推动技术的进步。

（3）提高专利审查效率。规定成员方必须在最早优先权日起 18 个月后公布专利申请，并设置由专利申请人发起的加速审查程序。这项规定旨在提高专利审查的速度和效率，使创新成果尽快得到保护和应用。

（4）对工业设计知识产权的保护提出了明确的义务要求。例如，各成员方工业设计分类制度要协调一致，并应与《建立工业品外观设计国际分类洛迦诺协定》等国际工业设计知识产权保护条约保持一致。这些要求展示了 RCEP 对工业设计知识产权保护更加严格的态度。这不仅是为了促进各国技术交流和贸易合作，更是确保在 RCEP 范围内各国工业产权制度的一致（王智慧、李青松，2022）。

（5）保护遗传资源、传统知识和民间文学艺术。这是首次在国际条约中对"尚未制度化保护的知识产权"做出规定。一是要求披露涉及"遗传资源的来源或起源"的专利申请，并可以进行专利保护。同时，为确定在先技术进行专利审查时，要考虑遗传资源相关传统知识的公开可获得性（见表4-2）。二是针对不正当竞争，特别是将各成员方的国家顶级域名保护纳入反不正当竞争保护范畴，规定对恶意注册与商标相同或近似的域名提供适当救济，包括建立适当的争端解决程序。三是禁止在货物上商业性使用一成员方的国名以免误导消费者（张乃根，2021）。

发展中国家在遗传、传统和文化资源方面具有优势，但却缺乏工业产权的支持，RCEP保护遗传资源、传统知识和民间文学艺术的有关规定，将促进这些领域的创新和发展，为各国提升知识产权发展水平提供强大动力。

（四）关于著作权和版权规定

1. TPP

（1）延长版权和相关权利的保护期限。TPP规定，作品、表演或录音制品的保护期限从TRIPs的50年延长至70年，其中以自然人生命为计算基准的保护期限，不少于作者有生之年加死后70年，不以自然人生命为计算基准的，不少于自发行日历年年底起70年。可见，TPP比TRIPs对版权的保护力度更大（庄媛媛、卢冠锋，2016）。

（2）进一步扩大了版权人对于复制权的控制范围。协议增加了在网络或电子版权保护方面的义务，成员国需要确保作者、表演者、唱片制作者等拥有权利，可以禁止或授权任何形式的对其作品、表演等的永久性或暂时性复制，包括电子形式的临时复制或保存。与TRIPs相比，这一规定赋予了"复制"更为广泛的含义，不再受限于传统的复制权"固定载体"的要求，表现了对著作权保护的加强。

（3）对于著作权的技术保护措施提出了新的要求。要求缔约方设立相应的法规和处罚机制，以防止任何人在未经授权的情况下规避对受保护作品、表演、唱片等的技术保护措施，或者为规避技术保护措施而生产、销售相关器材或提供相关服务，以谋求个人或商业利益。对于违反规定的人，将进行刑事责任和相应的处罚，营利性的教育机构、图书馆、档案馆等机构除外（庄媛媛、卢冠锋，2016）。相比之下，TRIPs没有规定关于著作权技术保护方面的刑事责任。

2. CPTPP

（1）延长著作权与相关权利的保护期限。CPTPP规定，作品、表演及录音制品的保护期限以作者的生命为基础，保护期不少于作者终生及其死后70年；不以作者生命为基础计算的保护期，自首次经授权出版的日历年年底起算，不得少于70年。此外，对于在创作完成后25年内未经授权出版的作品、表演或录音制品，保护期自创作完成的日历年年底起算，也不得少于70年（见表4-3）（庄媛媛、卢冠锋，2016）。

（2）扩大了传统复制权的保护范围。将复制行为的定义扩展到包括电子方式进行的临时或短暂复制行为。这意味着在数字化时代，对作品的复制权将得到更全面的保护。

（3）扩大权利人主体。除了作者、表演者和录音制品制作者，还将与这些主体有利益关系的继承人也纳入著作财产权的主体范围。

（4）加强向公众传播权的保护。规定向公众传播权包括提供权和交互式传播的行为，扩大该权利的适用范围，涵盖所有类型的作品。

3. USMCA

（1）给予版权和相关权益全面国民待遇。同时，保证通过技术手段来保护数字音乐、电影、书籍等作品的权益。

（2）延长著作权与相关权利的保护期。根据规定，以自然人的生命为基础计算作品、表演及录音制品的保护期不少于作者终生及其死亡后 70 年。若不以自然人的生命为基础计算，作品、表演或录音制品的保护期自首次经授权出版的日历年年底起算不得少于 70 年。如自创作完成起 25 年内未被授权出版，作品、表演或录音制品的保护期自其创作完成的日历年年底起算不少于 70 年（见表 4-3）（庄媛媛、卢冠锋，2016）。这一规定与 CPTPP 完全一致。此外，USMCA 还将歌曲表演等作品的最低版权期限延长至 75 年。

表 4-3　新一代自贸协定对著作权及相关权的比较

	内容	CPTPP	USMCA	RCEP	备注
著作权及相关权保护期	以作者生命为基础	搁置	√		作者终生及其死后 70 年
	不以作者生命为基础	搁置	√		首次授权出版日起 70/75 年
	完成后 25 年内未授权出版	搁置	√		创作完成日起 70 年
复制权的保护范围	扩展到包括电子方式进行的临时或短暂复制行为	√			
权利人主体	扩大到与这些主体有利益关系的继承人	√			
向公众传播权的保护	包括提供权和交互式传播的行为，涵盖所有产品	√			
国民待遇	给予版权和相关权益全面国民待遇		√		
著作权的保护范围	对广播组织、载有加密节目的卫星信号以及集体管理组织的保护			√	

资料来源：笔者根据相关资料整理。

4. RCEP

RCEP 增加了关于著作权的新议题，在 TRIPs 的基础上进行了扩展。

（1）确立了保护著作权的强制性义务。例如，规定各成员国必须批准或加入一系列国际知识产权条约，各国需要修改本国法律以符合国际条约的规定，保障知识产权的国际标准得以落实。

（2）扩大了著作权的保护范围。根据规定，作者、表演者和录音制品制作者有向公众传播其作品的专有权和获取广播报酬的权力。这一规定不仅拓展了原有的复制权和公众传播权（王智慧、李青松，2022），还新增了对广播组织、载有加密节目的卫星信号以及集体管理组织保护的相关条款（见表 4-3）。

（3）改革了版权限制和例外条款。虽然 RCEP 仍然采用 TRIPs 的"三步测试法"，但在表述上有明显进步。为更好地平衡公众利益和著作权人权益，RCEP 相比 CPTPP 更加具体地限制了"合法目的"的范围，并明确了合法目的的种类，规定了成员方可以对"合理使用"采取例外的权限（王智慧、李青松，2022）。

（4）在保护著作权和相关权利方面，适应数字网络化时代。RCEP 规定了成员方有义务防止规避有效技术措施、保护权利管理电子信息以及使用正版软件。这些规定有助于维护数字环境中的知识产权，促进创新和发展（张乃根，2021）。

可见，在广播组织权、集体管理、技术措施、管理信息、政府软件等方面，RCEP 超越了 TRIPs。但是，在计算机软件和数据汇编方面，RCEP 并没有像 TRIPs 那样给予足够的重视（马忠法、谢迪扬，2021）。

（五）知识产权执法的措施

1. TPP

（1）加大知识产权侵权行为的民事损害赔偿力度。TRIPs 和 TPP 都对侵权行为的赔偿做出明确规定，但 TRIPs 侧重于实际损害赔偿原则，而 TPP 对侵权行为规定了法定赔偿和额外赔偿的方式，其中，额外赔偿有惩罚性赔偿和惩戒性赔偿两种。惩罚性赔偿在侵权成本低、侵权行为频发的情况下具有无可比拟的震慑效果，能够有效减少侵权行为的发生（张丽霞，2018）。

（2）扩大了边境措施的适用范围。与 TRIPs 规定的仅在进口环节根据申请适用边境措施不同，TPP 允许成员国在进口、准备出口及运输在途的有侵权嫌疑货物时实施边境措施。这意味着主管机关可以随时中止放行和扣留可能涉嫌侵权的货物，以确保知识产权不受侵犯（庄媛媛、卢冠锋，2016）。边境措施的启动方式从依申请变为依职权，是一种重要的改革。根据 TPP 的规定，主管机关在未收到正式控诉前就可以自主启动边境措施，这项权力为保护知识产权提供了更大的灵活性。此外，在中止或放行侵权品时也无须进行烦琐的审查，只要确认货物可能存在侵权即可采取措施。

TPP 的出台扩大了边境措施所针对的侵权类型，不仅包括了 TRIPs 规定的"有正当理由怀疑"的假冒商标或盗版货物，还增加了混淆性相似商标或盗版货物。这大大拓展了侵权货物的范围，使过境货物更容易受到海关中止放行或扣留（张丽霞，2018）。

（3）在数字环境下的执法内容有所增加。TPP 规定了在数字环境下的执法内容，这是 TRIPs 所没有的。作为美国首个规定大多数知识产权执法措施（边境措施除外）也适用于数字环境的自贸协定，TPP 要求各成员方的民事、行政和刑事程序、临时措施以及处罚等必须适用于数字环境下对知识产权的侵权行为。此外，协定明确规定政府部门必须使用正版电脑软件，以提高对知识产权的尊重。总的来说，TPP 在数字环境下的执法内容更加全面和具体，为保护知识产权在数字化时代的权益奠定了更加坚实的基础（庄媛媛、卢冠锋，2016）。

2. CPTPP

CPTPP 的执法措施不仅加大了对知识产权侵权行为的处罚力度，还扩大了民事赔偿范围，强化了边境管理，降低了对商标权、版权侵权的刑事处罚门槛。

（1）明确了知识产权民事侵权救济标准和救济措施，其中包括具体救济方式、赔偿数额的计算、诉讼费用的承担、侵权工具与货物处理以及法定赔偿等。相较于 TRIPs，CPTPP 不仅规定了法定赔偿制度，还新增了额外赔偿制度，并且额外赔偿涵盖惩戒性或惩罚性赔偿（见表4-4）。此外，CPTPP 还强调在计算赔偿时考虑权利人提交的价值评估，凸显了其重要性。

（2）规定了更严格的临时和边境措施。CPTPP 为成员方提供了广泛的知识产权执法裁量权，加强了边境措施的力度，适用范围包括进出口和过境环节，对象包括涉嫌假冒、混淆性相似商标或盗版商品。与之相比，TRIPs 把边境措施限制在货物进口阶段，且只针对假冒商标和盗版商品。因此，CPTPP 在保护知识产权方面的立场更为严格，也更有利于打击知识产权侵权行为（张惠彬、王怀宾，2022）。

（3）把侵犯商业秘密行为纳入刑事范围。CPTPP 除了把侵犯著作权和商标权的行为纳入刑事处罚范围，还把侵犯商业秘密行为纳入刑事范围，且将间谍行为纳入侵害商业秘密刑事处罚的考量因素之中（石超，2019）。这一举措提高了商业秘密的保护水平。

CPTPP 降低了侵犯商标权行为的刑事处罚门槛，提高了刑事处罚力度，还将"为商业利益或经济收入目的"作为认定具有商业规模的商标侵权行为的重要因素。此外，CPTPP 还规定未经授权复制电影院电影的行为需承担刑事责任，加强了对数字环境的执法力度（张惠彬、王怀宾，2022）。

3. USMCA

USMCA 规定严格打击过境商品的知识产权侵权行为，尤其是具有商业规模的犯罪，将适用刑事程序并受刑事处罚。

（1）商业秘密保护执法措施得到了加强。USMCA 与 CPTPP 的内容基本一致，详细规定了侵害商业秘密刑事处罚的考量因素，同时加强了商业秘密权利人的意思自治。此外，还规定了司法程序中商业秘密的保密责任，对政府官员在公务范围内对商业秘密的保密责任进一步加强（见表 4-4）（张惠彬、王怀宾，2022）。

（2）加大了侵犯著作权和商标权的民事损害赔偿。除了规定法定赔偿制度外，还增加了对侵犯著作权和商标权的额外赔偿数额。其中，额外赔偿不但包括惩戒性或惩罚性赔偿，而且强调了权利人提交的价值评估在计算赔偿时的重要性。

（3）加强司法机关的自由裁量权。与 TRIPs 不同，USMCA 要求司法机关迅速采取临时措施，减少对司法机关的制约，提升执行效率。

（4）加强边境措施。USMCA 规定可对涉嫌假冒、混淆性相似商标或盗版的货物采取边境措施。此外，还将边境措施范围扩大到进口、准备出口和过境环节。

（5）刑事处罚门槛降低。这方面 USMCA 和 CPTPP 的规定完全一致，降低了侵犯商标权行为的刑事处罚门槛，提高了刑事处罚力度，还将"为商业利益或经济收入目的"作为认定具有商业规模的商标侵权行为的重要因素。此外，CPTPP 还规定未经授权复制电影院电影的行为需承担刑事责任，加强了对数字环境的执法力度（张惠彬、王怀宾，2022）。

4. RCEP

RCEP 知识产权执法的主要规定包括：

（1）在著作权的民事诉讼中，如无相反证据，署名者将被认定为作者。规定在商标和著作权侵权案中，司法机关有权扣押的物品类别。

（2）对于争端解决程序，成员方应允许替代性方法，为确定赔偿金额应允许司法机关考虑任何合法证据。

（3）要求对违反机密信息保护令的主体做出处罚。同时，规定成员方对于已接受的中止或扣押申请在一定时间内继续有效。规定主管机关在合理期限内判定是否侵权。

（4）规定在数字环境下的执法与线下环境一致（见表4-4），并单独设节做出强调（马忠法、谢迪扬，2021）。

表4-4　新一代自贸协定中知识产权执法规则的比较

	内容	CPTPP	USMCA	RCEP
保护商业秘密	将间谍行为纳入侵害商业秘密刑事处罚考量因素	√		
	加强商业秘密权利人意思自治		√	
	司法程序中的商业秘密保密责任		√	
	政府官员公务中的商业秘密保密责任		√	
增加民事损害赔偿数额	法定赔偿、额外赔偿	√	√	
加强司法机关自由裁量权	可迅速采取临时措施，减少对司法机关制约	√	√	
强化边境措施	可对混淆性相似商标采取边境措施	√	√	
	边境措施扩大到进口、准备出口和过境环节	√	√	
刑事处罚门槛降低	规定"具有商业规模"的含义	√	√	
	未经授权复制电影院放映中的电影	√	√	√
	数字环境执法	√	√	√

资料来源：笔者根据相关资料整理。

（5）降低采取刑事措施的门槛。降低了商标侵权行为的刑事处罚门槛，提高了刑事处罚力度。尤其对于放映侵权电影的行为，更是强调了刑事处罚的必要性（张惠彬、王怀宾，2022）。

第三节　知识产权新规则的主要特点

国际知识产权规则不断在演进，各国之间的利益关系变得更加复杂，发达国家和发展中国家之间的博弈愈发激烈。TRIPs 作为一个历史性文件，它产生的年代是大规模生产时代，贸易模式建立在静态比较优势的基础上。然而，随着技术领域的快速革新，如生物技术、数字通信和 IT 技术等新技术层出不穷，用户创新和开放式合作创新等新模式出现，原有以销售为导向的市场模式下的知识产权规则已不能适应这些新模式。因此，为了维护自身技术优势，美国、欧盟和日本等主要发达国家和地区试图通过区域和双边协定的方式，推动构建更高标准的知识产权新规则。这些知识产权新规则体现了三种情况：首先是设定比 TRIPs 更为严格的标准；其次是将 TRIPs 中的任意性义务转变为强制性义务；最后是引入了 TRIPs 所不包括的新规则。这些新规则呈现"超越 TRIPs"的特征（黄宁、张凡、秦铮，2020）。

一、知识产权客体范围扩大

知识产权新规则为权利人赋予了更高的专有权，包括延长保护期和放宽授予条件。例如，CPTPP 在 TRIPs 的基础上，将专利授予范围扩大到"已知产品的新用途、使用已知产品的新方法，或使用已知产品的新工艺"以及"源自植物的发明"。同时，对未披露试验数据 CPTPP 与 USMCA 规定进行独占保护，并确定了具体保护期。CPTPP 对证明已获批药品涵盖新适应症、新配方或新给药方法的临床信息给予至少 3 年保护期，对含有此前未获批化学成分新药的临床信息给予至少 5 年保护期。USMCA 也保留了后者（张惠彬、王怀宾，2022）。而 TRIPs 只是大致规定对某些未披露试验数据进行保护，并未规定具体保护期限（黄宁、张凡、秦铮，2020）。此外，CPTPP 还在 TRIPs 的基础上扩大了工业设计的保护范围，为创新者提供了更多的权利和保障。

二、知识产权权利内容增加

随着知识产权制度的不断完善和变革，对知识产权保护的重视程度日益增强。新一轮高标准自由贸易协定的签署，进一步增加了知识产权权利内容，不仅延长了知识产权的保护期，也扩展了权利人的权利界限。

（一）延长知识产权的保护期

在专利保护期方面，TRIPs 协定中，没有延长专利期限的规定。而 CPTPP 与 USMCA 则要求成员方应当考虑专利审查中的不合理延误，包括因专利审查及药品上市批准程序中的不合理延误，并为专利权人请求延长保护期限（张惠彬、王怀宾，2022）。在著作权及相关权的保护期方面，CPTPP、USMCA 在 TRIPs 规定的 50 年基础上延长了至少 20 年（张惠彬、王怀宾，2022）。在工业品外观设计保护期方面，TRIPs 规定至少为 10 年，而 USMCA 和 CPTPP 将其延长至至少 15 年。

（二）放宽商标注册条件及加强驰名商标保护

TRIPs 要求驰名商标需要先注册，才能给予驰名商标保护。但 CPTPP、USMCA 规定，对驰名商标提供保护不以其注册为前提。

（三）强化了仿制药上市批准链接制度

根据 CPTPP、USMCA 的规定，仿制药在申请上市销售许可时，药品审批机构必须通知提交药品安全性和有效性证据以及信息的专利持有人或使其了解相关信息，并在涉及侵权问题时，应该提供专利持有人利用行政或司法程序解决纠纷的机会。此外，根据 CPTPP 的规定，药品上市审批机构可以根据专利权人提供的信息，驳回仿制药的上市许可。这一规则赋予了专利权人制止仿制药上市批准的权利（张惠彬、王怀宾，2022）。

三、减少知识产权权利限制

新一代自由贸易协定减少了对知识产权权力的限制，加大了对知识产权的保护力度。

（一）未注册驰名商标的跨类保护

根据 CPTPP、USMCA 的规定，驰名商标不管是否注册，都应当享有跨类保护的权利。这一变化意味着，即使某个驰名商标在特定类别中并未注册，其在其他类别中仍然具有法律保护权，改变了 TRIPs 中只对注册的驰名商标进行跨类保护的规定。

（二）减少商标注册和许可的限制条件

TRIPs 规定了商标注册条件为视觉上可被感知，但 RCEP、CPTPP 与 USMCA 则取消了标志可被视觉感知的注册条件。因此，声音和气味可以申请注册商标，降低了商标注册的门槛。

在 TRIPs 的基础上，CPTPP 和 USMCA 进一步减少了商标许可的限制。如不再将商标许可使用备案作为确定许可有效性的条件。

（三）减少专利宽限期的限制

相比 TRIPs 协议，CPTPP 和 USMCA 拓展了宽限期的适用范围。这两个协议的规定不再局限于《巴黎公约》规定的国际展览会中的临时保护，而是将宽限期的适用范围扩展到了所有涉及专利申请人披露信息的情形，无论是直接披露还是间接披露。此外，在宽限期限方面，CPTPP 与 USMCA 做出了明确规定，将宽限期统一定为 12 个月。相对而言，《巴黎公约》没有明确规定临时保护期限，各国普遍采用 6 至 12 个月的期限（张惠彬、王怀宾，2022）。

四、边境措施执法要求大幅扩展

长期以来，发达国家一直诟病发展中国家在知识产权保护方面的执行力，因此在高标准的自贸协定中不断加强知识产权执法（张惠彬、王怀宾，2022），特别是新规则的边境措施大大超越了 TRIPs 条款。

（一）增加了边境措施的适用对象和适用环节

在边境措施的适用对象上，CPTPP 除了包括 TRIPs 规定的假冒商标或盗版货物，还增加了混淆性相似商标的商品，而 ACTA 增加了地理标识、工业设计和集成电路布图设计。

在边境措施的适用环节上，TRIPs 只在进口环节要求实施边境措施。ACTA 在 TRIPs 基础上要求对出口环节也实施边境措施，而 TPP、CPTPP 与 USMCA 要求在进口、出口和转运环节都强制性实施边境措施。

（二）降低了海关启动边境措施的门槛

TRIPs 规定海关要求取得侵权的"初步证据"才能启动边境措施（黄宁、张凡、秦铮，2020）。然而，在 CPTPP 和 USMCA 中，规定司法机关应快速采取临时措施，同时对采取临时措施的限制减少，这在一定程度上提高了执行效率（张惠彬、王怀宾，2022）。ACTA 也有这方面的强制要求，且海关只要认为货物"涉嫌"侵权就可采取临时措施，这明显降低了启动门槛。

五、更严格的民事救济与刑事处罚

（一）加强了民事程序的救济力度

TRIPs 规定禁令不适用于善意第三方，而 ACTA 扩大了禁令和临时措施的适用范围至善意第三方，使权利人可以更有效地限制或排除更多相关方，保护自身利益。

（二）强制要求建立赔偿制度，增加民事损害赔偿数额

TRIPs 规定法定赔偿制度或附加赔偿制度为可选义务，而 ACTA 与 TPP 在处理版权和相关权侵权以及假冒商标案件时，将其规定为必要措施。这表明，新一代知识产权规则对于侵犯知识产权行为的惩罚态度逐渐趋向强硬（黄宁、张凡、秦铮，2020）。

与 TRIPs 相比，RCEP、CPTPP 和 USMCA 在法定赔偿制度以外，还建立了额外赔偿制度，额外赔偿包含惩戒性或惩罚性赔偿。在计算赔偿金额时，这三个协定都强调权利人提供价值评估的重要性（张惠彬、王怀宾，2022）。

（三）降低刑事处罚门槛，加大处罚力度

对于有"商业规模"的蓄意假冒商标或盗版行为案件，TRIPs 要求各成员应采取刑事程序和处罚，但未对"商业规模"进行明确定义。不过，ACTA 和 TPP 规定故意进口或出口仿冒或盗版商品，故意进口和在国内使用侵权标签或包装的行为，以及未经授权在电影院复制电影的行为都应承受刑事处罚（黄宁、张凡、秦铮，2020）。CPTPP 与 USMCA 明确了具有商业规模的商标侵权行为，把"为商业利益或经济收入目的"当作考量因素。此外，CPTPP、RCEP 与 USMCA 也规定了未经允许在电影院复制电影的行为，应承担刑事责任，并制定了在数字环

境下进行执法的相关规定（张惠彬、王怀宾，2022）。

TRIPs 规定违反知识产权的其他救济措施包括"清除出商业渠道"和"销毁货物"两种。而 ACTA 和 TPP 只保留了"销毁货物"一种，这使违反知识产权的处罚更加严厉（黄宁、张凡、秦铮，2020）。

（四）强化了商业秘密保护执法措施

CPTPP 和 USMCA 对于商业秘密的保护规定进行了细化和强化，体现了对商业秘密保护的重视。除了 CPTPP 和 USMCA 对于侵害商业秘密的刑事处罚考量因素进行细化之外，USMCA 还明确了商业秘密权利人的意思自治，规定了司法程序中及政府官员公务范围内的商业秘密保密义务。通过这些规定和措施，CPTPP 和 USMCA 为商业秘密的保护提供了更为全面和严格的法律依据（张惠彬、王怀宾，2022）。

六、数字环境下的执法要求增加

随着互联网的普及和数字经济的发展，数字环境中的知识产权保护在贸易协定中逐渐得到重视。TRIPs 未涉及数字环境下知识产权的保护，但 TPP 等区域贸易协定则增加了相关条款以规范数字环境下的知识产权侵权行为，包括规定互联网服务提供者的责任、知识产权执法措施的适用、网络化著作权和知识产权的网上电子申请等方面的保护措施。例如，根据 ACTA 和 TPP 的规定，互联网服务提供者有提供侵权者信息的义务，在发现侵权时应迅速移除相关材料。为保障服务提供者的权益，TPP 规定了避风港条款，免除其连带责任，但前提是在知晓侵权行为后应迅速采取行动。TPP 规定各成员国的民事、行政程序、补救措施、刑事执法程序和处罚等对数字环境下的知识产权侵权行为同样适用。RCEP 规定了对数字网络化的著作权和相关权利的保护，要求成员方批准和加入两个"因特网条约"（WCT 和 WPPT），明确了商标、专利、工业设计等网上的电子申请以及与域名有关的反不正当竞争等保护措施。这些规定使知识产权在数字环境下得到了更全面和有效的保护（张乃根，2021）。

第四节　中国知识产权保护的现状

一、知识产权法律建设起步较晚、起点较高、发展迅速

改革开放前，中国对知识产权保护的意识薄弱。改革开放后，国家对知识产权立法开始重视，1982 年颁布了第一部《商标法》，在随后的 10 年中，相继颁布了《专利法》（1984 年）、《中华人民共和国著作权法》（1990 年）、《中华人民共和国反不正当竞争法》（1993 年）、《中华人民共和国植物新品种保护条例》（1997 年）和《中华人民共和国计算机软件保护条例》（2001 年）。21 世纪初，又颁布了《集成电路布图设计权保护条例》（2001 年）和《中华人民共和国反垄断法》（2008 年），同时中国还加入了十多个知识产权保护的国际公约，如 TRIPs、《巴黎公约》和《伯尔尼公约》等。随着经济的发展和开放度的提高，中国对知识产权立法的要求也不断提升。

为履行相关国际协议，中国不断进行知识产权法律的修订和完善。自 RCEP 后期谈判以及签署《中美第一阶段经贸协议》以来，已相继修订了《中华人民共和国商标法》《中华人民共和国反不正当竞争法》《中华人民共和国专利法》和《中华人民共和国著作权法》，并新制定了包括技术转让规则在内的《中华人民共和国外商投资法》（张乃根，2021）。这些修改和新法的出台，旨在提升知识产权的保护和执行力度。以《中华人民共和国著作权法》为例，其中的一些规定直接来自《中美贸易关系协定》。例如，第 12 条第 1 款规定了使用作者署名推定权利存在，被诉侵权人需要证明已获许可使用涉案作品；法院有权没收和销毁侵权复制品。《中华人民共和国专利法》也针对《中美贸易关系协定》的要求进行了相应修改（王迁，2021）。其中，新增了对发明专利审查迟延和药品上市审批迟延的专利权期限补偿要求等。此外，还建立了药品专利纠纷早期解决机制（陈扬跃、马正平，2020）。

中国在数字环境中的知识产权保护方面也建立了一系列规则。根据《民法典》和《信息网络传播权保护条例》，中国已制定关于网络服务提供者、技术保护措施和权利管理信息等方面的法律。此外，自 2001 年起，涉及计算机网络域名注册和使用的纠纷可适用《关于审理涉及计算机网络域名民事纠纷案件适用法律若干问题的解释》。中国互联网络信息中心颁布的《中国互联网络信息中心域名争议解决办法》及其实施规则也可在商标权人遭遇域名抢注纠纷时提供帮助。因此，中国在数字环境中的知识产权保护方面已初步建立起了较为完善的法律框架（邵思蒙，2021）。

中国在知识产权执法方面取得了显著进步，无论是执法人员的素质还是司法判决的公正性都有所提高。国内正努力构建适合经济发展的知识产权保护体系，并力求与国际最新标准接轨。

经过 40 多年的改革开放，中国的知识产权制度逐渐完善。从 1979 年签署《中美贸易关系协定》，到 2001 年加入 WTO 并签署 TRIPs 协定，再到《中美第一阶段经贸协议》和 RCEP 的签署，都显示了中国在知识产权保护方面的积极态度和努力。这些国际经贸协定确立了中国的知识产权保护义务，促使中国在国内立法方面不断改进。特别是《中美第一阶段经贸协议》中关于知识产权的标准甚至超过了 CPTPP 和 USMCA，这表明中国知识产权制度正逐步与国际接轨（张乃根，2021）。

二、知识产权保护制度与高标准知识产权规则还存在较大差距

近 40 年来，中国知识产权保护制度建设已取得了显著进展，基本上满足了WTO 框架下 TRIPs 协定的最低要求。通过借鉴发达国家的经验和制定补充法规，中国不断完善知识产权法律体系。然而，我国知识产权保护水平仍然停留在TRIPs 协定的基本标准上，在一些重要方面仍未达到 CPTPP 等协议知识产权规则的要求。例如，未注册驰名商标的跨类保护、农用化学品的未披露试验数据保护、专利宽限期情形与期限扩大、判断有商业规模的蓄意盗版行为的认定条件等方面，与 CPTPP 有较大差距。此外，对地理标志的保护也应该更加系统化，并且在执法措施和惩罚力度上也存在差距。为了实现更高水平的知识产权保护，我们需要加强立法，并及时更新法规以满足国际标准。

在知识产权保护期限方面，中国与新一代知识产权规则也有不一致的情况。例如，根据知识产权新规则，版权与相关权的保护期限为 70 年，但《中华人民共和国著作权法》中仍规定为 50 年。再者，对农化产品的未披露试验数据，中国仅给予 6 年保护期，而 CPTPP 为 10 年。2018 年国家药品监督管理局发布的《药品试验数据保护实施办法（暂行）征求意见稿》显示，境外药企在中国的生物制剂数据保护期仅为 1~5 年。

中国在知识产权执法方面存在着资源与经验相对不足的问题，各地知识产权局没有稳定的执法队伍、缺乏执法设备。而中国知识产权执法案件数却大幅增长。若中国接受知识产权新规则的执法要求，知识产权执法将面临更大压力。例如，CPTPP 要求在转运环节适用边境措施，而中国目前的法规仅要求在进出口环境中适用边境措施，这将使海关人员的执法负担明显增加。此外，CPTPP 规定对商标侵权类型的打击范围包括"混淆性相似商标"，而目前海关人员的专业水平难以判别"混淆性相似商标"（黄宁、张凡、秦铮，2020）。

三、知识产权执法标准不统一

中国处理知识产权侵权是通过行政执法和民事诉讼两个途径。行政执法的主体包括国家和地方知识产权局以及其他行政主体。然而，由于执法主体太分散，导致侵权案件的处理标准和处罚程度难以统一。例如，不同行政主体参与对商标侵权案件的查处，造成了处理上的混乱。这种多主体执法体系容易造成执法者之间的利益冲突和博弈，对知识产权的保护产生不利影响。

2018 年，国家知识产权局重组后，知识产权行政执法有了一定集中。其中，商标和专利执法工作由国家市场监督管理总局负责，但著作权纠纷仍归国家版权局管辖，植物新品种则由农业部和国家林业局负责。不过，多头管理的局面仍未彻底改变（CCG，2020）。

四、对外资企业的知识产权保护还存在问题

中国在商业秘密保护方面存在问题，如救济机制不明朗、法律标准不一致等，无法有效约束政府机构对商业秘密的侵权行为。在商标和版权领域，仍存在较多假冒商品和电商侵权问题，将行政案件转为刑事案件的标准仍然较高。一些外国公司反映中国存在知识产权保护执法力度不足、判决难以执行等问题。这些问题给中国的商业环境带来了一定的负面影响（CCG，2020）。

五、已签订 FTA 中的知识产权规则与欧美国家保护水平相差较大

中国签署的自贸协定中知识产权保护条款差异较大，没有统一和规范的形式，还需要不断完善。个别自贸协定设立了独立的知识产权保护的章节，如中国与新西兰自由贸易协定；而有些自贸协定还没有知识产权条款，如中国与东盟、巴基斯坦、新加坡的自贸协定；一部分自贸协定的知识产权条款只是原则性规定，没有实质内容，如中国与智利、新西兰、秘鲁、哥斯达黎加、冰岛的自贸协定；有的自贸协定则明确了具体的知识产权保护的权利和义务，如中国与瑞士的自贸协定。2015 年签署的中国与韩国、澳大利亚的自贸协定在知识产权保护方面取得了较大进展，增加了对实体权利保护和执法措施的规定，进一步提升了中国在知识产权规则制定中的影响力。

目前，中国已签署的自贸协定中的知识产权条款还有很多缺陷，如最惠国待遇的利益关系不明晰、内容编排混乱、与其他章节的关系不明确、一些利益点未能坚持、一些条款措辞欠严谨等。相比于欧美国家以及日本、韩国等国家，中国在谈判中仍缺乏成熟的机制（邵思蒙，2021）。

第五节　知识产权新规则背景下中国的对策

当前，随着自贸协定中知识产权新规则的发展，高标准的规则使许多国家的

知识产权国内立法面临着挑战，对知识产权领域的多边谈判也会产生较大冲击。未来，我们还可能会看到超越这些高标准的新规则出现。随着自贸协定中知识产权规则影响的范围扩大，各国的知识产权保护标准也将趋于一致（邵思蒙，2021）。未来全球知识产权治理的核心将会是规则制定权。因此，在国内国际双循环相互促进的新发展格局下，中国需要审视和评估国内知识产权规则，加强与高标准规则的对接和融合。通过"内循环"，我们可以实现国内规则的统一和有效执行；通过"外循环"，我们可以让中国的规则走向世界，提升在全球知识产权治理中的话语权（张惠彬、王怀宾，2022）。

一、参考知识产权新规则适当调整国内知识产权法律

中国经济发展正逐渐进入新常态，知识产权的工作也需要顺应新常态，不断提升中国知识产权保护水平。这不仅有助于提升中国在国际知识产权治理中的影响力，也有助于中国更好地适应国际知识产权新规则。为此，从短期来看，中国应重点加强知识产权保护，提高知识产权执法效率。具体包括扩大执法资源、完善惩罚性赔偿制度、提高侵权的民事赔偿额度等。从长期来看，中国还需逐步推进商标法、专利法、著作权法等相关法律的修订工作，深化科技体制改革，建立完善的技术创新激励机制。中国应逐步与高标准知识产权规则接轨，更好地融入国际知识产权体系，提高中国在全球知识产权领域的话语权和影响力（张惠彬、王怀宾，2022）。

对知识产权新规则的引进必须坚持以中国利益为先，同时借鉴国际经验并保持批判性思维。新规则应当符合中国实际情况，不仅要防止跨国公司利用知识产权垄断技术，也应避免对技术创新和知识扩散造成不利影响，同时要保持灵活配置知识产权执法资源的能力。此外，还要对公共政策目标给予充分的考虑。以CPTPP为例，其对药品与生物制剂数据保护期的规定，会影响仿制药的研制和生产，使国内药品价格上涨，损害公众利益（黄宁、张凡、秦铮，2020）。

下面列举几个针对CPTPP等协定知识产权条款的应对建议：

第一，对气味商标的保护。《中华人民共和国商标法》（2019年）第8条规定了可以申请商标注册的标志，包括文字、图形、字母、数字、三维标志、颜色组合和声音等，以及上述要素的组合，但不包括气味标志。气味商标作为一种不可被视觉感知的标志，在现代商业中越来越重要。CPTPP、RCEP等协议都规定可注册气味商标，为了跟上国际标准，中国应该修改《中华人民共和国商标法》，将气味列入可注册的商标要素之中（张乃根，2021）。

第二，关于专利权保护。CPTPP相对于TRIPs做出了一些重要调整，在未披露数据的保护范围方面，扩大到了生物制品和新农业化学品，并且规定保护期。然而，中国目前对制药专利的保护依然很欠缺。这方面的新规则如对药品试验数据给予专属权、建立专利链接制度或提高强制许可补偿标准，都会使中国不能利用 TRIPs 的灵活性条款发展自身产业。因此，对于提高药品专利保护标准，中国应尽量避免，而应制定具体规则来强调公共健康问题（邵思蒙，2021）。另外，CPTPP 中关于降低可获取专利客体标准的条款，与 TRIPs 的专利申请原则有所背离。过度对高新技术保护可能会阻碍民族产业发展，在这方面进行妥协并不是明智之举。因此，在专利权保护方面，可以在自贸试验区试行提高植物新品种知识产权保护标准，完善专利链接制度，加强试验数据保护等。

第三，关于延长著作权与相关权利保护期。我们要认识到延长保护期并不一定能够给予作者更多的创作激励。实际上，CPTPP 已经放弃了 TPP 中关于延长著作权保护期的规定。因此，我们可以主张限制著作权保护期的延长（邵思蒙，2021）。当然，也可以考虑延长著作权保护期，但同时在一定程度上约束著作权的行使，以此来维护公共利益的同时保护权利人的权益（张乃根，2021）。

第四，对未注册的驰名商标进行跨类保护。这是一个涉及知识产权保护与社会公共利益平衡、反不正当竞争规制的重要问题。《中华人民共和国商标法》（2013 年修订）已经开始探讨这个议题，修订了第十四条第五款，但修订后的条款仍落后于 CPTPP 的标准。CPTPP 要求各成员方跨类别保护未注册驰名商标，但这可能会导致权利人滥用法律进行诉讼，浪费司法资源。因此，在调整国内立法时，应对商标持有人的举证责任做出严格规定，要求其证明侵权方的行为可能引起商标混淆，以限制滥诉行为的发生（王智慧、李青松，2022）。

第五，关于知识产权执法问题。CPTPP 对边境措施的规定进行了调整，由原先的依申请启动转变为依职权启动。这一变化意味着相关部门将更为主动地介入，加强对进口商品的检查和监管。与 TRIPs 相比，CPTPP 进一步扩大了边境措施的打击范围，将混淆相似的商标也纳入其中。然而，在中国当前的商标法中，并没有明确规定对进口假冒商品进行海关扣押的条款。尽管国务院发布的其他相关法律中有涉及这一方面的内容，但仍然需要在商标法中对其进行明确。目前，中国在禁止侵权商品流通方面的规定不够明确，需要进行细化和完善。值得注意的是，过于严格的知识产权执法规则可能会带来一系列问题。它不仅可能损害发展中国家的利益，也可能对贸易秩序的稳定造成不利影响（邵思蒙，2021）。例如，边境措施可能给我们的边境执法人员带来更大压力，他们很难界定进出口或过境的货物是否涉及侵权问题。因此，在处理这些问题时，我们需要保持谨慎的态度。

二、防范转运环节的风险

根据 CPTPP 的知识产权规则，对于货物的转运环节，若中国企业的商品上印有的商标在转运国并未注册，或者与转运国的标识存在相似性，那么即便这些货物在进出口国均被认为是合法的，它们仍然可能会遭遇转运国海关的严格审查，甚至有被扣押或退回的可能。这一情形对于中国的加工贸易行业来说，无疑是一个需要高度警惕的问题，因为加工贸易中贴牌生产的企业数量众多，涉及的知识产权问题复杂多样。为了确保企业在国际合作中的知识产权安全，一个有效的策略是在与委托方建立合作关系之前，对其产品、商标等核心知识产权进行深入调查。此外，合同条款的精细化设置也是必不可少的，企业可以在合同中明确要求对方提供因知识产权问题可能引发的执法措施所带来损失的免责担保，并明确其应承担的补偿义务。此外，国家层面也需对此予以重视，组织专业团队对世界主要港口所在国家的法律及知识产权情况进行系统调查，进而为中国出口企业提供专业咨询服务。这不仅能帮助企业更加准确地评估其货物被查扣的风险，还能为企业提供策略建议，以结合运输成本选择最佳运输路径。

三、强化知识产权执法的落实

从更宏观的角度来说，加强知识产权执法落实非常关键。应该扩大海关对知识产权的监管权，通过集中授权/登记机构、分离和加强行政执法机构，使部分执法机构拥有更多的执行权（包括部分警察权限）等措施，提高执法效率、完善执法标准、统一行政执法标准与司法保护标准，为知识产权保护提供更为坚实的法律屏障。

四、灵活利用 WTO/WIPO 等平台，推动知识产权国际保护均衡发展

自成为 WTO 成员以来，中国在电子商务、政府采购以及 WTO 争端解决机制改革等问题上，都积极向 WTO 递交了议案。然而，在知识产权这个关键领域中，我们却显得相对保守，中国政府于 2005 年 5 月向 WTO 提交了"标准化中的知识产权问题"提案。在向 TRIPs 理事会的提案中，我们更多的是与发展中国家携手，以提案小组的形式表达我们的立场，相较之下，美国、欧盟、日本等国家和地区则显得更为积极。因此，中国既要积极借助多边框架来表达诉求，提出中国方案，在议题设置中有所作为（张惠彬、王怀宾，2022），又应善于利用多个平台，通过多种渠道发声，倡导符合发展中国家利益的知识产权规则，以期在促进知识产权国际保护的均衡发展中发挥更大的作用。

一个值得骄傲的例子是，中国在 RCEP 中，成功地把遗传物质、传统知识和民间文学艺术纳入了知识产权保护的范围。我们应将成功经验推广至"一带一路"建设中，与沿线国家共同构建一个更为公平、均衡的知识产权国际保护新秩序。另外，WIPO 作为全球知识产权治理的核心机构，其所制定的知识产权规则与全球气候、公共卫生、粮食安全等公共利益紧密相连。因此，中国应当更加重视与 WIPO 等国际组织的交流与合作，积极参与相关规则的制定与讨论，加强中国在知识产权议题上的话语权（张惠彬、王怀宾，2022）。例如，碳中和作为当前全球共同面临的重要议题，与知识产权的关系也日益密切。中国可以通过制定与碳中和相关的知识产权政策，促进绿色技术的研发与推广，在全球环境治理中发挥更大的作用。

五、加强知识产权对外交流，提高国际认同度

目前中国在知识产权保护方面的国际认可度较低，还没有建立完善的知识产权对外沟通机制。在加强知识产权保护对外交流方面，中国可以借鉴中韩 FTA 的经验。中韩 FTA 的知识产权沟通机制为中国提供了很好的范本。中国应当建立与完善自身的知识产权对外沟通机制，与各国就知识产权政策、技术与培训、制度执行等方面进行深入交流，共同打击跨境知识产权犯罪和网络版权侵权行为，以进一步提高中国在国际上的知识产权认同度（易继明、初萌，2020）。

六、关注数字经济环境下对知识产权的保护

在当前全球化的数字经济大潮中，CPTPP 和 USMCA 等协定在数字贸易规则中均有涉及知识产权保护的新条款。这提醒我们，在全球数字经济的大背景下，应给予知识产权保护问题足够的重视。尤其在中美之间，关于源代码、算法和密钥以及互联网服务提供商（ISP）著作权上的连带责任问题，已然成为双方深层次博弈的重要议题。这些争议背后涉及国家安全这一至关重要的问题，预计在未来很长一段时间内，它都将成为中美之间的重要讨论点。因此，中国一方面要致力于保护本国在数字科技领域的创新能力；另一方面在制定知识产权的法律法规时，也需精心权衡，避免对这些创新能力产生不当限制。在这方面，我们可以借鉴欧盟《通用数据保护条例》中对数据权利的规范，界定数字相关权利，以维护国家安全并促进企业创新（CCG，2020）。

七、推进由中国主导的区域自贸协议谈判，建立国际区域经济的新秩序

无论是 TPP 还是 CPTPP，遏制中国发展的方针都没有改变。因此，中国加

入 CPTPP 的谈判仍面临重重困难。在这个过程中，我们必须全力以赴，以开放的态度在谈判中寻求共识，既要坚守原则，又要展现出足够的灵活性和妥协精神。以生物制剂数据保护为例，虽然在 TPP 谈判中美国坚持 12 年保护期，但TPP 达成的是 8 年保护期，而越南更是仅承诺了 5 年的保护期。这充分体现了在谈判过程中，各种力量的博弈与妥协（黄宁、张凡、秦铮，2020）。

面对 CPTPP 在知识产权方面的潜在封锁，中国需要采取积极措施，以应对可能出现的挑战。中国可以寻求与其他国家建立更紧密的区域自贸协议，以弥补因被 CPTPP 排除在外而带来的损失。这将有助于构建以中国为主导的国际格局，并在知识产权问题上与发达国家进行有效的对抗。同时，中国还需要与发展中国家加强合作，共同应对知识产权领域的挑战。建立一套适合发展中国家国情的知识产权国际法律体系，将有助于打破发达国家在知识产权领域的垄断地位。例如，中国可以提出反对过度强化权利持有人技术垄断地位的立场，并抵制那些可能扰乱贸易秩序的规则，如转运环节边境措施等。

在面对一时难以接受的知识产权新规则时，我们可以逐步、有计划地接受部分内容。例如，可以设立一个 5~10 年的过渡期。另外，还可以将知识产权新规则与技术出口管制和技术投资限制等议题捆绑谈判，以部分接受新规则为条件，与发达国家放松管制和限制进行交换（黄宁、张凡、秦铮，2020）。总的来说，我们需要不断借鉴国际知识产权领域的新规则，积极融入国际主流规则体系，在国际舞台上提出中国的利益诉求，充分发挥大国引领作用，积极参与和推动国际知识产权治理的变革。通过与各方积极沟通和合作，中国有望构建一个更加公平、合理的国际贸易体系。

第五章　数字贸易新规则与中国的对策

随着互联网技术的发展，数字贸易已经成为全球经济的新引擎。这种贸易方式通过互联网平台，摆脱了地域和时间限制，加快了商业信息的传递速度，从而促进了产业和商业模式的创新融合。近年来，中国数字贸易发展迅速，已经成为经济增长的关键驱动力。根据报告，2020年中国数字经济规模已超过39万亿元，占GDP比重近四成，增速高达9.7%。电子商务交易额更是达到了37.21万亿元，这充分展示了中国数字经济的活力。数字经济快速发展的态势给新增市场主体带来了快速增长，为保障就业、民生和市场主体稳定发挥了重要作用。

与此同时，国际数字贸易规则的发展却仍处于初级阶段。尽管WTO已经引入了电子商务的概念，定义为通过电子方式进行的商品和服务的生产、分销、营销、销售或交付，但由于全球范围内缺乏统一的标准和监管方案，数字贸易仍面临众多挑战和壁垒。市场准入限制、本地化要求、知识产权、数据隐私、网络安全以及税收等问题，均给数字贸易带来了不确定性。这些问题在很大程度上限制了数字贸易的发展空间，让许多企业难以在全球市场上发挥自身的优势。值得注意的是，美国、欧盟和日本等发达国家和地区，凭借其在全球经济中的竞争优势，已经在数字贸易规则构建方面取得了领先地位。它们构建的"美式模板""欧式模板"数字贸易规则，在国际数字贸易治理中逐渐掌握了话语权。这样的趋势给中国等新兴经济体带来了巨大压力。作为全球数字贸易大国，中国亟须构建一个适合自身发展的数字贸易规则体系，打造具有中国特色的"中式模板"，以应对外部压力，推动全球数字贸易的健康、有序发展。

第一节　数字贸易规则的演进过程

数字贸易规则的演进过程可分为缺失阶段、萌芽阶段、形成阶段和发展阶段。

一、缺失阶段（1994 年之前）

这一阶段电子商务发展水平和数字化发展水平都很低，因此没有产生对数字贸易规则的要求，所以处于数字贸易规则缺失阶段。

二、萌芽阶段（1995~2014 年）

数字贸易规则的发展始于 WTO 框架下的相关条款，其中 GATS 没有明确规定数字贸易、信息流动方面的规则。不过，对电信服务和金融服务规则有所涉及（白洁、张达、王悦，2021），例如 GATS 规定了公共电信传输网和服务进入和使用的条款。在 1998 年 WTO 第二次部长级会议上，首次将电子商务议题引入多边谈判，强调了对发展中国家电子商务发展状况和需求进行研究的重要性。在随后的 WTO 会议上，各成员国就暂停对电子传输征收关税达成了一致意见（丁秀芳，2019），不过这些决议仅仅是成员国之间的政治承诺，并不具有法律约束力。虽然数字贸易相关规则从单独条款扩展到电子商务专章，但还没形成稳固的数字贸易规则框架。

WTO 中数字贸易规则供给不足，促使许多国家在区域范围内进行拓展，特别是美国在这方面表现突出。例如，2001 年美国与约旦的特惠贸易协定中第一次纳入了电子商务条款；2004 年美国与智利签署自贸协定，专门包含了电子商务章节。随后，美国以美国—智利自贸协定为模板，与许多发展中国家签署自贸协定。而美国与发达国家签署的自贸协定，则主要在美国—智利自贸协定基础上作了扩展，如美国与澳大利亚、韩国签署的自由贸易协定。在这些协定中，数字贸易规则已经拓展至关税、数字产品非歧视待遇、电子认证等方面（白洁、张达、王悦，2021）。随着数字经济的快速发展，数字贸易规则在双边自贸协定中的地位和作用愈发凸显。

三、形成阶段（2015~2018 年）

在这一阶段，TPP 的签订具有划时代的意义，为数字贸易规则奠定了基石，形成了基本架构与核心要义。随后，基于 TPP 模板的数字贸易规则逐步扩散，逐渐形成了独特的美式模版。TPP 精心设置了电子商务的专章，涉及减少数字贸易壁垒、保护消费者权益、推动电子商务发展以及增进国际协作四大领域。其核心目的在于解除对国外数字服务、产品及其提供商在市场准入和国民待遇方面的限制，为美国数字产品进入他国市场提供坚实的制度保障。TPP 数字贸易规则的高标准与全面性使其成为自由贸易协定不可或缺的参照模板，同

时也为 WTO 在数字贸易领域的改革提供了重要的依据（白洁、张达、王悦，
2021）。

四、发展阶段（2019 年至今）

在这个阶段，WTO 把数字贸易规则作为改革的重要议题，且取得了实质
性进展。2019 年 1 月 25 日，76 个 WTO 成员签署了《关于电子商务的联合声
明》，WTO 框架下与贸易有关的电子商务议题谈判正式开始。然而，谈判中各
方关注的议题迥异，利益诉求存在重大分歧。美国重视非歧视性待遇、跨境数
据流动以及禁止计算设施本地化等议题。相较之下，欧盟则对线上消费者保护
和个人信息保护给予了极高的关注。而中国则希望促进数字贸易便利化和构建
规范、便利、安全、可靠的电子商务环境。经过两年磋商，2020 年 12 月 14 日
86 个 WTO 成员国发布了《WTO 电子商务诸边谈判合并案文》，其中涵盖的议
题大大超越了目前的数字贸易规则，在电子商务促进、电子商务开放、电子商
务信托等方面都进行了一定的扩充（白洁、张达、王悦，2021）。这不仅是数
字贸易领域的一次重大突破，更是全球贸易体系迈向现代化、数字化的重要
一步。

第二节　WTO 有关数字贸易的规则

1998 年，WTO 的《电子商务工作方案》明确指出，电子商务指利用电子手
段进行商品和服务的生产、分销、营销、销售和交付。至今 WTO 仍未对电子商
务概念做出修改，一直沿用这一定义。

迄今为止，WTO 尚未就数字贸易达成具体、全面的协议。在 WTO 成员国
中，对于数字贸易应适用货物贸易规则（GATT）还是服务贸易规则（GATS）仍
未形成一致。虽然 WTO 成员国已在电子签名、无纸化贸易、透明度和免关税的
电子传输等方面达成共识，但至今还没有形成统一的数字贸易规则。与数字贸易
相关的规则分散在 WTO 的协定和附件中，例如，《服务贸易总协定》（GATS）、
《信息技术协定》（ITA）、《与贸易有关的知识产权协定》（TRIPs）、《全球电子
商务宣言》（DGEC）和《国际服务贸易协定》（TISA）等（见表 5-1）（梅冠
群，2020）。这些协定为数字贸易提供了一定的指引和规范，但各自独立存在，
缺乏整体一致性。

表 5-1　WTO 各协定中与数字贸易有关的内容及相关规则

关于数字贸易的主要方面	主要内容	相关规则
内容	数字娱乐（电影、音乐、游戏、电视服务、电子书等）	GATS、TRIPs
	电信服务（互联网接入、邮件等）	GATS、GATS 电信附件和基础电信协议
	金融与支付服务	GATS、GATS 金融附件
	其他（社交媒体、数据存储和处理、云计算等）	GATS、TRIPs、GATT、TFA、ITA
技术	域名、IP 地址、软件、互联网协议	TRIPs、TBT
基础设施	光纤、卫星、无线网	TBT、GATT、ITA、GATS 电信附件和基础电信协议
	互联网交换点	TBT
	终端设备（计算机、智能手机等）	TBT、TRIPs、GATT、TFA、ITA

资料来源：OECD Trade Policy Paper No. 217：Digital Trade and Market Openness.

一、WTO 各协定中有关数字贸易的规则

（一）GATT 中有关数字贸易的规则

当前，网络购物仍存在着实物交付的风险。因此，GATT 规则对于货物交付仍然适用，在处理网络购物中的交付问题时，仍需依据 GATT 的原则进行规范和操作。

电子商务的发展使一些传统产品不再需要实体载体，如电影、音乐等，这种产品的归属问题，对贸易规则和关税征收有着重要影响（吴松阳，2020）。WTO 早在 1998 年就开始关注电子商务相关规则，但对数字产品的定义和归类以及关税征收等问题上，各成员国之间意见和分歧较大。2024 年 7 月，WTO 公布了有关电子商务协议的文本，明确了电子传输的内容，即电子传输方式和电子传输的内容都在免关税的范围之内（冯迪凡，2024）。

《信息技术协定》（ITA）是 WTO 电子商务规则发展的重要里程碑，它于 1997 年 3 月在日内瓦签订，由 39 个国家和地区参与。ITA 的出台为信息技术产品市场打开了大门，涵盖计算机、电信产品、半导体、半导体制造设备、软件和科学仪器 6 大类 200 多种产品，从 1997 年 4 月 1 日起分为四个阶段，逐步下调关税，并于 2000 年 1 月 1 日实现零关税。ITA 所涉及的产品大多为知识技术密集型

产品，因此，该协定促进了各类信息技术产品的全球贸易自由化，也为信息产业的发展注入了强劲动力。

（二）GATS 中有关数字贸易的规则

GATS 中与数字贸易有关的条款主要有：

第一，最惠国待遇原则。在电子商务中，需要考虑引入"最惠网待遇"原则，确保网络连接方之间互相给予公平和平等的待遇。这一原则类似于最惠国待遇，无论在何种情况下，每个网络连接方都应该被保障不低于其他连接方的待遇。

第二，透明度的规定。当前 WTO 规则中缺乏关于信息公开透明的具体规定，这给信息技术安全带来了直接威胁，也对电子商务的发展造成障碍（吴松阳，2020）。

第三，提倡发展中国家积极参与全球电子商务。促进电子商务的平衡发展，缩小发达国家和发展中国家之间的差距。

第四，市场准入。GATT 明确规定了六种禁止措施，然而，对于网络空间壁垒的规定还不够完善（吴松阳，2020）。

第五，《电信附件5》。该附件规定一成员国要保证其他成员国的服务提供者能够公平地、不受歧视地进入和使用该成员国的公共电信传输网络和服务，提供该成员在服务贸易减让表中承诺的服务。该协议的第一条、第二条、第三条和第六条主要用于解决数字服务准入问题，而第十四条和例外用于处理数据本地化问题。

GATS 明确了在电信、金融等领域的规则，却在数据流动壁垒方面缺乏规范（吴松阳，2020）。

（三）TRIPs 中有关数字贸易的规则

TRIPs 对于版权、商标权以及域名的保护等方面的规定与电子商务关系密切。

TRIPs 规定了对计算机程序与数据的汇编等内容的版权保护范围。随着电子商务的发展，网络的支撑至关重要，但网络安全问题也日益突出。因此，版权人在维护自身权益时必须考虑信息技术的作用。面对现实挑战，TRIPs 需要结合信息技术的影响制定新规则。

在电子商务中，商标权的保护面临挑战。但 TRIPs 未明确判定商标侵权的标准，电子化侵权行为难以界定，给商标权人带来困扰。

对于域名保护的议题，与商标和专利不同。商标权不允许任何相似标志的存在，而域名允许一定程度的相似性。企业对域名的保护比商标、专利的保护更加困难。

TRIPs 的知识产权保护规则存在诸多局限，如标准不一、透明度不足等问题。随着电子商务的迅速发展，现有规则无法完全满足其需求。这种局面不利于电子商务和全球贸易的发展，亟须完善与统一的知识产权保护规则（吴松阳，2020）。

（四）《全球电子商务宣言》

《全球电子商务宣言》是在 WTO 第二届部长级会议通过的，宣言强调了电子商务为全球贸易带来了新机遇，并首次制定了数字贸易的规范。宣言一致认为，不应对电子传输征收关税。

然而，值得关注的是，宣言中并未明确界定"电子传输"的定义。即没有阐明电子传输是指数字交易中传输的服务和产品，还是指数字交易依赖的媒介。此外，关税禁令是对所有数字贸易中传输的产品适用，还是只适用于数字产品，也缺乏明确说明。更重要的是，电子传输免征关税是以宣言的形式呈现，其长期有效性尚未得到确保。

（五）《电子商务协议》

2024 年 7 月 WTO 公布了有关《电子商务协议》的文本，明确了电子传输的内容，即电子传输方式和电子传输的内容都在免关税的范围之内。该文本涉及促进境内外无缝数字贸易的措施，包括电子签名和电子发票；提高消费者和企业对数字贸易环境的信任度的条款，特别是提出加强在线消费者保护；使国际数字贸易环境更可靠和更具可负担性的条款，包括加强网络安全风险方面的合作；禁止对电子传输征收关税，这具有重要的商业意义，也是全球工业界的关键优先事项；促进发展中国家消费者和公司参与数字贸易的举措（冯迪凡，2024）。

二、WTO 数字贸易规则的主要问题

WTO 的电子商务规则目前主要分散在 GATS、TRIPs 等文件中。尽管 WTO 已意识到数字贸易的崛起并进行了一系列规则制定的努力，但现有框架协定显然无法跟上全球数字贸易飞速发展的步伐。随着数字经济的蓬勃发展，现有的规则已经显得滞后和不足以应对新形势。

第一，WTO 尚未就数字贸易的确切定义达成共识，仅在其关于电子商务的文件中将其定义为以电子形式生产、销售、运输货物和服务。然而，在实际操作中，电子商务并没有被广泛认同的权威定义，同时电子商务只是数字贸易中的一小部分，不能涵盖数字贸易的全部范围。因此，需要更加清晰、明确地定义数字贸易，以便规范和推动其发展（丁秀芳，2019）。

第二，WTO 成员国对数字贸易的归类问题存在分歧，究竟是应当适用于 GATT 还是 GATS 尚未达成共识。GATT 和 GATS 规则的核心差异主要体现在最惠国待遇、国民待遇、市场准入条件和平等待遇等方面，因此会影响数字产品自由化的程度（丁秀芳，2019）。

第三，在 GATS 框架下，数字服务的定义模糊不清，使解决数字贸易问题缺乏有效约束力。尽管一些条款可用于处理数字服务问题，但关于数字产品到底是数据形式的产品还是数字服务的问题仍无明确答案。这种模糊性影响了 GATS 在数字贸易领域的有效性，需要进一步明确界定数字服务的范围，以加强 GATS 在数字贸易问题上的约束力。

第四，TRIPs 协定没有为数字贸易设立专门的知识产权规则，仅关注程序代码、电子资料等产品的保护。因此，数字贸易的知识产权保护并不完备。

第五，ITA 协定的目标是实现信息技术产品零关税，但因 IT 产品更新换代快，技术门槛低，取消关税壁垒可能对某些国家造成负面影响，进而降低 WTO 成员进行多边贸易谈判的积极性。

第六，WTO 在促进数字贸易便利化方面的规定相对不足。相比之下，区域贸易协定对数字贸易便利化有更为全面的规定，包括无纸化贸易、电子签名和互联网数据互通细则等。

第七，WTO 没有对数字贸易进行定义，缺乏规范数据保护主义造成的贸易限制方面的条款，这阻碍了跨境数据的自由流动，进而阻碍了数字经济的发展。

第八，数字贸易的发展已经超越了 WTO 过去所关注的电子商务范畴。随着人工智能、数字政府、数字货币、元宇宙等新概念的涌现，WTO 制定的数字贸易规则显得十分滞后。这种滞后性可能会导致 WTO 在制定数字贸易规则上丧失话语权，同时也与当今快速发展的数字经济格格不入。

第九，数字贸易引发的国际贸易争端是不可避免的。这种新兴贸易形式带来的纠纷更加复杂，但 WTO 的争端解决机制却相对滞后，无法有效解决数字贸易纠纷。

第三节　新一代自由贸易协定中的数字贸易规则

当前，全球主要经济体（如美国、欧盟、日本和中国）正积极参与 WTO 电子商务谈判，以及制定和完善数字贸易规则的工作。各方致力于通过区域和双边自由贸易协定，推动数字经济发展和跨境电商合作。

一、新一代自由贸易协定中数字贸易条款的概况

当前全球数字贸易规则主要由 EU、CPTPP、USMCA 和 RCEP 等代表性协定

构成。这些规则在全球范围内产生深远影响，不仅涵盖范围广泛，也具有延展性。

（一）TPP

数字贸易的蓬勃发展直接关乎美国核心经济利益，因此建立一个宽松、自由和公平的数字贸易体制对美国十分重要。TPP 是美国数字贸易规则的典型代表，它强调自由贸易，是第一个制定源代码保护、电子商业秘密条款的区域贸易协定。TPP 包含 15 个条款，规定了跨境电子商务的管理、数字产品的非歧视待遇、国内电子交易规则、个人信息保护和促进电子数据跨境通畅流通，同时也涉及计算设施位置、网络安全和中小企业数字贸易合作。另外，TPP 还倾向于支持大型企业。

（二）CPTPP

CPTPP 关于数字贸易的规定大部分集中在"电子商务"一章。该协定延续了电子传输免关税、个人信息保护、在线消费者保护等传统议题，并新增了一些具有争议性的条款，如跨境数据流动、计算设施本地化、源代码保护等。同时，协定还为许多条款留下了灵活的空间，包括设立例外条款，体现了对传统、创新和未来发展的考量。

首先，CPTPP 对于跨境数据传输做出了一系列规定。它要求成员国允许通过电子手段进行包括个人信息在内的跨境信息传输。这一规定为促进数据流动提供了法律保障，同时也在保护隐私和数据安全方面具有积极意义。其次，CPTPP 在数据本地化方面规定，成员方有对计算设施的监管权，但不得以计算设施本地化作为提供服务的条件。这一规定有利于促进数字贸易的发展，避免不必要的技术壁垒，同时为数据中心和云服务提供了更多发展空间。最后，CPTPP 涉及源代码问题，禁止成员国把转让或获取另一成员方个人所拥有的软件源代码，作为在该国境内进口、分销、销售、使用该软件或包含该软件的产品的前提条件（见表 5-2）（王娟，2020）。这一规定保护了数字知识产权，同时也为技术创新和合作提供了更多的灵活性。

表 5-2　CPTPP 的数字贸易条款

数字贸易关键议题	CPTPP 中对应条款	核心规定	数字贸易关键议题	CPTPP 中对应条款	核心规定
数字产品或服务的税收	电子传输关税（第 14.3 条）	禁止对电子传输征收关税	数据及相关设施的本地化	计算设施的位置（第 14.13 条）	禁止计算设施本地化

续表

数字贸易 关键议题	CPTPP 中 对应条款	核心规定	数字贸易 关键议题	CPTPP 中 对应条款	核心规定
个人信息保护	个人信息保护 （第 14.1、14.8 条）	要求为电子商务 用户提供个人信 息保护，未设立 强制性标准	数字知识产权	源代码保护（第 14.17 条）	禁止成员国强 制要求公开源 代码
线上消费者	线上消费者保护 （第 14.7 条）	要求为线上消费 者提供保护	市场准入	数字产品和服务 的非歧视待遇 （第 14.4 条）	要求数字产品 和服务获得非 歧视待遇
跨境数据流动	通过电子方式跨 境传输信息（第 14.11 条）	允许跨境传输电 子信息	跨境电商便利化	电子认证和电子 签名（第 14.6 条）	承认电子认证 和电子签名的 法律效力
				无纸贸易（第 14.9 条）	承认电子贸易 文件的法律 效力

资料来源：王娟．论 CPTPP 数字贸易规则及对中国的影响［D］．济南：山东大学硕士学位论文，2020.

（三）USMCA

USMCA 在沿袭了 TPP 的美式模板的基础上，在数字贸易领域做出了更为详细和全面的规定。具体来说，USMCA 中设立了专门的数字贸易章节，此外，部门附件、投资、跨境服务、电信、知识产权等章节也有涉及数字贸易的规则。USMCA 的数字贸易规则包括数字产品免征关税、数字产品非歧视待遇、数据跨境流动、禁止计算设施本地化等规定（见表 5-3）。相较于以往的自贸协定，USMCA 增加了更多关于数字贸易限制措施的规则。此外，相比 TPP，USMCA 对数字贸易的定义和相关条款做出了更为细致的规定，包括将非歧视性待遇拓展至广播服务产品、加强个人信息保护、规定信息网络领域的合作、将"跨境数据自由流动"条款中的部分例外删除等。从 USMCA 中可以看出，美国在数字贸易领域更加注重数字知识产权的保护、对特定部门的市场准入限制以及解决数据流动中涉及的隐私保护等问题。通过 CPTPP、USMCA 等贸易协定的制定，美国形成了一套完善的数字贸易规则体系，建立了"美式模板"。

表 5-3　USMCA 的数字贸易条款

USMCA 章节	条例
数字贸易章节	19.1 定义（数字贸易相关术语）；19.2 范围和总则；19.3 海关关税；19.4 数字产品的非歧视性待遇；19.5 国内电子交易框架；19.6 电子认证和电子签名；19.7 线上消费者保护；19.8 个人信息保护；19.9 无纸贸易；19.10 电子商务网络的接入和使用原则；19.11 通过电子方式传输信息；19.12 计算设施位置；19.13 非应邀商业电子信息；19.14 合作；19.15 网络安全；19.16 源代码；19.17 互操作性计算机服务；19.18 公开政府数据
知识产权章节	20.88 网络服务提供商；20.89 法律救济和安全港
投资章节	14.10 业绩要求（禁止强制技术转让、禁止歧视性技术要求）
电信章节	18.15 技术选择的自由
跨境服务章节	15.2 范围
部门附件	12. C. 2 使用加密的 ICT 技术

资料来源：王娟. 论 CPTPP 数字贸易规则及对中国的影响［D］. 济南：山东大学硕士学位论文，2020.

（四）欧盟

欧盟数字贸易规则体现了对欧洲数字单一市场的重视和对个人信息与隐私的保护。欧盟通过一系列协定，特别关注个人隐私保护和"视听例外"，建立了独特的"欧式模板"，为数字贸易规则的发展奠定了基础。然而，当前欧盟数字贸易规则体系仍存在不完善之处，缺乏独立和完整的整体规则框架。

欧盟自 2009 年起陆续发布了一系列数字化战略规划，其核心目的在于释放"数字红利"，促进无线通信业务和互联网的发展。2015 年，欧盟制定了《数字化单一市场战略》，旨在消除成员国间的法律和监管壁垒，实现数据信息的自由流动。2016 年 5 月，欧盟更新了《视听媒体服务指令》，明确规定了本地内容及平台责任。2017 年，欧盟又出台了《数字贸易战略》，制定了旨在保障跨境数据传输的欧盟成员国政策（徐华、魏然，2021）。这些战略规划凸显了欧盟对数字化经济发展的重视，旨在打破国家间壁垒、促进数字领域的合作与创新。

（五）TISA

数字贸易作为 TISA 框架下的关键议题，从 2012 年启动至今已经过多轮谈判和协商，目前尚未达成最终协议。TISA 旨在制定新兴数字领域的规则，跨境数据流动、个人信息保护、数据储存本地化以及互联网平台责任等是 TISA 谈判的核心问题，已在电子商务领域取得了一系列成果。在最近几轮谈判中，TISA 引入了一系列新提案，包括"消费者保护""垃圾信息""网络中立"和"源代码开放"等议题。具体条款涵盖了跨境信息流动、源代码开放、网络访问和使用、计算设施本地化、电子传输关税、在线消费者保护以及个人信息保护等内容，并强调了国际合作的重要性。

（六）RCEP

RCEP 是中国参与的最全面的区域贸易协定，其中的电子商务条款更为丰富，结构更加复杂，覆盖领域更广泛。相比中国此前签署的自由贸易协定，RCEP 在贸易自由化方面取得了显著突破（彭岳，2022）。

RCEP 数字贸易的内容涵盖了数字贸易便利化、数据安全与网络安全以及促进中小企业和民众数字参与。其中，数字贸易便利化包括无纸化贸易、电子认证和电子签名及数字关税等措施。数据安全与网络安全主要包括计算设施的位置、跨境数据流动、个人隐私保护以及网络安全等问题。而促进中小企业和民众的数字参与涉及了线上消费者保护和中小企业间的合作等内容（王娟，2020）（见表5-4）。

表5-4　RCEP 的数字贸易条款

RCEP 章节	条款
第 12 章电子商务	12.1 定义；12.2 原则和目标；12.3 范围；12.4 合作；12.5 无纸化贸易；12.6 电子认证和电子签名；12.7 线上消费者保护；12.8 线上个人信息保护；12.9 非应邀商业电子信息；12.10 国内监管；12.11 海关关税；12.12 透明度；12.13 网络安全；12.14 计算设施的位置；12.15 通过电子方式跨境传输信息；12.16 电子商务对话；12.17 争端解决
第 8 章附件 1 金融服务	附件 1.9 信息转移与信息处理
第 8 章附件 2 电信服务	附件 2.4 接入和使用；附件 2.21 技术选择的灵活性
第 10 章投资	10.6 禁止业绩要求
第 11 章知识产权	11.15 保护权利管理电子信息；11.55 域名；11.75 数字环境反侵权的有效行动
第 14 章中小企业	14.3 合作

资料来源：王娟. 论 CPTPP 数字贸易规则及对中国的影响［D］. 济南：山东大学硕士学位论文,2020.

RCEP 与 CPTPP 在跨境数据流动和数据本地化方面的规定有相似之处，但也存在差异。在跨境数据流动方面，RCEP 增加了例外条款以保护基本安全利益，在数据本地化方面，两者都禁止将数据本地化作为在东道国境内开展业务活动的条件，并强调合法公共政策目标的重要性。然而，在数字产品的非歧视待遇、为进行电子商务接入和使用互联网的原则、互联网互通费用分担和源代码的问题上，CPTPP 具有独特条款，而 RCEP 尚未涉及（彭德雷、张子琳，2021）。

RCEP 是全球最大的自由贸易协定，其中的数字贸易规则体现了中国、日本、韩国、新西兰、澳大利亚与东盟十国在数字贸易领域的共同期待。这些规则不仅为参与国家带来市场机遇，也为全球数字贸易规则的制定提供了重要参考。

（七）DEPA（数字经济伙伴关系协定）

DEPA 是全球首个专门解决数字经济问题的协定，旨在促进数字贸易和数字经济的发展。2020 年 6 月 12 日，DEPA 正式签署。2021 年 1 月 7 日，DEPA 开始在新西兰和新加坡之间生效。同年 11 月 1 日，中国正式提出加入 DEPA 的申请，表明其对数字经济发展的重视和加强国际合作的愿望。

DEPA 涵盖了 16 个关键领域，其中包括商业和贸易便利化、数字产品及相关问题的处理、数据管理、信任环境、商业和消费者信任、数字身份、创新与数字经济、数字包容、例外等。这些模块的规定都是为了构建一个更加开放、透明和包容的数字经济环境。同时，DEPA 还着重关注中小企业的参与，提供合作机会和支持，推动数字经济的创新和发展。另外，DEPA 还设立了透明度和争端解决机制，以确保协议的执行和落实。

DEPA 不仅包括了传统数字贸易规则，还增加了新的数字贸易规定，如对新的数字经济产业的大力发展，在金融数字技术和人工智能等新兴领域中，DEPA 提出了缔约方应该重视数据创新在公共领域中的作用，鼓励各方积极开展数字合作，为数字经济的持续发展奠定了基础。此外，DEPA 还规定了普惠性的数字政策，强调数字包容对于数字经济的重要性。确保所有人和企业都能平等参与、贡献并受益于数字经济的发展，构建一个更加开放和包容的数字贸易环境。为了有效监督和管理数字贸易事务，DEPA 首次设立了一个专门负责解决数字贸易问题的联合委员会，以保障各缔约方顺利进行数字贸易。

二、新一代自贸协定中数字贸易规则的主要内容

（一）"数字贸易"的定义

电子商务在国际社会中有着明确定义，早在 1998 年，WTO 就在《电子商务工作方案》中对电子商务进行了阐释，指出电子商务是指通过电子方式进行的货物和服务的生产、分销、营销、销售和交付。至今，WTO 的文件仍在沿用电子商务这一提法。不过近年来，发达国家如美国开始使用数字贸易这一说法。而数字贸易的内容被分为数字服务和数字产品，其中数字产品的定义尤为重要。美国与智利签订的自贸协定中"数字产品"被定义为"计算机程序、录音录像、视频、软件以及其他由数字技术传输的产品，包括存储在运营商中的数字产品，电子传输的数字产品"。这个定义一直延续至今，并且被美国国际贸易委员会在 2014 年的报告中修正，将数字贸易定义为"依托互联网技术，在贸易服务和产品的生产、运输和订购中扮演着重要角色的国内与国际贸易"，并划分了四种数字贸易类别：第一种是根据内容进行分类，包含视频、游戏、书籍、音乐等；第二种是社会网站；第三种是搜索引擎服务，分为专业及通用的搜索引擎；第四种是其他产品和服务，包括云交付的数据服务和计算服务、通信和软件服务（丁秀芳，2019）。在 2015 年的《美国与全球经济中的数字贸易》报告中，数字贸易又被定义为"国内商业和国际贸易中通过互联网或以互联网技术为基础，实现产品和服务的订购、生产和传输等商业活动"。更为引人注目的是，在 2019 年美国提交的《数字贸易协定》第一次使用了"数字贸易"这一新概念，目的是全面降低对数字贸易的管制，实现贸易的自由化。可以看出，美国认为当前各国谈判的议题已经超出了 WTO 传统电子商务的范畴，迫切需要升级规则名称。新概念的范围更广，并且不断更新，包含了跨境数据流动、非歧视待遇等新规则，既符合数字贸易的发展趋势，也符合美国实现贸易引领的雄心。

许多国际经济组织纷纷开始探讨数字经济的概念。尽管对于数字经济的内涵和外延尚无统一的界定，但其覆盖范围已经超越了传统的电子商务，包括数字内容、社交媒体、搜索引擎以及其他数字产品和服务等。在当前的 WTO 框架下，讨论的议题已经逐渐转向数字贸易领域。可以说，电子商务或数字贸易规则已从第一代升级到第二代。过去的"第一代"规则主要涉及电子认证、电子签名和无纸贸易等早期电子商务规则。目前，正处于"第二代"规则阶段，其中包括数字产品的非歧视待遇、跨境数据流动、源代码管理等规则。

（二）减少数字贸易壁垒措施

美国贸易代表办公室（USTR）将数字贸易障碍分为数据本地化障碍、技术障碍、网络服务障碍和其他障碍。其中，各国认为跨境数据流动的规制是数字贸易最大的障碍。为此，CPTPP 等自贸协议制定了禁止关税、非歧视性待遇及跨境数据自由流动等条款，倡导数字自由贸易，并呼吁各国共同努力消除数字贸易壁垒，为数字经济的发展创造更加开放、公平的环境。

1. 禁止关税原则

随着数字贸易不断发展，相关经济利益逐渐显现。然而，数字贸易所涉及的征税问题也越来越备受关注。发达国家在互联网服务、云计算等领域优势明显，因此通常主张对数字产品的跨境传输实施零关税政策，并在自贸协定中坚持这一原则。然而，作为数字产品的净输入国家，发展中国家却面临着竞争力不足的困境，因此它们大多主张对数字产品的跨境贸易征收关税。发达国家在数字贸易领域的关税政策方面也存在分歧。其中，美国倡导全面免除数字产品和服务的关税，促进数字贸易的自由化。然而，欧盟却持相反态度，对成员国居民通过网络购买商品和服务征收 20%的增值税，同时对非欧盟数字贸易运营商向欧盟消费者提供数字服务征收同样的税款（丁秀芳，2019）。1998 年，在 WTO 日内瓦部长级会议上通过了《全球电子商务宣言》，承诺对电子传输不征收关税。然而，这一承诺在后续的部长级会议中一再被延期。2024 年 7 月，WTO 公布了有关电子商务协议的文本，明确了电子传输的内容，即电子传输方式和电子传输的内容都在免关税的范围之内（冯迪凡，2024）。

（1）CPTPP。CPTPP 零关税的范围不仅包括电子传输本身，还包括其中的内容和数字产品。根据 CPTPP 规定，禁止成员国之间对数字产品的跨境传输征收关税，但各国允许对电子传输内容征收国内税费。CPTPP 的目标是消除数字产品跨境传输的贸易壁垒，促进成员国的数字贸易合作（王娟，2020）。

（2）USMCA。USMCA 规定，成员方不得对通过电子传输的数字产品征收关税或其他费用，以促进数字贸易的发展。然而，只要征收方式符合贸易协定，免除关税并不意味着贸易伙伴就不能对这些产品征收内部税费。

（3）RCEP。RCEP 电子商务章节规定，各成员国之间不得对电子传输征收关税，为促进跨境电子商务的发展营造了更加开放和便利的环境。但 RCEP 对以电子方式传输的内容，没有明确规定不能征收关税。

（4）DEPA。DEPA 协定规定，不得对缔约方之间的电子传输及传输内容征收关税，但是并未禁止对电子传输内容征收国内税、规定费用或其他费用（宋晓舒，2023）。

与 RCEP 相比，CPTPP 和 DEPA 规定更为严格，约束力也更强。CPTPP 和 DEPA 要求永久性免征关税，且强调不得对以电子方式传输的内容征收关税，而 RCEP 并没有明确表明不能对以电子方式传输的内容征收关税。

2. 非歧视性原则

WTO 的非歧视性原则是其基本原则之一，要求各成员国在贸易活动中对待其他成员的货物、服务、企业等公平、公正、平等、一视同仁。这一原则体现在最惠国待遇和国民待遇两个方面。数字产品作为贸易中的重要组成部分，也受到了非歧视待遇的约束。根据这一原则，成员方应确保其所获得的待遇不低于其他国家的待遇，从根本上保护了数字产品贸易的公正和平等，对于降低数字贸易壁垒和促进数字贸易自由化意义重大。然而，在数字产品的分类不确定性的情况下，有关国家在制定相关条款时存在争议。美国作为数字产品非歧视待遇的主要推动者，致力于帮助本国数字企业获得更大的竞争优势。相反，欧盟则较为谨慎，认为现有贸易协定的"投资"章节已有非歧视条款，无须重复设置。因此，在 TISA 谈判草案中的"数字贸易"章节没有非歧视条款（王娟，2020）。

（1）美国双边自贸协定。从 2003 年美国和新加坡签署自由贸易协定开始，到 2004 年美国和澳大利亚签署的贸易协定，再到 2007 年美国和韩国签署的贸易协定，都明确规定双方都不得对对方国家的数字产品和数字产品提供者实施歧视性待遇。

（2）CPTPP。CPTPP 要求给予进口数字产品非歧视性待遇，不得以本地化、转让技术、生产信息和专利等作为服务提供商进入市场的条件。此规定旨在防止本国数字产品以不公平手段获得优势地位，促进成员方之间数字经济的互相开放。然而，这些条款却排除了音像广播类内容适用非歧视性待遇，包括那些固定时间播放且消费者对播放时间无法进行选择的音频和/或视频产品。而 TPP 非歧视性原则的例外仅限于"广播"内容。

（3）USMCA。USMCA 强调了要给予其他成员方的数字产品及其提供者国民待遇。然而，USMCA 删除了 TPP 中的"广播例外"，这意味着一成员方对其他成员方的广播服务及其提供者也要给予国民待遇。

美国与加拿大在贸易谈判中一直就视听产业的保护和文化例外原则存在分歧。美国在数字文化产品输出方面具有极大优势，Netflix 视频网站就是视听产业的代表，因而，美国一直推动消除对视听产业的歧视性政策，而加拿大则坚持保护本国文化产业的立场，通过实施一系列限制性措施，如广播输入配额限制和外国广播许可证要求等，来抵制外来文化产品的输入，这些举措常遭到美国的批评。而在 USMCA 谈判中，美国成功地把"国民待遇"扩大到广播服务及其提供者（周念利、陈寰琦，2019）。

（4）DEPA。DEPA 设置了数字产品非歧视待遇原则，要求对于开放的数字产品和服务市场，政府要给予国内和国外数字产品和服务提供商同等待遇（黄先海、周禄松，2024）。

可见，在数字产品的非歧视待遇方面，首先是 USMCA 的开放度最大，其次是 CPTPP 和 DEPA，RCEP 开放度最低。

3. 禁止数据本地化要求

当前，全球数据跨境流动的贸易额已超过全球货物贸易额，因此，很多自贸协定都把跨境数据自由流动作为重要议题。美国认为，当前自由贸易协定的核心在于数字和信息的流动自由。然而，为了保护个人隐私和国家安全，一些国家纷纷出台数据本地化政策，规定必须在本国境内处理和存储数据。据统计，目前至少有 65 个主要国家，包括中国、印度、巴西等都采取了数据本地化政策。数据本地化措施固然有助于保护个人数据安全和国家网络安全，但是也提高了数字贸易企业的运作成本，对数字贸易发展形成阻碍。

当前WTO在跨境数据流动方面的规定缺失，尚未有具体规则允许跨境数据的自由流动，各成员国对于此项议题未能达成共识。一些国家倾向于数据本地化，要求数据在其领土内储存或处理。然而，在区域协定层面，一些国家已经开始尝试就跨境数据自由流动展开协商（王娟，2020）。美国主张数据的自由流动，反对数据本地化，并推动在自贸协定中纳入跨境数据流动条款。与此相反，欧盟出于对人权的保护，对于跨境数据自由流动持保留态度。而像俄罗斯、印度尼西亚这样的数字经济新兴势力国家则更倾向于实施数据本地化政策。

（1）CPTPP。CPTPP是第一个在亚洲区域的自贸协定中引进跨境数据自由传输条款，该条款规定了各方对计算机设施进行监管的权力，但同时也明确了禁止成员方将另一成员方的服务提供者在其境内使用或定位计算设施作为其开展业务的条件，除非为了达到合法的公共政策目标。另外，CPTPP规定各方需允许通过电子手段进行包括个人信息在内的跨境信息传输，但同样需要符合合法的公共政策目标（王娟，2020）。然而，CPTPP并未明确定义"各自监管要求"的具体范围，这导致一些国家可以以公共安全为借口，不履行数据跨境自由流动的义务，降低了条款的实际影响力（周念利、陈寰琦，2019）。

（2）RCEP。在跨境信息传输方面，RCEP采用了"承认+原则+例外"的规制模式。首先，承认是指RCEP承认各成员方的监管权并允许采取或维持相关措施。其次，原则是指成员方不得把在其境内使用或设置计算设施作为进行商业活动的条件，也不得阻止为进行商业活动而通过电子方式进行跨境信息传输。此外，RCEP要求跨境数据传输必须是为了进行商业和日常经营活动。由于金融服务方面的数据具有高度敏感性，因此，规定成员方可对金融服务提供者提出保护个人数据的要求，并提倡企业通过网络等方式公布个人信息保护的相关政策和程序（彭德雷、张子琳，2021）。最后，例外包括一般例外和安全例外，这些例外将在特定情况下予以考虑。

RCEP与WTO协定相比，在例外规定方面更倾向于给予成员方更大的自主权。首先，RCEP并未对成员方援引例外的事项范围进行详细列举，而是让其自行决定是否符合政策目标。其次，RCEP并未明确规定成员方援引一般例外或安全例外的具体条件。RCEP还规定在成员方援引安全例外时，其他成员方不得提出异议。相比之下，援引GATT和GATS的一般例外，有更严格的审查条件；援引安全例外也有具体的评判标准，成员方一般不能自行决定。

与RCEP相比，CPTPP在数字贸易规则的表述方式和对跨境数据流动的例外规则上有明显不同。首先，CPTPP 采取肯定式表述，并特别提到个人信息的传输。明确指出各成员国应当允许通过电子方式跨境传输包括个人信息在内的各种信息。RCEP 采取"正面清单"模式，仅明确允许日常营运数据的跨境流动，而没有明确消费者隐私及个人数据的跨境流动（全毅，2021）。其次，CPTPP 对在跨境数据流动方面的例外规定制定了严格的规则。在评判一成员方对信息传输是否采取了"超出实现目标所需的限制"时，不是由该成员国自行确定，而是需要根据统一标准进行判断（彭岳，2022）。

此外，RCEP 也禁止"计算机设施本地化"，并且与 CPTPP、DEPA 一样，剔除了安全例外原则。

（3）USMCA。随着云计算技术的发展，美国成为了全球领先的云存储设备供应国，并拥有诸如亚马逊和微软等强大的云服务供应商，它们能够向全球提供高效的数据储存和处理服务。然而，一些国家把在其境内提供云计算服务和使用当地基础设施挂钩，这损害了美国企业的利益。为此，美国推动 USMCA 制定了一系列新规则。USMCA 旨在鼓励跨境数据自由流动，直接删除了 TPP 中有关"监管需求"的例外规定（周念利、陈寰琦，2019）。同时，USMCA 禁止任何一方把要求服务提供者在其境内使用或设置计算设备作为从事业务活动的条件（张帆，2018）。此外，USMCA 第 19.12 条又一次强调"实施数据存储非强制本地化"，删除了 TPP 的监管例外和合法公共政策目标例外。这些条款的修改和更新进一步强化了"跨境数据自由流动"原则，提高了其执行效力，有利于维护美国的利益（周念利、陈寰琦，2019）。

（4）DEPA。DEPA 要求禁止"计算机设施本地化"，规定缔约方可以用电子手段跨境传输信息，包含个人信息；缔约方对电子传输信息的监管不能造成不合理的歧视或对贸易产生障碍（宋晓舒，2023）。

在跨境数据流动方面，CPTPP、DEPA 对数据跨境自由流动（包括个人信息）的要求较 RCEP 更严格，因为，RCEP 没有明确规定消费者隐私及个人数据的跨境流动。然而，这几个协定都规定了监管例外。与此不同，USMCA 鼓励跨境数据自由流动，并删除了 TPP 的监管例外。因此，USMCA 的开放度更大。

在计算机设施本地化方面，几个协定都禁止计算机设施本地化，并删除了安全例外。

4. 源代码条款

数字产品或服务中的软件源代码或源代码中的算法是包含商业秘密的核心技术。一些国家为了更准确地了解进入本国市场产品的技术水平会实施强制披露措施。然而，这种做法可能会对商业利益造成损害，甚至阻碍创新。源代码作为企业的核心资产必须得到有效保护。同时，国家为保证本国网络安全也需要掌握源代码信息。然而，目前各国并未制定明确的法律规定源代码的利用（王娟，2020）。

在 WTO 规则中，也没有对披露源代码做出明确禁止的规定。然而，美国担心其他国家获取源代码可能会威胁本国企业的利益，所以对源代码问题尤为关注。因此，美国在其主导的大型区域贸易协定 TISA 中，明确禁止缔约方将提供源代码作为企业进入市场的条件（周念利、陈寰琦，2019）。

（1）CPTPP。CPTPP 是首个包含源代码条款的自贸协定。规定成员方不得要求其他成员方的企业或个人转让或提供软件源代码，作为在其境内进口、分销、销售或使用该软件或包含该软件产品的条件，该规则仅适用于大众市场软件或包含该软件的产品，不适用于关键基础结构的软件。CPTPP 还规定了例外情况，包括政府为符合法律要求可以要求修改源代码，也可以要求在商业合同中披露源代码，同时只要保护措施完备，就允许法院在专利纠纷中要求披露源代码。CPTPP 还对密码产品技术做了规定。不过，CPTPP 没有明确"大众市场"和"关键基础设施"的定义，也没有明确源代码获取的范围，因此可能会导致争端。此外，该条款不利于政府对网络环境进行管理，也容易被犯罪分子利用（王娟，2020）。

（2）USMCA。USMCA 在重申 TPP 的条款基础上，对"源代码非强制本地化"规定进行了进一步的完善和扩展。除了保留了 TPP 中的要求，USMCA 还将"源代码中的算法"纳入了规定范围，增加了对软件领域的监管和规范。与此同时，USMCA 扩大了"源代码非强制本地化"的适用范围，删除了 TPP 中对"基础设施软件"不适用该规定的限制，使所有软件均适用于该条款（周念利、陈寰琦，2019）。

（3）RCEP。RCEP 协议并未具体规定有关源代码保护的条款，但提出了建立电子商务对话机制的构想，拟建立一个电子商务领域的对话平台，并纳入一些新的重要内容（彭德雷、张子琳，2021）。

（4）DEPA。DEPA 没有制定源代码条款，只要求保护加密技术。CPTPP、DEPA 都有关于密码产品技术的规定，禁止缔约方对于制造、销售、分销、进口或使用包含密码的 ICT 产品，强制实施或维持技术法规或合格评定程序（黄先海、周禄松，2024）。

可见，在源代码条款方面，USMCA 的开放度最大，规定源代码非强制本地化，所有软件均适用该条款，而 CPTPP 排除了关键基础结构软件的使用，并规定了例外。而 RCEP 和 DEPA 没有这方面的规定。

（三）保护消费者权益措施

保护消费者权益和个人数据自由流动是推动数字贸易发展不可或缺的两个方面。保护消费者权益可以引导消费者放心参与数字贸易，从而为数字贸易提供持续的数据支持。而保护个人数据的自由流动则是保障数字贸易顺利进行的基础。围绕数据保护的政策促使各国改善个人数据的保护水平，为个人数据在国际间的自由流动提供制度保障。保护消费者权益和个人数据自由流动两者相互依存、相互促进。只有当两者紧密结合，形成有效的数据流动机制，数字贸易才能实现持续、健康、稳定地发展。

1. 个人信息保护条款

个人信息作为隐私权的一部分，受到各国法律和立法的保护。近年来，随着数字贸易的兴起，个人信息保护已经成为国际贸易谈判的重要议题，并被纳入了CPTPP 等贸易协议的数字贸易章节。个人信息的保护不仅关乎个人隐私权，也直接影响到数字经济的发展环境。在个人信息保护方面，一部分国家主张数据自由流动，另一部分国家则主要强调保障个人隐私权和国家安全。然而，个人信息保护制度太过严格或宽松都有可能不利于数字经济的发展。因此，各国在制定个人信息规则时需要在数据自由流动和严格限制主义之间努力维持平衡（王娟，2020）。

（1）CPTPP。在 CPTPP 的框架下，各成员方被要求通过立法来保护互联网用户的个人信息。同时，CPTPP 还提出采取非歧视性待遇、公开个人信息保护体制和救济方式、建立跨境执法合作的多边协调机制等，以确保各国体制的兼容性，创造有利于跨境数据流动的商业环境。同时，CPTPP 还要求各国对侵犯个人数据和隐私权的行为采取共同打击的措施，强调通过对话和协商机制来规制这些行为。不过 CPTPP 没有规定解决隐私侵权的具体措施（周念利、陈寰琦，2019），也没有设立统一的个人信息保护标准，而是允许各国自行根据自身情况制定保护标准（王娟，2020）。

（2）USMCA。USMCA 制定了详细和具体的个人信息保护规则。首先，明确了建立个人信息保护法律框架可以借鉴亚太经合组织（APEC）的隐私框架和经济合作与发展组织（OECD）理事会《关于保护隐私和个人数据跨境流动的准则（2013）》。其次，规定了成员方在个人信息保护中的具体原则，如收集限制、选择、数据质量、目的规范、使用限制、安全保障、透明度、个人参与和问责制等。此外，该条款还强调任何对跨境个人信息流动的限制措施都应该是必要的并与相关风险成比例。最后，USMCA 还建议成员方借鉴 APEC 的跨境隐私规则体系以促进跨境信息传输的便利化（周念利、陈寰琦，2019）。

（3）RCEP。RCEP 要求成员方参考相关国际组织或机构的标准、原则、指南和准则来制定个人信息保护方面的法律，并为保护从其他成员方转移的个人信息进行国际合作。此外，RCEP 还增加了非应邀商业电子信息和网络安全方面的规定（彭岳，2022）。相较之下，CPTPP 强调成员方可以通过多种方式履行制定个人信息保护法律框架的义务，并鼓励推进各国个人信息保护体制兼容机制的建立。这意味着，如果某一成员方的个人信息保护体制符合相关国际机构的原则和指南，则其他成员方需承认该体制的合规效果，不应阻止跨境数据的自由流动。考虑到美国数据隐私法的现状，可以推测上述规定似乎是为美国量身定制的（王娟，2020）。

（4）DEPA。DEPA 规定了国内法律保护个人信息的原则，如信息收集限制、保证数据质量、说明信息用途、使用限制等，以及采用可信任数据保护标志，信息保护制度之间增加兼容和互操作性（宋晓舒，2023）。

在个人信息保护方面，USMCA 和 DEPA 的要求比 CPTPP 和 RCEP 更高，两者都制定了详细和具体的个人信息保护规则。而 CPTPP 和 RCEP 都没有规定解决隐私侵权的具体措施，也没有设立统一的个人信息保护标准。

2. 消费者保护条款

CPTPP 与其他贸易协定不同之处在于，它更加全面、成熟地规定了消费者保护条款，以适应跨境商务贸易的快速发展。要求成员国采取措施保护线上消费者的权益，其中包括在线用户保护、非应邀商业电子信息等。

CPTPP 强调成员国应意识到透明、有效的消费者保护措施对保护消费者不受网络欺诈活动影响至关重要。为此，各方需建立健全的消费者保护法律，禁止任何伤害或欺诈在线消费者的活动。此外，还应加强与其他国家消费者保护机构的合作，共同应对跨境贸易中可能出现的问题，从而促进消费者的福祉。

非应邀商业电子信息即垃圾短信，最早是在电信章节被提及。为了减少这些未经用户同意的信息给消费者带来的困扰，许多国家都通过立法明确了运营商的责任。这些举措旨在维护消费者对电信业的信心。CPTPP 作为一个重要的自由贸易协定，首次将非应邀商业电子信息纳入了电子商务章节。规定各成员方要求提供商提高接收者拒收垃圾短信的能力，并尽可能减少非应邀商业电子信息。协定还鼓励各方加强合作，并规定了救济措施。

当前，美国正在谈判 TISA 和 TTIP 协定，也涉及了消费者保护和非应邀电子信息的条款。CPTPP 等自贸协定制定的消费者保护条款，有助于各国强化消费者保护法律、创造可靠的数字贸易环境（王娟，2020）。

RCEP 和 DEPA 也有保护消费者权益条款，DEPA 的要求比 CPTPP 和 RCEP

更为严苛。DEPA 在 CPTPP 基础上，规定了对消费者的"欺诈、误导或欺骗性行为"的类型，包括对货物或服务的材质、价格、用途、数量或来源进行虚假陈述或声明等（黄先海、周禄松，2024）。

三、促进数字贸易便利化措施

随着国际贸易规则不断走向成熟，贸易障碍逐渐减少，数字化更是推动国际贸易迈向新的高度。然而，数字化也带来了各国政策和规则的频繁变化，导致沟通障碍再次出现。为了提高数字贸易的便利性，各国开始关注统一数字贸易规则这一议题。CPTPP 首次提出了关于标准化、网络合作、争端解决措施等方面的规定，为各国制定统一的数字贸易规则提供了范本。

（一）数字贸易标准化规定

随着数字贸易的发展，在全球范围内建立统一透明的数字标准化框架变得至关重要。数字贸易标准化措施是指通过建立国内电子交易框架、电子认证、电子签名、无纸化贸易等措施来统一和规范数字贸易流程，以畅通数字贸易、提高贸易效率。CPTPP、DEPA、RCEP 在国内电子交易框架、无纸化贸易方面的规则基本一致。

国内电子交易框架是指成员国管理电子交易所采用的国内法律框架。CPTPP 要求各成员国共同维护管理国内电子交易的法律框架，并要符合 1996 年的《电子商务示范法》原则。该框架意在减少不必要的监管负担，促进跨境业务的便利化，有助于执行各国的电子交易规则，为跨境电子交易提供指导。

电子认证是证明交易用户完成电子签名的电磁记录，而电子签名则是以电子形式识别签名人身份并认可其中内容的数据。CPTPP 强调各成员方应互相承认电子认证和电子签名的法律效力。RCEP 和 DEPA 也承认了电子签名的法律效力。

无纸化贸易，即电子数据交换（EDI），是指通过在电子通信中交换数据和文件的方式进行货物贸易。随着国际贸易的无纸化发展，无纸化贸易规则在数字贸易规则中显得尤为关键。CPTPP、RCEP 和 DEPA 等自由贸易协定都包含了无纸化贸易条款，其中规定成员方应尽力提供电子交易文件，并允许双方的电子文件互通。无纸化贸易比传统贸易更加高效便捷，有助于简化贸易流程、节约沟通成本、提高贸易效率（王娟，2020）。

电子支付。DEPA 协定提出促进电子支付系统的可交互操作性和联通性。建议采用国际认可的支付标准，使用和提供金融产品、服务的应用程序编程接口（API），加强对电子支付系统的监管，提出了发展跨境电子支付的原则与方式。

要求各国公布电子支付的法规，在有关数字身份的政策和法规、技术实施和安全标准方面开展专业合作（宋晓舒，2023）。

（二）网络安全事务合作条款

随着互联网在生活中变得越来越普遍，网络安全问题愈发引人注目，网络暴力、知识产权侵权等问题日益严重，一些国家也面临着恶意软件、数据泄露以及商业秘密窃取等严重威胁。为此，许多贸易协定呼吁各方保证网络安全，合作构建网络安全区域，以抵御网络威胁、保护网络安全（王娟，2020）。

RCEP、TPP 和 USMCA 等协定的相关章节纷纷强调了成员方必须认识到网络安全的紧迫性，并加强各国主管部门的网络安全能力建设和网络安全合作。USMCA 在此基础上更是规定要针对不断演变的风险来保障网络安全。

在数字贸易治理中，国际合作至关重要。无论是 TPP/CPTPP 还是 USMCA，都强调合作的必要性，但合作重点和合作方式有一定差异。TPP 要求各成员方共同帮助中小企业克服困难，交流数字贸易相关法规、政策和执法信息，促进消费者进行产品和服务的信息交流，积极参加区域和多边自由贸易论坛。USMCA 则更进一步，要求在电子商务法规、政策、执行和遵守方面交流经验，在个人信息保护方面加强合作。此外，还规定为协调隐私保护制度建立对话机制，帮助信息技术处于劣势的服务提供者有机会进入市场，促进跨境个人信息保护机制的发展（周念利、陈寰琦，2019）。

CPTPP 要求各方推动建设更加包容和安全的数字贸易环境，共同开发自我监管网络安全工具，帮助企业克服使用自由贸易协定的障碍。尽管这些条款没有强制力，却是第一次提出通过合作帮助成员方克服数字贸易障碍，并强调了在消费者保护等方面进行合作。此外，CPTPP 鼓励各国消除因互联网管制差异而导致的贸易障碍，保证开放和自由的网络环境（王娟，2020）。

四、新兴技术与数据驱动型创新

DEPA 创新性地提出了一系列新议题，包括金融科技、人工智能等新兴技术、数据驱动型创新、中小企业合作等。

（1）金融科技。DEPA 提倡开展金融科技合作，并明确了合作主体、内容与环境。鼓励缔约方金融科技产业之间、部门内部企业之间开展合作，创新性地开发金融科技解决方案；鼓励金融科技部门开展创业协作或创业人才协作。

（2）人工智能。DEPA 提出人工智能治理框架，建议缔约方遵循国际认可的原则，运用人工智能治理框架。在人工智能的跨境使用方面，建议缔约方确保框架的国际一致性，以便利人工智能技术的接受和使用。

（3）监管沙盒。DEPA 鼓励跨境数据驱动型创新。为促进数据驱动型创新，缔约方应在数据共享项目、数据沙盒等方面进行合作。数据沙盒是基于各国法律框架建立的数字跨境业务合作的安全测试区，数字企业在受限的安全测试区运行应用程序。DEPA 要求缔约方在数据监管沙盒内进行密切合作，创建可信赖的数据共享和许可协议环境，支持数字企业的数据开放、共享和创新，推动数字商业模式发展。

五、创造参与数字技术的机会

（1）增强中小企业数字贸易和投资合作。DEPA 提出要充分利用数字化工具和技术，帮助中小企业获得信贷、参与政府采购以及适应数字经济。缔约方应鼓励中小企业参与数字平台，增加商业联系。

（2）中小企业信息共享。DEPA 建议缔约方通过政府机构、其他网站或电子转换为中小企业提供最新信息，并促进数字中小企业加强对话（宋晓舒，2023）。

六、争端解决措施

一些自贸协定没有单独规定数字贸易争端的解决方式。而 CPTPP 规定数字贸易的争端适用于 CPTPP 的争端解决措施，不过，规定马来西亚和越南可以享受两年的过渡期。此外，CPTPP 还鼓励各成员方相互开放网络，积极进行协商，促进沟通，减少纠纷（王娟，2020）。

七、跨境服务条款

由于数字贸易与投资、服务贸易是相互关联的，因此，CPTPP 中投资、跨境服务贸易和金融服务章节中的规定，也适用于数字贸易。例如，CPTPP 第10.6 条市场准入条款规定，成员国不得把其他成员国的服务提供者在其境内设立代表处或企业，或在其境内居住，作为提供跨境服务的前提条件（王娟，2020）。

由表5-5可知，在多数议题上，USMCA 和 DEPA 的开放程度更高，RCEP的开放程度较低。DEPA 更重视数字经济包容、创新发展；USMCA 重视跨境数据自由流动、数字产品的非歧视待遇和保护源代码；CPTPP 提倡信息共享与跨境数据流动，鼓励国际合作；RCEP 比较重视贸易便利化和电子商务环境的改善，以推动电子商务的发展（甘露，2023）。

表 5-5　WTO 与新一代自贸协定中数字贸易规则的比较

	WTO	CPTPP	USMCA	RCEP	DEPA
禁止关税原则	电子商务协议明确电子传输方式和电子传输的内容都免关税	对电子传输和以电子方式传输的内容永久性免征关税	不得对通过电子传输的数字产品征收关税	不得对电子传输征收关税，没有表明不能对以电子方式传输的内容征收关税	对电子传输和以电子方式传输的内容永久性免征关税
非歧视性原则	TISA 谈判草案中的"数字贸易"章节没有非歧视条款	要求给予进口数字产品非歧视性待遇，排除了音像广播类内容适用	给予其他成员方的数字产品及其提供者国民待遇，删除了"广播例外"	未明确规定非歧视性原则	给予国内和国外数字产品和服务提供商同等待遇
跨境信息传输	没有具体规则允许跨境数据的自由流动	强制允许数据跨境流动，规定缔约方可以用电子手段跨境传输信息，包含个人信息，缔约国可有各自的监管要求，例外规定较严格；禁止"计算机设施本地化"，剔除了安全例外原则	鼓励跨境数据自由流动，删除了 TPP 中"监管需求"的例外；实施数据存储非强制本地化，删除了 TPP 的监管例外和合法公共政策目标例外	允许日常营运数据的跨境流动，没有明确消费者隐私及个人数据的跨境流动，缔约国可有各自的监管要求，保留安全例外条款，例外规定方面成员方有较大自主权；禁止"计算机设施本地化"，剔除了安全例外原则	强制允许数据跨境流动，规定缔约方可以用电子手段跨境传输信息，包含个人信息，缔约国可有各自的监管要求；禁止"计算机设施本地化"，剔除了安全例外原则
源代码条款	没有对披露源代码做出明确禁止的规定	规定源代码非强制本地化，仅适用于大众市场软件或包含该软件的产品，不适用于关键基础结构的软件，规定了例外情况	源代码非强制本地化，将"源代码中的算法"纳入了规定范围，规定所有软件均适用该条款	未具体规定有关源代码保护的条款	DEPA 没有制定代码条款，只要求保护加密技术
个人信息保护条款	无相关条款	鼓励建立各国个人信息保护体制兼容机制，要求对侵犯个人数据和隐私权行为共同打击，强调对话和协商机制；没有设立统一的个人信息保护标准	制定了详细和具体的个人信息保护规则，建议成员方借鉴 APEC 的跨境隐私规则体系促进跨境信息传输的便利化	要求成员方参考相关国际组织的标准、原则制定个人信息保护的法律，强调国际合作；没有设立统一的个人信息保护标准	规定了国内法律保护个人信息的原则，以及采用可信任数据保护标志，信息保护制度之间增加兼容和互操作性

	WTO	CPTPP	USMCA	RCEP	DEPA
消费者保护条款	无相关条款	要求成员国采取措施保护线上消费者的权益,其中包括在线用户保护、非应邀商业电子信息等	设置线上消费者权益保护条款,包括在线用户保护、非应邀商业电子信息等	设置了保护消费者权益的条款,增加了非应邀商业电子信息和网络安全的规定	在 CPTPP 的基础上,规定了对消费者的"欺诈、误导或欺骗性行为"的类型
数字贸易标准化	无相关条款	维护国内电子交易框架,承认电子签名的法律效力,包含无纸化贸易条款	维护国内电子交易框架,承认电子签名的法律效力,包含无纸化贸易条款	维护国内电子交易框架,承认电子签名的法律效力,包含无纸化贸易条款	维护国内电子交易框架,承认电子签名的法律效力,包括无纸化贸易;重视构建可交互操作的电子支付系统和数字身份
新兴技术与数据驱动型创新、创造参与数字技术的机会	无相关条款	无相关条款	无相关条款	无相关条款	提出金融科技、人工智能、数据驱动型创新、中小企业合作等新议题

资料来源:笔者根据相关资料整理。

第四节　数字贸易新规则的特点与发展趋势

现代数字经济的蓬勃发展使数字贸易规则变得日益重要,CPTPP 和 USMCA 等协议为数字贸易设立了约束性规则,为区域贸易协议和 WTO 更新带来推动力。数字贸易新规则的特点包括高标准的市场准入水平、注重数据流动的自由和隐私保护、促进跨境电子商务发展、规范人工智能等新兴技术的应用等。

一、市场准入水平大大提升

数字贸易的核心在于数据和信息的跨境自由流动。CPTPP、USMCA 等自由贸易协议通过禁止数据本地化措施,使数字贸易壁垒大大降低,推动了跨境数据自由流动,有利于实现高层次的市场准入和数字贸易的自由化。CPTPP 还要求成员方对服务贸易的市场准入做出负面清单承诺,降低了数字产业投资的准入门槛，减少了对服务贸易模式的限制（王娟，2020）。然而，对于数字经济发展滞后的国家而言，降低数字贸易的市场准入门槛也意味着对本国数字贸易产业竞争力的削弱。

二、数字贸易体制不断走向自由化

21世纪以来，全球贸易由线下逐步转为线上，跨境数据流动已成为企业日常运营的重要组成部分。为了构建一个支持全球数字贸易的有利环境，必须根据数字贸易的特点更加深入地考虑便利化措施。当前，数字贸易便利化主要包括简化数字产品通关程序、促进无纸化交易、实现数据互联互通，以及推动政府间信息共享（王娟，2020）。这些措施对于促进数字贸易的发展至关重要，也为企业提供了更多便利和机遇。

尽管WTO的《全球电子商务宣言》承诺对电子传输免征关税，但并没有要求强制执行。2024年7月WTO公布的《电子商务协议》规定对电子传输方式和电子传输的内容都免关税，这是暂免关税和永久免关税两种意见的折中，原则上永久免关税，但需要以五年为期定期评估。然而，CPTPP明确规定了对以电子方式传输的内容永久性免征关税，进一步削减了数字贸易壁垒，推动了数字贸易自由化。CPTPP要求成员国的国内贸易措施要符合联合国标准，包括遵守《电子商务示范法》和《国际合同使用电子通信公约》的相关规定。此外，CPTPP还鼓励成员方根据国际标准推动贸易的无纸化，以降低贸易成本，提高贸易效率。同时，CPTPP还增加了网络安全事务合作条款，通过加强成员国之间的合作，创造安全、可靠、稳定的网络环境，这有利于促进商务往来、保护消费者和企业的利益（王娟，2020）。通过这些规定和条款，CPTPP为构建深度的数字自由贸易规则奠定了基础，促进了数字贸易自由化。

三、对个人权益进行全方位的保护

数字贸易的发展使消费者面临个人数据泄露、信息不对称和电信诈骗等诸多风险。由于消费者在网络交易过程中的深度参与，个人数据已经成为其身份信息的代码。因此，在利用个人数据的同时，加强对个人数据的保护成为焦点问题（王娟，2020）。

CPTPP规定成员要制定消费者权益保护法，加强消费者权益保护，同时对企业的责任加以规范，减少垃圾信息的网络传播和电信诈骗。这有利于创造和谐的网络环境，增强消费者信心，推动数字贸易的发展。由于在大数据时代个人数据的广泛传播和使用成为普遍现象，要解决跨境数字流动和个人数据保护之间的矛盾需要各国政府的共同努力和合作。因此，CPTPP 主张各国共同制定个人数据保护规则，并致力于推动国际合作。此外，USMCA 也提出了将亚太经合组织（APEC）跨境隐私规则体系作为有效机制，通过促进国际合作，帮助消费者进行跨境投诉。

四、数字贸易规则内容将不断升级和扩充

USMCA 的数字贸易规则是美国在数字贸易方面的最高标准。然而，美国并不满足于现有的数字贸易规则。在今后的自由贸易谈判中，美国还会致力于提高和拓展数字贸易规则。例如，在与数字贸易有关的知识产权领域，美国曾提出不仅要加强知识产权保护，还要为授权"正当使用"版权内容制定新的规则。这是由于知识产权保护有可能对用户使用大数据分析、网络资料收集、源代码和云计算技术应用等数字内容服务起到限制作用。因此，对"正当使用"版权内容的范围进行合理界定可以保护用户的合法权益。美国依靠"正当使用"版权内容的产业每年创造超过 4 万亿美元的收入，此外，授权"正当使用"版权还可促进美国 3680 亿美元的相关产品出口。美国的国内政策已为"正当使用"版权做好了准备，但 USMCA 还没有制定该项规则。因此，美国会在未来的数字贸易谈判中努力纳入该项规则，以促进美国的数字产品出口（周念利、陈寰琦，2019）。

五、数字服务的市场准入水平和国民待遇承诺将不断提高

美国在 USMCA 谈判中要求其他成员的数字服务市场准入水平和国民待遇承诺不断提高。这一诉求的关键在于监管透明度的提升和促进电信市场准入的独立管理机构的建立。在 USMCA 谈判中，尽管已部分实现美国的要求，如电信章节中对公共电信服务转售限制、电信行业授权和透明度的规定，对电信部门要求进行透明和非歧视的监管，然而加拿大在电信服务市场准入方面还没有实质性的让步。在 USMCA 附件 1 中，加拿大仍保留了对外资投资电信企业的股权限制，外资股权比例不得超过 46.7%，董事成员中加拿大国籍的比例需达到 80%。此外，加拿大还要求对外资直接收购加拿大企业进行审查。因此，美国会在未来自贸协定的谈判中努力使数字服务的市场准入水平和国民待遇承诺不断提高（周念利、陈寰琦，2019）。

六、开始重视新兴技术与数据驱动型创新

DEPA 重视数字经济包容、创新发展，创新性地提出了一系列新议题，包括金融科技、人工智能等新兴技术、数据驱动型创新、中小企业合作等。

DEPA 提倡缔约方应当促进金融机构和金融技术企业间合作、产业间合作、创业协作项目或创业人才协作。

DEPA 提出鼓励跨境数据驱动型创新。一是数据驱动的创新通过跨境数据流动和数据共享加以实现。企业共享包括个人信息在内的数据。二是通过可信任的数据共享结构和开放许可协议等数据共享机制，进一步增强创新。缔约方可通过在数据共享、数据监管沙盒等方向开展合作。

第五节 中国在数字贸易方面的政策规定

中国已经制定了《中华人民共和国网络安全法》《中华人民共和国数据安全法》等法规和政策，为数字贸易发展奠定了法律基础。尽管如此，中国的政策法规与 CPTPP 等自由贸易协定的数字贸易规则仍存在较大分歧。其中包括跨境数据流动、计算设施本地化、数字产品非歧视待遇以及源代码等的知识产权保护方面。特别是在数字知识产权方面，中国暂不支持源代码条款（见表 5-6）。

表 5-6 WTO 框架下中美提案涉及的数字贸易议题

议题/成员	中国	美国
电子传输免关税	√	√
数字产品免关税		√
简化边境措施	√	√
无纸化贸易	√	
提高政策透明度	√	
改善数字基础设施	√	
电子签名和电子认证	√	
非歧视原则		√
数据跨境流动		√
本地化措施		√
保护关键源代码		√
在线消费者保护	√	√
建立统一标准		√

资料来源：笔者根据第一财经的相关资料整理。

一、对"跨境数据自由流动"的谨慎态度

美国政府积极推动数字贸易发展,着力维护数字产业竞争优势,并制定数据跨境流动规则,CPTPP 等协定均包含跨境数据自由流动规则(张俊娥、董晓红,2021)。

然而数字信息的跨境流动可能使国家主权、企业及个人的数据信息安全面临着严峻挑战。技术先进国家,其数据的收集、分析和掌握更加迅速和便利,而技术落后的国家更多的是要向其他国家购买数据,不能掌控数据的自主权。如果发达国家对数据的跨境传输进行限制,技术落后国家的劣势会进一步加剧,并丧失主动权。此外,数据跨境流动便于数字技术先进的国家传播其文化理念,对技术落后国家会产生文化冲击,并可能会导致其失去自主发展的权利。此外,数据信息的跨境流动还可能会导致企业机密泄露或个人隐私权被侵犯,带来严重的安全隐患。

因此,中国对"跨境数据自由流动"持谨慎态度。《中华人民共和国网络安全法》第五十条规定,对于跨境流动的数据必须进行严格的监督管理,一旦发现与现行法律法规有冲突,必须立刻限制甚至停止传输(李轩、李珮萍,2020)。此外,2019 年国家互联网信息办公室的《个人信息出境安全评估办法(征求意见稿)》要求网络运营者在个人信息出境前向省级网信部门申报安全评估、完成保护认证等,经过核查和专家评估后才可出境(张俊娥、董晓红,2021)。2021 年 10 月,国家互联网信息办公室发布的《数据出境安全评估办法(征求意见稿)》,对安全评估的具体程序、标准合同和机构认证进行了规定(黄先海、周禄松,2024)。这表明中国对跨境数据管理十分严格,因此,与 CPTPP 等协定中的跨境数据自由流动规则存在矛盾。如果接受这些规则,可能对中国的意识形态安全构成挑战。

二、对数据存储地的要求

CPTPP 等协定规定禁止数据存储本地化,但为了网络安全考虑,《中华人民共和国网络安全法》要求关键信息基础设施运营者将境内收集、产生的个人信息和重要数据存储在境内。不同行业有相应文件对关键信息进行细分,如金融行业要求境内手机的个人金融信息应在中国境内存储处理分析。尽管美国要求中国放宽企业本地存储数据的要求,但中国并未做出退让,如 Meta 等美国数字公司想进驻中国仍需数据存储本地化(张俊娥、董晓红,2021)。尽管美国提倡数据存储地自由化,但却常以国家安全为由,要求企业必须将数据存储在美国。中国的

TikTok、WeChat 在准入前就承诺要将数据存储在美国。因此，在这方面美国存在双重标准。

三、在数字知识产权保护方面的规定

在数字知识产权保护方面，中国与 CPTPP 等自贸协定有一些差异。首先，在源代码本地化方面，《中华人民共和国网络安全法》及有关文件要求相关国家机构对网络关键设备和线上安全产品进行安全审查，这要求被监管企业提供软件源代码及算法，与 CPTPP 等协定的源代码保护有所冲突。其次，在数字内容版权保护方面，CPTPP 等协定对版权保护要求很高，而中国认为太过严格的版权保护增加了专利等知识产权的许可费用，对产业升级造成不利影响。因此，还没有以法律形式制定数据知识产权保护规则。最后，在互联网服务提供商的责任与义务方面，与美国相比，中国在认定方面更为宽松，规定近似于"美式模板"的"通知—删除"规则，但存在一定差异（张俊娥、董晓红，2021）。

四、对数字产品实施非歧视性待遇方面的规定

USMCA 等自贸协定把数字产品非歧视待遇的范围扩大化，发达国家在信息产业方面拥有更强的竞争优势，一旦实行非歧视待遇，可能对发展中国家的信息产业造成负面影响。中国作为一个发展中国家，也将面临国外数字巨头的竞争压力。因此，中国在一些关系国家安全和经济命脉的领域会制定特殊的准入措施。以电信业务为例，《外商投资准入特别管理措施》第七条规定，外资从事增值电信业务，其持股比例必须保持在 50% 以下。尽管 2019 年颁布的《中华人民共和国外商投资法》提出了扩大对增值电信领域的开放，但依旧会通过股比限制等措施排除一些特定部门。虽然国务院已经表示北京市将取消电信业务的外资持股比例限制，并扩大相关地区服务业开放示范区的范围，但全国范围内的开放仍未进入议程。

另外，由于中国的数字产品方面的法律还不够成熟，因此，对文化市场实行有限开放，在影视、出版等数字产品方面的内容进行审查和管控较严格，互联网新闻信息、网络出版、网络视听等领域被列入外资准入负面清单，是禁止投资领域，并且严格把关和审查境外影视节目。因此，中国没有对数字产品实施非歧视待遇。

可见，虽然中国在数字领域的开放度不断扩大，但仍与 CPTPP 等协定的规定有一定差距。

五、数字便利化方面的规定

在电子传输免关税方面，目前中国已对 RCEP 的关税规则进行了承诺，同意不对电子传输征收关税，但对电子传输永久免关税没有承诺。

在电子签名和电子认证方面，我国的《电子签名法（2019 修正）》《电子认证服务管理办法（2015 修订）》已对电子签名和电子认证进行了规定，中国在电子交易、无纸化贸易等方面优势明显，但还是存在不承认电子签名、电子认证机构互认存在困难等问题。

六、个人信息保护和消费者保护方面的规定

在个人信息保护方面，《中华人民共和国个人信息保护法》《中华人民共和国网络安全法》对个人信息保护进行了总体性规定，也对不同行业的信息安全和保护进行了具体规定，但依然存在售卖、盗用个人信息，以及一些企业为商业目的利用个人信息的现象。

在消费者保护方面，中国还没有制定保护网络消费者权益的法律，对网络纠纷解决能力不足，对在线消费者权益的保护不够，与 CPTPP 等协定的消费者保护规则存在一定差距。

在非应邀性商业电子信息方面，我国的《互联网广告管理暂行办法》《个人信息安全规范》《网络交易监督管理办法》对非应邀性商业电子信息进行了规定。与 CPTPP 等协定基本一致，对于非应邀性商业电子信息的提供者进行了限制，重视保护信息接收者的权益（黄先海、周禄松，2024）。

第六节　数字贸易新规则背景下中国的对策

美国、欧盟和日本等发达国家和地区在全球数字贸易规则的构建中处于主导地位，它们通过制定"美式模板""欧式模板"等，影响范围广泛。随着数字贸易的快速发展，区域性数字贸易规则不断涌现，这种量的积累最终将导致质的飞跃，促使 WTO 框架下全球数字贸易规则的产生，实现数字经济的一体化进程。发达国家为了支持本国数字经济发展，抢占全球数字市场份额，必然会积极推动 WTO 成员国参与全球数字贸易规则的建设，推动全球数字贸易体系的完善。

中国与新一代自贸协定中的数字贸易规则存在分歧，尤其是在跨境数据流

动、计算设施本地化、数字产品非歧视待遇和知识产权保护等方面。此外，中国国内的法律体系不能完全适应高水平的数字贸易规则，尤其是与数据安全有关的法律制度与 CPTPP 的规则存在矛盾。政府缺乏网络治理经验和处理问题的有效工具。此外，社会监督机制尚未完善，数字贸易发展所需的信息安全环境尚未建立起来。

中国已签署的自贸协定中存在电子商务规则和数字贸易新规则之间的差距较大，这将给中国在未来的国际谈判中带来被动局面。目前，中国已签署了 19 个自贸协定，其中只有《中国—韩国自贸协定》（2015 年）、《中国—澳大利亚自贸协定》（2015 年）、《中国—新加坡自贸协定升级》（2018 年）包括电子商务条款。然而，这些条款只涉及浅层规则，如电子认证、电子签名、网络消费者保护、个人信息保护和无纸贸易等，而未包含"CPTPP+数字贸易"规则。这些浅层规则有各种缺陷，不能适用于争端解决，无法应对快速推进的"CPTPP+数字贸易"规则。随着中日韩、中国与新西兰、韩国、秘鲁自贸协定升级谈判的进行，日本、新西兰、秘鲁等 CPTPP 成员国的参与，将很可能围绕数字贸易规则展开电子商务谈判。若未来中国签订的区域贸易协定不包含高标准的数字贸易条款，将难以融入数字区域一体化，面临边缘化的风险（李墨丝，2020）。

可见，构建和完善全球数字贸易规则体系是必然的且具有持续性，中国需要制定符合自身利益的数字贸易规则，并在全球范围内推广"中式模板"规则，这不仅有利于维护自身利益，也有利于适应全球数字化进程，促进数字贸易健康发展。

一、深入研究数字贸易规则

全球数字规则的治理体系已经基本形成，并且在多边、区域、诸边与双边框架下持续演变。中国需要深入了解全球数字贸易规则的发展情况，分析自身的利益诉求，尽早研判在 WTO 电子商务谈判中的立场主张。这要从界定数字贸易的定义、口径、分类以及统计测算等基础性研究开始，特别是在统计框架和指标体系上要尽快与国际前沿标准和方法接轨。

二、实现跨境数据流动分级分类监管

目前，数字贸易规则的主要分歧是在跨境数据流动、数据本地化和源代码等议题上。在保证国家安全的前提下，中国要保障合规的跨境数据流动，并使其有序进行。为实现这一目标，中国可以建立数据存储监管和数据自由流动体制，设置安全例外，逐步消除影响数据流动的因素和制度。

个人、企业和国家数据由于重要性不同，涉及的风险也不同。在数据监管方面，欧美国家都采取了分类管理的方式，中国也应该借鉴这些经验，分类管理本土数据。对关乎国家经济命脉的领域，如金融、石油、电力和水利等，应限制跨境数据流动，要求在国内建立数据中心，避免重要数据泄露，加强数据安全管理和保护，维护国家安全。对于与政府有关的数据、企业商业秘密和个人隐私数据，也应禁止跨境流动和转移。而对于普通中小企业的不敏感数据和个人数据，则可以放宽数据流动的要求，允许跨境流动，促进数字贸易的发展（徐金海、周蓉蓉，2019）。此外，对于减少数据流动限制对国内监管目标的影响，国内监管机构需要进行评估，寻找可替代的行动方案，审查其他国家有效的做法，并评估这些方法的成本和效益。

三、完善数据安全和监管制度

在当今数字化时代，数据的流动和管理已经成为国家发展的重要战略。首先，明确数据流动中的产权归属，并保护国家信息数据主权，确立完善的数据存储与流通制度，强化数据流动的安全保护措施。同时，应建立政府与政府间、政府与企业间的信息共享机制，并加强对隐私数据的安全保护，以建设高效的数据信息清单。其次，为了适应数字金融、数据通信和数字知识产权等多领域的快速发展，需搭建相应的配套监管制度。在国内国际双循环的发展格局下，开放的数字监管体系的建立，除了有利于企业与个人的数据利益和信息安全的维护，还能对有损于国家利益的违法信息进行有效识别和排除。最后，应加强境外数据监管体系建设，确保数字贸易及相关产品服务不违反中国法律法规。在跨境数据流动标准格式合同管理、安全协议限制和跨境数据流动风险评估等方面，制定配套监管措施（徐金海、周蓉蓉，2019）。同时，应建立数字贸易核算体系和数据库，进一步加强中国在数字经济领域的管理和监管能力。

四、完善数字知识产权保护机制

为加强知识产权保护，中国应制定更加高水平的法规，加强知识产权的保护。特别针对数字产品的保护难题，应出台专门的法律法规，增强对数字内容的版权保护力度，以提升国内对数字产品的关注度，同时尝试与美国及CPTPP的知识产权保护水平接轨。在个人信息保护方面，中国应加快制定《中华人民共和国个人信息保护法》，以保护数据主体的合法权益。同时与互联网监管部门联合设立专门的监督机构，对企业为商业目的利用个人数据进行限制，违法泄露信息的企业要公示，并加大对违法行为的处罚力度。在国际层面，通过与国际组织合作，探究全球个人数据保护途径，并建议在多边谈判中纳入个人数据保护合作条款，完善数据保护协议，共同应对跨境数据流动等问题。在网络数据安全领域，应建立国内技术保护制度，防止信息泄露，维护国家安全（王娟，2020）。

五、在数据存储地规则方面，兼顾数据主权与经济发展

中国在制定数据存储地规则时，应当始终坚持数据主权优先原则，保障数据安全。对于纯商务型的数字企业，要慎重考察其数据采集对国家安全可能产生的影响。在保证安全的情况下，可以对数据存储地给予适当放宽。以阿里巴巴为例，为拓展国外市场，把数据存储中心设立在马来西亚、卢旺达、美国、澳大利亚等国家。这使企业快速融入东道国市场，还对东道国经济发展起到促进作用。因此，中国在谋划数据存储地规则时，需要寻求数据主权和开放性之间的平衡，以确保数据安全的同时，促进数字经济行业的健康发展。

六、以"负面清单+分类管理"模式促进国内市场有序开放

通过"负面清单+分类管理"模式，我们可以实现对网络数据的精准管理。这一模式允许国内用户自由访问"负面清单"之外的网站，同时将各类数据划分为可自由流动和不可自由流动两种。对于涉及国家安全、公共安全、政府数据、商业机密以及个人隐私等敏感数据，我们将其列入不可自由流动范畴，禁止其自由传播。对于其他数据，则可以自由流动。这种管理模式不仅能够保护重要数据的安全，还能够促进信息的自由流动，实现信息管理的双赢局面。

关于源代码问题，应适度放宽源代码的开放禁令，对于一些低敏感度的基础设施软件，可以考虑在开放禁令的范围内纳入。然而，对那些关乎国家安全和经济命脉的高敏感度的基础设施软件，应设立源代码披露的负面清单。同时，应规定政府只有对源代码进行审查的权力，不能将其提供给本地企业。此外，应开放企业复议通道，确保投诉渠道畅通，提升政策透明度，以确保公平公正（王娟，2020）。

七、加快数字贸易顶层设计和政策制定

尽管2019年中共中央和地方政府相继颁布了一系列相关法律和政策文件，但与发达国家相比，中国数字贸易规则的战略布局和政策制定仍显滞后。因此，中国应当将数字贸易纳入国家战略，加强数字贸易规则的顶层设计和政策制定（章思勤、宾建成，2021）。首先，根据数字贸易的发展特点，应制定和

完善数字产业相关政策，改革体制机制，优化通关、支付、物流、结汇等服务支撑体系，加快数字和网络基础设施建设，降低企业数字贸易的运营成本。其次，以数字贸易发展领先的城市为试点，探索出适合中国国情的数字贸易发展模式。通过推动中国自贸区建设，加强区域贸易协作，逐步建立一套中国的数字贸易规则（徐金海、周蓉蓉，2019）。另外，应努力促进数字传输与交付服务贸易的发展，促进跨境数据流动安全有序地进行，改革与创新这些方面的数字贸易规则与措施。在国家层面，应加强与其他国家和地区的数字贸易规则对接。这样才能促进数字贸易的顺畅发展，实现中国数字贸易规则的提升和国际竞争力的增强。

八、创建多边数字规则谈判的中国模式

中美两国，作为全球数字贸易的重要国家，其合作对制定全球数字贸易规则具有重大意义。不过，在跨境数据流动、数字知识产权与个人信息保护等核心议题上中美两国存在重大分歧。对此，中国应当积极应对，而非被动接受美国制定的规则。在谈判策略上，我们应展现出足够的弹性和智慧。对数据本地化等分歧较大的议题，可以先搁置，而在隐私保护、市场准入、知识产权等分歧较小的领域寻求共识。这种策略性的妥协和让步，有助于我们逐步缩小与美国的分歧，同时也能够为中国在数字贸易领域赢得更大的发展空间。不仅如此，在全球治理的层面，中国除了加强与美国的合作推动全球数字贸易规则的完善和发展以外，还要在构建未来的中美自贸协定和超亚太自贸区的过程中，与各国共同建立一个互联、开放、普惠、共享的数字贸易规则新框架（王娟，2020）。

与此同时，多边框架下的数字规则谈判也显得至关重要。在这个平台上，不同国家的数字经济发展理念和利益将得到充分的展示和碰撞。作为世界第二大经济体，中国应积极参与这些谈判，坚定地维护自身的发展利益。在谈判过程中，我们应当坚持多维安全、包容普惠、可持续发展的理念，努力构建符合中国利益和理念的"中国模式"。同时，我们也应该积极联合那些与中国有共同利益和诉求的国家，共同提升在多边框架下数字规则谈判中的话语权。此外，我们还应当注重传统数字规则议题的谈判，在与发展中成员达成共识的基础上，形成反映多数发展中成员利益的联合提案。而在高标准的数字规则谈判中，中国应当探索与发达国家合作共赢的路径，如坚持数字包容理念、设置例外条款和过渡期、加强技术援助与能力建设等（王娟，2020）。

此外，中国与"一带一路"共建国家在数字贸易规则方面诉求较为相似，这为我们在谈判中寻找共识提供了便利。借助"一带一路"倡议，中国可以在

数字贸易领域与共建国家开展更为广泛、成本更低的合作。我们应该积极帮助沿线国家建设数字基础设施，提倡合作共赢的理念，大力发展跨境电子商务，挖掘沿线国家数字贸易潜力。同时，我们还应引领与沿线国家的数字贸易规则谈判，推行中国主导的数字贸易规则体系，建立争端解决机制和数字贸易合作框架，为数字贸易全球治理贡献中国方案。

第六章　国有企业新规则与中国的对策

一直以来，WTO 国有企业规则的改革都是各国学者和各国政府关注的焦点。随着大型经贸协定的签订，竞争政策和国有企业改革成为美日欧等国关注的问题。美日欧等国提出的国有企业、补贴和产业政策议题很明显是针对中国的，其意图在于提升自身竞争优势以压制中国的发展。因此，中国国有企业面临着巨大挑战，如何转危为机是摆在我们面前的重要课题。党的二十大报告和 2022 年中央经济工作会议都强调了"稳步扩大规则、规制、管理、标准等制度型开放"的理念。而当前紧张的中美关系更加迫使中国进行改革开放。在这一背景下，中国应根据国情，有计划、稳妥地推进相关改革，将未来的高水平开放重心转向公平竞争问题，努力构建公平竞争的体系。

当前，TPP、CPTPP、USMCA 等协议被认为是具有前瞻性和代表性的文本，这些协议包含了国有企业、产业政策和政府补贴等内容，对中国的改革开放具有启发意义。通过对这些协议以及 WTO 的比较研究，可以为中国国有企业改革提供新思路和新方向。另外，我们需要借鉴这些协议中的条款，以便在国际贸易规则制定中争取更多的话语权，增强国际影响力。

第一节　国有企业规则的演进过程

一、GATT 时代

1945~1995 年，GATT 八轮回合的谈判均由发达国家主导，而发展中国家只能被动接受发达国家制定的规则。GATT 提倡"所有制中性"原则，主要考虑的是私营企业，国际政策协调主要是关于货物贸易市场准入和关税政策。仔细阅读 GATT 的条款，可以发现和国有企业直接相关的只有第 17 条"国营贸易企业"条款。这意味着，GATT 并没有给予国有企业足够的关注和重视。

二、WTO 时代

1995 年 1 月 WTO 的成立是全球经贸规则体系的重要里程碑。WTO 规则是以市场经济为基础，而私营企业是主要关注的对象，其主要目标是消除由政府设置的贸易壁垒。WTO 建立之初并未考虑到不同所有制所导致的竞争问题。因此，WTO 的原则是"所有制中性"。在《补贴与反补贴措施协定》中，裁定成员国是否存在补贴行为的关键是国有企业是否被认定为公共机构。然而，目前 WTO 对这一问题的规定不够明确，导致各国的争议不断。例如，在韩国商船案、中美"双反"措施案、美国热轧钢板案中，争端双方对国有企业是否为"公共机构"进行了多次辩论。

三、后 WTO 时代

20 世纪 90 年代，澳大利亚实施了竞争中性原则，随后许多双边和区域自贸协定都纳入了这一规则。竞争中性原则的核心是确保市场公平竞争，促进经济发展。

澳大利亚的竞争中性原则包含了六个具体方面，即国有企业公司制改革、税收中性、信贷中性、监管中性、合理的商业回报率和成本分配机制中性。这些原则的目标是为不同所有者企业提供公平的竞争机会。此外，OECD 也制定了竞争中性政策的八个标准，包括简化国有企业经营形式、全额成本定价、商业回报率、明确公共服务义务、税收中性、监管中性、债务和补贴中性以及政府采购中性。目标是对各类经济实体尤其是政府的市场竞争行为进行规范，提倡形式公平和竞争中性，期望得到各国的推广和遵循。

发达国家也致力于将竞争中性原则纳入双边和区域贸易协定，其中 CPTPP 制定的国企条款是其典型代表。CPTPP 着眼于确保公平竞争的环境，通过设立国有企业专章，规定非歧视待遇、商业考虑、透明度以及禁止政府干预市场等原则，期望在政府参与的商业活动中实现公平竞争，严格禁止政府通过操纵市场来限制竞争（石颖，2023）（见表 6-1）。

表 6-1　主要自由贸易协定中的国企规则

贸易协定	国企议题
WTO	目前，仍处于各国博弈和改革造势阶段，争议焦点：①是否扩大公共机构范围，将国有企业视为补贴提供主体；②是否针对国有企业制定单独的纪律要求；③国有企业遵守商业考虑；④限制非商业援助，特别是政府对国有企业的补贴；⑤提高国有企业透明度；⑥扩大国有企业定义范围

续表

贸易协定	国企议题
CPTPP	第 17 章 "国有企业和指定垄断",共 15 项条款、7 个附件,核心内容为:①国有企业遵守非歧视待遇与商业考虑;②限制非商业援助;③提高国有企业透明度
USMCA	第 22 章 "国有企业和指定垄断",共 15 项条款、6 个附件,主要内容基本照搬 CPTPP:①扩大了国有企业定义范围(增加了决策权约束);②非歧视待遇与商业考虑与 CPTPP 一致;③非商业援助与 CPTPP 基本一致,但扩大了资助接受者的范围,增加了 3 种必须禁止的非商业援助;④透明度与 CPTPP 基本一致,但纪律要求更严格
欧越 FTA	①欧越 FTA 国企规则的非商业援助的纪律约束弱于 CPTPP,欧越 FTA 允许成员国给予企业补贴,但不得扭曲和影响正常贸易和竞争;②其他内容与 CPTPP 基本一致
美新 FTA	美新 FTA 是 CPTPP 相关规则的重要影响源之一,除国有企业的界定主要是定性法外,其他纪律要求与 CPTPP 基本一致:①要求 "指定垄断行为要符合商业考虑,政府企业也有类似义务";新加坡国有企业有给予其他企业非歧视待遇的广泛义务;②会员国应对方要求,能够从公开渠道获取国有企业信息;③新加坡也对国有企业的利益做了一定保留,针对行使政府职能、既非基于商业基础也非竞争性的服务,保留了相关权利
欧日 EPA	第 13 章 "国有企业、被授予特殊权利或特权的企业和指定垄断",共 8 项条款,整体上,欧日 EPA 的国有企业纪律略高于 CPTPP 或基本一致。①核心要素是非歧视待遇和商业考虑,并确立了监管框架、信息交流规制;②与国企议题相关的还有第 10 章政府采购、第 11 章反垄断及企业合并、第 12 章补贴及第 17 章透明度等纪律要求

资料来源:笔者根据有关资料整理。

第二节　WTO 中的国有企业规则

一、有关国有企业的条款

在 WTO 框架中,针对国有企业的规则较少,其中 GATT 第 17 条和《补贴与反补贴协议》中涉及的规则是其中少数专门适用于国有企业的规定。然而,这些规则在实践中却存在一定的模糊性和适用问题。首先,GATT 第 17 条关于国营贸易企业的规定虽然旨在防止国家授权的垄断贸易企业对国际贸易造成障碍,但该条款并未明确定义国营贸易企业,导致其所对应的义务也有模糊之处。因此,在实践中,这一条款并未能有效约束国有企业的行为,但在一定程度上反映了国营贸易企业也需要履行非歧视和透明度义务,以防止国家通过这些企业违反 WTO规则。另外,根据《补贴与反补贴协议》,在货物贸易中无论是由政府提供还是由 "公共机构" 提供的补贴都适用于该协议。然而,国有企业提供补贴时,是否将其认定为"公共机构"而适用《补贴与反补贴协议》较为复杂（刘力瑜，2017）。表明当前的规则并不足以清晰地界定国有企业在补贴方面的地位和责任。

WTO 主张所有制中立，对货物或服务的提供者在规定上没有区分国有企业和私营企业（屠新泉、徐林鹏、杨幸幸，2015）。这意味着这些规则也可以限制和国有企业有关的贸易扭曲政策。尽管 WTO 规则通常是针对国家的，但在某些情况下，国有企业行为可能被归因于国家或政府，从而受到 WTO 规则的约束。举例来说，《农产品协议》第 4 条第 2 款明确将进口数量限制的实施主体拓展到国营贸易企业。1988 年"美国日本半导体芯片案"中，专家组指出，一些看似私人活动的行为也可能被视为政府措施，前提是这些行为受到政府的监管或控制（刘力瑜，2017）。这表明，国有企业的行为在一定程度上可以被视为政府的行为，进而受到 WTO 规则的制约。

在多边贸易规则领域，新加入 WTO 的成员国，如中国、俄罗斯、越南和哈萨克斯坦，面临着对国有企业的规范和纪律要求。这些国家在加入 WTO 后，需要遵守一系列关于国营贸易企业、非歧视待遇、知识产权、政府采购和补贴等问题的规定。以中国为例，在《中华人民共和国加入 WTO 工作组报告书》中承诺，国有企业和国家投资企业的决策应当遵循商业考量，保证其在市场中与私营企业公平竞争。除此之外，中国还承诺，国有企业和国家投资企业的购销行为仅基于商业考量，确保其他 WTO 成员企业在销售和采购过程中获得公平竞争的机会。这表明中国对国有企业参与市场竞争做出了一系列严格的规定和承诺。此外，在《中华人民共和国加入 WTO 议定书》中也明确规定了关于国营贸易的透明度和商业决策要求，以及政府对国有企业提供补贴被视为专项补贴，尤其是国有企业是此类补贴的主要受益者或补贴数量巨大时（贺小勇、陈瑶，2019）。

二、对国有企业的定义

虽然 WTO 规则中并没有明确规定"国有企业"的概念，但是在一些规则中却存在一些类似的概念，比如"国营贸易企业"和"公共机构"。这些概念与国有企业有一定的重合之处。因此，这些规则可能会被直接应用于国有企业，或者与国有企业形成关联（刘力瑜，2017）。

国营贸易企业被明确定义为被赋予特殊权力和特殊权益，通过购买和销售活动，对进出口水平和方向产生影响的政府和非政府企业。这一定义涉及三个主要要素：主体可以是政府机构或非政府主体的企业，行为是进出口贸易活动，而权力是指享有法定或政府赋予的特权。具体而言，国有企业只有在同时具备特定的特权和通过购销活动影响贸易水平或方向时才能被归类为国营贸易企业。这一观点也反映在乌拉圭回合谈判中，强调应该关注这些企业的功能而不是所有权形式。因此，国营贸易企业的定义并不仅限于所有权形式，而是在关注特权和其对进出口贸易的影响方面才得以被明确定义（刘力瑜，2017）。

GATS 第 8 条和第 28 条第 8 款关于"排他性服务提供者"的规定与国有企业概念也有部分重合，按照这些条款的定义国有企业有可能成为排他性服务提供者。例如，2012 年的中国支付服务案中，专家组把"排他性服务提供者"界定为"成员国授权或设立数量有限的服务提供者，并将竞争限制在这些企业之间"，这一解释强调了政府授权对于排他性服务提供者身份的影响。根据专家组的解释，国有企业并不一定属于排他性服务提供者，排他性服务提供者也不一定是国有企业。只有获得政府授权、在一定允许范围内垄断某项服务的企业，才能被视为排他性服务提供者。

《补贴与反补贴协议》第 1 条规定，任何由政府或公共机构提供的财政资助都被视为补贴。如果国有企业被认定为公共机构的话，那么它就成为了补贴的提供者。针对这个问题，在美国诉中国的反补贴案中，专家组认为，公共机构是指由政府控制的任何实体。然而，上诉机构提出了质疑，认为公共机构的轮廓和特点因政府不同、实体不同、国家不同、案例不同而不尽相同。因此，国有企业是否被视为"公共机构"要进行个案分析。

WTO 规则中涉及国有企业的规则并非专门针对国有企业，而且是定性的。例如，GATT 对国营贸易企业的定义仅涉及"政府设立"，并未具体规定国家在企业中持股比例。此外，在补贴与反补贴协议中，只有国有企业在执行公共职能时才被认定为公共机构，并受到相关规定限制，并非简单因为国有而归类为公共机构。在实践中，判断某一主体是否属于有关规则适用范围时，WTO 采取"实质大于形式"的标准，需要具体行为个案分析。这种模糊的定义导致了中美之间的经贸摩擦，甚至引发上诉机构的瘫痪。

三、非歧视和商业考虑规则

在商业和国际贸易中，非歧视原则和商业考虑是至关重要的。非歧视要求给予国民待遇和最惠国待遇，而商业考虑则要求在进行购买和销售时遵循私营企业通常的商业规则。实践中，非歧视原则和商业考虑常常关系密切，非歧视原则规定不得差别对待企业或个人，商业考虑规定个人或企业必须在不被歧视的情况下进行商业活动（刘力瑜，2017）。

GATT1994 中规定商业考虑是违反非歧视义务的一个抗辩理由，国有企业需要先有歧视行为，才能判断其是否出于非商业考虑。GATT1994 第 17 条规定，国有企业或具有特权的其他企业，在进出口买卖活动中应和私营企业一样遵循非歧视原则，并且购销行为应基于商业考虑，还规定国营企业应根据商业惯例为国外企业提供公平的竞争机会。然而，GATT1994 对商业考虑的具体内涵缺乏明确界定，导致了一些贸易争端的产生（丁倩，2021）。入世议定书中规定非歧视规则适用于货物、服务和外商投资企业，但在 GATS 中，只有作了承诺的行业才同时适用国民待遇和最惠国待遇，未承诺的行业则不适用国民待遇原则。因此，在 WTO 中国有企业承担非歧视义务的具体内涵不明确，适用范围受限（刘力瑜，2017）。

四、透明度要求

GATT1994 第 17 条第 4 款规定，应向货物贸易理事会通知国营贸易企业的存在，以保证其活动的透明度。然而，该条规则对国营贸易企业的透明度要求并不高，只需要披露企业的进出口产品。

《关于解释 GATT1994 第 26 条的谅解》要求有关国家定期向 WTO 报告国营贸易企业的相关信息，包括受影响产品的情况、设立或维持国营贸易企业的原因和目的、国营企业享有的特殊权利及法律依据、国营贸易企业的功能等。此外，GATS 第 9 条第 2 款也规定了对于服务提供者妨碍竞争、可能损害服务贸易的商业行为的磋商机制。GATS 规定成员向 WTO 提供信息有一定的前提条件，另外，对于所提供信息的具体内容并没有明确规定。

第三节　新一代自由贸易协定中的国有企业规则

一、有关国企规则的自贸协定

（一）欧盟经济与贸易协定

近年来，欧盟在与各国签订贸易协定时开始关注国有企业的问题，并在协定中单独设立一节或一章进行规定。欧盟与新加坡和加拿大的自贸协定中国有企业的规则较为简单，主要体现在商业考虑和非歧视义务方面。而欧盟与越南、哈萨克斯坦和日本签订的协定中的国有企业规则似乎受到 TPP 影响，但与 TPP 仍存在较大差异。

（二）美国签订的自由贸易协定

除 USMCA 之外，美国签订的自由贸易协定在竞争政策章节中常常加入针对国有企业的条款，主要包括非歧视、商业考虑和透明度规则。美国与澳大利亚的自由贸易协定引入了竞争中立原则，而美国与新加坡的自由贸易协定更是对国有企业约束标准较高的协定。该协定除了对待基本的非歧视义务、商业考虑规则以外，还要求新加坡承担规范国有企业的义务，包括增加透明度条款、不允许政府影响国有企业、政企合谋以及逐步减少国有企业数量。然而，协定并未具体规定如何减少国有企业的补贴和低息贷款。此外，协定例外条款排除了新加坡政府全资控股的最大主权财富基金淡马锡控股公司。美新自贸协定的国有企业条款影响范围有限，主要是起到示范作用。

（三）TPP/CPTPP 和 USMCA

TPP 针对国有企业的国际贸易规则作了系统完整的规定，主要有三个层次的规则。首先，依据 TPP 第 16.1 条规定，国有企业必须遵守缔约国的国内竞争法规。其次，作为企业中的一种类型，国有企业同样适用于 TPP 中对企业的所有规则约束。最为重要的是，TPP 第 17 章专门规定了针对国有企业的一系列义务，这在自由贸易协议中属于首次之举。TPP 第 17 章对国有企业的概念进行了明确定义，并规定了一系列针对国有企业的义务，包括国民待遇与最惠国待遇的非歧视义务、严格的透明度义务以及专门针对国有企业的"非商业援助义务"。这种对国有企业制定专门规则的做法，旨在减少国有企业行为带来的竞争扭曲，促进公平竞争。然而，TPP 对国有企业的规定非常严格，甚至有些苛刻，对发展中国家的国有企业提出了过高的要求。

在 TPP 中，国有企业不仅需要履行非歧视、商业考虑、透明度等义务，还要遵守针对其制定的"非商业性援助"义务。这一义务明确将国家对国有企业提供的援助视为利益输送，而无须像《补贴与反补贴协议》中认定存在补贴时要对存在利益输送与否作具体个案分析。似乎隐含着一种观念，即国有企业这一特征本身就可能对公平竞争构成威胁，因此应采取限制措施（刘力瑜，2017）。

CPTPP 完全继承了 TPP 关于国有企业的规则，而 USMCA 在此基础上进行了进一步修改和完善。规则涵盖了国有企业的定义、商业考虑、非歧视、非商业支持、例外条款、透明度、诉讼管辖和争议解决等内容。通过这些规定，CPTPP 和 USMCA 致力于促进公平竞争和透明度，防止歧视和非法支持行为。

二、对国有企业的定义

（一）TPP/CPTPP

TPP 明确定义了国有企业，即主要进行商业活动并且一方控制 50% 以上的股份或拥有 50% 以上的投票权或有任命大多数董事会成员或其他同等管理人员的权利。这一定义对于国有企业的认定具有明确的标准和要求（刘力瑜，2017）。

　　CPTPP 与 TPP 在国有企业定义上完全相同，都是指在一家企业中，一方拥有 50% 以上的股权，或控制超过 50% 的投票权，又或者有任命董事会或其他管理机构过半成员的权力（见表 6-2）。

表 6-2　WTO 与新一代自贸协定有关国有企业规则的比较

	WTO	CPTPP	USMCA	欧盟经济与贸易协定
国有企业的定义	没有规定"国有企业"概念，存在类似概念，如"国营贸易企业""公共机构"	股权、投票权和任命权，从事商业活动	股权、投票权和任命权，从事商业活动	股权、投票权和任命权
商业考虑和非歧视义务	对商业考虑的具体内涵缺乏明确界定；国有企业承担非歧视义务的具体内涵不明确，适用范围受限	要求国企在商业活动中遵守商业考虑原则和非歧视原则，适用范围扩大到服务、投资	要求国企从事商业活动时遵循非歧视原则	商业考虑与非歧视义务平行的义务，适用范围扩大到服务、投资
透明度	对国营贸易企业的透明度要求并不高，只需要披露企业的进出口产品	成员方需要主动披露国有企业清单，应请求披露影响贸易或投资的行为	成员方需要主动披露国有企业清单，应请求披露影响贸易或投资的行为以及非商业支持与股权注资	可要求另一缔约国提供特定企业的信息
竞争中立	所有制中立	竞争中立原则的概括性提及，对监管中立的重点关注	竞争中立原则的概括性提及，对监管中立的重点关注	监管中立
非商业援助的定义	《补贴与反补贴协议》中的"专项性补贴"，需要证明存在利益输送	政府凭借对国有企业的所有权或控制权而向其提供支持，不仅规范在本国设立的国企行为，还覆盖在其他成员设立的国企行为	限定于特定企业的支持，不仅限制政府对国有企业进行补贴，还限制国有企业对国有企业的援助	

续表

	WTO	CPTPP	USMCA	欧盟经济与贸易协定
不利影响或损害	与补贴和反补贴协定中的条款相似，仅适用于货物贸易	对货物和服务贸易造成的替代和价格方面的影响，适用范围扩大到服务和投资领域	对货物和服务贸易造成的替代和价格方面的影响，适用范围扩大到服务和投资领域	
民事司法管辖		各国可以以国内法管辖他国国有企业在其境内的行为	各国可以以国内法管辖他国国有企业在其境内的行为	

资料来源：笔者根据相关资料整理。

CPTPP 规定商业活动是企业的营利性行为，不包含企业执行公共职能的非营利行为。即国有企业在经营时必须以盈利为目的，而非仅仅履行公共职能。如果仅履行公共职能，不会对国际贸易的公平竞争造成扭曲。因此，将"从事商业活动"作为国有企业的定义，是为了确保其遵循商业规则，不偏离经营的本质。

CPTPP 还对控制权进行了精确的量化，认为控制权主要体现在股权、投票权和任命权三方面。虽然国有企业的定义经过量化变得更为清晰，但这也扩大了规制的范围，使得纳入的国企数量增加。然而，CPTPP 的国企规则仅适用于中央政府直接控股的国有企业，对二级中央政府层面的国有企业没有强制规定。这一判断标准已被很多自贸协定接受，反映了美国对发展中国家国有企业的歧视和遏制立场（张继瑶，2023）。另外，对于那些政府是少数股东，没有多数投票权，但仍能影响实体管理和运营的企业，并不归入"国有企业"范围内。这种情况也为中国进行国有企业分类改革提供了一定的回旋空间，使其可以免除相应的"非商业援助"义务（李本，2022）。

（二）USMCA

USMCA 中对国有企业的定义十分明确和具体，指直接或间接拥有超过 50% 的股本，或通过直接或间接的所有者权益控制 50% 以上的投票权，或通过其他所有者权益如少数股东权益对企业具有决策权的实体。此外，这些国有企业必须由政府控制并从事商业活动（见表6-2）。换言之，USMCA 对国有企业的定义主要在于企业的控制权归属和经营性质。

（三）欧盟经济与贸易协定

欧盟经济与贸易协定对国有企业的定义与 TPP 基本相同，要求其直接或间接持有 50% 以上的股权，直接或间接控制 50% 以上的投票权，拥有董事会或其他管理机构的多数任命权，以及对重大事项的控制、影响和主导决策权（见表 6-2）。

（四）美国自由贸易协定

在美国自由贸易协定中，关于国有企业的定义在不同协定中存在差异，一般是指一方通过所有权拥有或控制、能施加有效影响（如有决策权和投票权）的企业。例如，在美国—新加坡自贸协议中规定，持有 20% 以上股权被视为国有企业控股的临界值。在第 12 章中"反竞争商业行为、指定垄断及政府企业"专门对"政府企业"作了规定。对于美国而言，政府企业指政府通过所有者权益拥有或控制的企业；对于新加坡而言，政府企业指政府施加了重要影响的企业。2012 年，美国贸易代表办公室将国有企业定义为"缔约一方所有或通过所有者权益控制的经营实体"（刘力瑜，2017）。

（五）可能产生的影响

在 TPP/CPTPP 和 USMCA 等协定中，规定了国有企业的四个关键要素，即股权、投票权、任免权和决策权。与 WTO 的《补贴与反补贴协议》只针对政府和公共机构这些提供主体不同，这些协定扩大了规制主体的范围。在实践中，识别国有企业是否属于公共机构常常较为困难，而 TPP/CPTPP 等协定以股权、投票权和任命权以及是否具有商业性作为标准来加以识别，避免了这一问题。CPT-PP 协定中规定在非商业援助中，即便是私人企业如果受到政府的委托或指示提供援助，仍然应受到非商业援助规则的规制。而 USMCA 增加了政府间接拥有企业股权或投票权的情况，也就是政府通过国有企业持有其他国有企业所有权的情况，都纳入了规定范围。此外，USMCA 还增加了政府通过其他方式控制企业权力的规定，任何影响企业运营的政府行为都可能被认定为具有决策权，而致使企业被判定为国有企业（丁倩，2021）。这些规定对于国有企业来说，意味着它们更容易受到非商业援助规则的约束（秦祥瑞，2023）。

TPP 和 CPTPP 协议对国有企业认定范围存在太过宽泛和随意性大的问题，给了发达国家如美国把竞争中立条款作为武器的机会。这可能对中国构成挑战，特别是在人事任免和决策权方面。对于设立党组织的民企和外企，可能也存在适用范围扩大的问题。在股份持有比例和投票权方面，国有企业的认定不容易出现主观和随意的情况，因为这些信息是可以从证券交易所或公司章程中明确查看的。然而，在人事任免和决策权方面，情况就复杂得多。对于这两个问题，判断是以结果为导向，如只要董事人员现在或以前和政府有一定联系，就可能被认定为政府任命的董事。举例来说，2012 年美国国会曾以任正非是中共党员和退役军人为由，限制华为产品进入美国（王绍媛、刘政，2018）。

TPP、CPTPP 协议的国有企业条款，判断投资动机的依据是企业的身份。这种做法实际上成为国家安全审查制度之外的保护主义政策工具，可以有效阻止中国企业进入市场。

三、非歧视和商业考虑规则

（一）欧盟经济与贸易协定

近期签署的欧盟经济与贸易协定中，商业考虑与非歧视义务被看作是平行的义务，前者并非从属于后者。更具体来说，商业考虑的规定在非歧视待遇之前（见表 6-2）。

欧盟和美国的自贸协定中，商业考虑和非歧视义务的适用范围包括货物和服务。然而，最近欧盟的经济与贸易协定已将适用范围扩展到投资领域。

（二）TPP/CPTPP

TPP 规定了国有企业的非歧视义务针对的是四类对象，包括其他成员方企业、在该成员领土内投资的企业提供的货物或服务，以及其他成员方企业和在该成员领土内投资的企业。这意味着，TPP 中国有企业的非歧视义务已经拓展到服务和投资领域。更重要的是，TPP 中明确规定了非歧视待遇包括国民待遇和最惠国待遇要求（刘力瑜，2017）。

CPTPP 对非歧视待遇和商业考虑条款做了完善。首先，要求国有企业在商业活动中遵守"商业考虑"原则，即根据市场因素如价格、质量等来进行购销活动，不受政治因素等非市场经济因素的影响（见表 6-2）。这一要求不仅约束了国有企业的行为，也限制了政府对企业经营的干预，确保了经济活动的公平性和透明度。其次，CPTPP 要求国有企业在商业活动中对待交易对手"一视同仁"，不得歧视或特别对待任何一方。这意味着国有企业在与其他各成员方的企业进行贸易等活动时，必须给予其国民待遇和最惠国待遇，营造公平竞争的环境（张继瑶，2023）。

（三）USMCA

USMCA 要求缔约方的国有企业从事商业活动时遵循非歧视原则，强调商业考虑的重要性。

（四）新一代自贸协定与 WTO 的区别

在 GATT/GATS 和 TPP/CPTPP 等协议中，国有企业的非歧视义务有着明显的差异。在 TPP/CPTPP 中，国有企业的义务显著增加，这体现在多个方面。首先，TPP/CPTPP 明确规定非歧视待遇不仅包括最惠国待遇，也包括国民待遇。此外，TPP 将非歧视义务的适用范围从货物贸易扩大到服务贸易和投资。其次，从购买到销售的各个环节均受到严格规制，避免国有企业在需求端和供给端扰乱市场的公平竞争。因此，不管是高于市价购买还是低于市价销售，都会被认定是歧视其他成员国同类企业（张继瑶，2023）。最后，在义务的内容上，非商业考虑已经被提升为独立的义务。在 TPP 中，即使没有对外国货物或企业采取歧视待遇，只要未在商业活动中充分考虑商业因素，也将被视为违反条约义务（刘力瑜，2017）。

四、关于透明度的规则

（一）早期欧盟贸易协定

早期的欧盟贸易协定规定了企业透明度的要求，规定可要求披露企业名称、产品和服务、涉及的市场以及企业阻碍贸易或投资的行为（见表6-2），包括组织、公司和财务等信息（郝洁，2019）。在 TTIP 谈判中，欧盟同样提出了对国有企业的透明度要求（刘力瑜，2017）。在欧盟的草案文本中，缔约国可以要求另一缔约国提供特定企业的信息，但请求方必须证明该企业从事了扭曲竞争的活动。这一要求的提出旨在防止滥用透明度义务。

（二）早期美国贸易协定

根据早期美国贸易协定规定，一方必须按照对方的要求提供国有企业相关的公开信息。为了申请信息披露，一方必须列出所涉实体、特定货物或服务以及市场、可能限制贸易或投资的行为（郝洁，2019）。然而，在美—新 FTA 中，虽然规定了一方有责任根据对方的要求公开国有企业信息，但是却没有明确规定公开信息的范围。这引发了某种程度的不确定性，可能使实施和监督该规定变得困难（刘力瑜，2017）。

（三）TPP/CPTPP 和 USMCA

TPP/CPTPP 以及 USMCA 规定，成员方需要主动披露国有企业清单，还要应请求披露影响贸易或投资的行为以及非商业支持与股权注资（仅 USMCA）的情况（郝洁，2019）（见表6-2）。TPP 协议甚至要求公开国有企业名单和指定垄断名单，包括资产、收入、股权结构、年度财务报告等详细企业信息，这可能牵涉商业机密和军事机密，对国家安全构成威胁（王绍媛、刘政，2018）。TPP 的透明度要求十分烦琐且沉重，对于缔约国来说是一项挑战。即使相比于其他自由贸易协定，如美—新自贸协议包含着迄今为止最多的国有企业披露义务的 FTA，TPP 的要求也显得更加苛刻。虽然 TPP 为发展中国家设立了过渡期，但对这些国家而言，遵守透明度要求依然十分困难，特别是那些既有商业职能又有非商业职能，财务和预算未完全分离的国有企业更是如此（刘力瑜，2017）。

（四）可能产生的影响

各项协定中关于透明度要求的规则逐渐趋同，主要表现在三个方面。首先，披露的要求变得更加系统和全面，包括主动披露和应请求披露。其次，披露内容也更加具体明确，包括应请求披露影响贸易或投资的行为、国有股权比例、特殊股份或特别权利、政府官员的任职情况、最近年度的财务状况、对该国国企法律豁免情况、年度财务报告或审计报告等。这些内容全面覆盖了股权、人事、经营和财务等方面（田丰、李计广、桑百川，2020）。最后，协定要求的披露还包括应请求披露非商业支持与股权注资情况（仅 USMCA），具体内容包括非商业支持形式、支持机构、法律依据、支持金额、时限以及影响等方面。

对于国有企业而言，TPP 等协定中的国有企业条款可能成为进入境外市场的一道难以逾越的障碍。这些条款将审查国有企业参与境外投资的程序提前到投资实施之前，要求国有企业在准入阶段就必须披露大量信息，而且这些要求与市场行为无关，只与国有企业身份相关。这种做法不仅使国有企业境外投资的成本和难度大大增加，也可能对想要走出国门的国有企业构成实质性的障碍。有专家指出，TPP 等协定中的国有企业条款实际上削弱了国有企业在海外投资中应享有的国民待遇（田丰，2016）。

五、竞争中立规则

（一）OECD

根据 OECD 的定义，竞争中立是确保在市场竞争中，国有企业和私营企业保持公平竞争的状态。为了避免市场扭曲，国有企业必须遵守公司治理准则，确保其治理结构符合 OECD 的规定。OECD 中的竞争条件平等与澳大利亚倡导的竞争中立性概念相同，即国有企业不能凭借其公有身份享受高于私营企业的竞争优势（沈铭辉，2015）。

经合组织倡导竞争中立规则的核心理念是确保国有企业和私营企业在市场上享有公平竞争的条件。这包括了诸多方面，如国有企业的公司化程度、商业和非商业活动的分离程度；成本核算的透明度；国有企业的投资回报率要与同类企业相同；国有企业执行公共政策职能时必须保证公正的补偿；在税收、监管和融资等方面应平等对待国有企业和私营企业；政府采购政策要符合竞争、非歧视和透明原则，国有企业不能享受不当优势。经合组织倡导竞争中立，并非在形式上束缚各国，而是能够在更广泛的范围内统一和解释规则，并对各国制定竞争政策提供指导。

（二）美国自贸协定

美国和澳大利亚的自贸协定要求澳大利亚采取措施确保政府企业不能因其国

有身份而获取竞争优势。而美国和新加坡自贸协定则要求新加坡政府企业在采购和销售货物或服务时应仅考虑商业因素。此外，美国和韩国的自贸协定规定韩国不能针对国有企业或特许企业采取任何扭曲贸易的措施（冯辉，2016）。

（三）欧盟自贸协定

在欧盟与越南、日本、哈萨克斯坦达成的经贸协定中，监管中立条款的重要性不言而喻。首先，监管机构对国有企业进行监管必须做到法律上的独立和职能上的独立，不能对国有企业负有任何责任，同时在类似情况下必须做出公平的裁决。其次，协定方应保证法律法规一贯和非歧视地适用于国有企业（陕妍慧，2020）。

（四）TPP/CPTPP 和 USMCA

TPP/CPTPP、USMCA 等协定在竞争中立上具有三个方面的特点。首先，竞争中立原则的概括性提及，即各缔约方同意分享包含竞争中立规则的最佳做法的信息，以确保国有企业和私营企业之间的公平竞争。其次，对监管中立的重点关注（见表6-2），要求各缔约方监管国有企业的行政机构，确保对监管企业（包括非国有企业）都公正对待。最后，目前竞争中立的具体内容和核心原则尚未在国际经济贸易协定中形成具有约束力的国际规则。

（五）美国与欧盟模式的特点

美国模式将国有企业看作政府机构或公共部门，并把 WTO 中政府的义务施加给国有企业。与欧盟模式相比，美国模式体现出较强的单边主义，约束力也更强。它把欧盟和澳大利亚模式中的指导性条款变为强制性要求，使原本只针对国企治理的约束性条款变为评判政府和国企行为的标准。这种模式演化成了维护霸权的新工具（冯辉，2016）。

经合组织的国有企业规则框架是一种温和可行的方式。一方面，经合组织认识到国有企业的特有竞争优势对市场竞争环境造成的挑战，强调避免国有企业仅凭政府所有获得不公平优势。另一方面，经合组织也肯定了国有企业在提供公共服务、支持产业政策等方面的积极影响，不建议过度限制国有企业的发展。因此，经合组织认为消除国有企业特权性竞争优势与发挥国有企业积极作用之间应该找到平衡点，重点在于将国有企业商业活动与非商业活动进行区分，并对其商业活动进行公司化治理。这种设计思路有助于建立良好的市场秩序和公平竞争环境，也能规范国有企业的运作，促进经济效益的实现，同时还与中国国企的公司化改革相契合。因此，经合组织的规则设计思路可作为中国国企改革和未来国际贸易谈判的参考原则（刘力瑜，2017）。

六、非商业援助规则

TPP 首次制定了非商业援助规则，CPTPP 承袭了 TPP 的非商业援助规则，而 USMCA 对其进行了完善和发展。非商业援助规则的制定是根据 WTO《补贴与反补贴协定》中对补贴的规定。这一规则主要是为了限制国有企业因政府支持而扭曲市场竞争，给其他企业带来不平等的竞争环境。商业援助则是一种正当行为，目的是向有需要的产业或企业提供帮助，以促进其正常发展，不会影响其他国家的同类产业。因而规范非商业援助是为了避免政府对国有企业的偏袒而导致市场扭曲，以确保产业竞争的公平性（秦祥瑞，2023）。

非商业援助规则与 WTO 反补贴规则之间存在相似之处。两者都强调了非商业援助的负面影响以及非商业原则与不利影响的因果关系。非商业援助规则适用范围包括货物、服务和投资领域。然而，WTO 反补贴规则主要涉及国有企业参与的货物贸易，对服务和投资补贴缺乏明确规定，仅涵盖一国境内的服务和投资补贴。WTO 的反补贴规则只针对服务贸易企业在本国境内受到的补贴，而跨境服务贸易方面的补贴并没有进行规定（李本，2022）。

非商业援助规则和 WTO 反补贴规则的救济方式也存在显著差异。WTO 协议既可以进行反补贴调查，也可以通过争端解决机制解决争端。而非商业援助的救济似乎只能通过争端解决机制实现，缺乏针对非商业援助的行政调查程序规定。

（一）非商业援助的定义

1. TPP/CPTPP

TPP/CPTPP 对非商业援助的定义是政府凭借对国有企业的所有权或控制权而向其提供支持（见表6-2）（张耀誉，2019）。非商业援助的法律要素包括：第一，支持。其包括：直接或潜在的直接资金转移或债务转移（如拨款或债务豁免）、优惠贷款或贷款担保或其他融资、与私营投资者投资惯例不同的权益资本，以及除一般基础设施外比一般商业条件更优惠的货物或服务（刘力瑜，2017）。第二，政府对国有企业拥有所有权或控制权。支持仅限于国有企业、主要由国有企业使用、给予国有企业的比例过大、通过自由裁量权优待国有企业，只要符合以上一个要素，就可视为非商业援助。

TPP/CPTPP 对非商业援助范围进行了广泛的规定，使国有企业很容易被认定为存在非商业援助。根据规定，国有企业主要有两种行为受到规制：一是国有企业利用非商业援助对本国境内其他成员企业造成损害，二是一成员向在其他成员境内设立的国有企业提供非商业援助对其他成员的国内产业造成不利影响。因此，TPP/CPTPP 不仅规范了在本国设立的国有企业行为，还覆盖了在其他成员设立的国有企业行为（秦祥瑞，2023）。说明在 CPTPP 的规定中，非商业援助规制的范围扩大至"跨境交付"和"商业存在"服务贸易模式，严禁政府和国有企业向通过跨境交付提供服务的国有企业提供非商业援助，如减免税收等优惠措施。此外，CPTPP 还对"商业存在"模式中生产和销售商品提供援助的情况进行了规范（李本，2022）。

TPP/CPTPP 中的非商业援助概念与 WTO《补贴与反补贴协议》中的"专项性补贴"相似，但对补贴进行了全面的升级。非商业援助包括财政补贴、债务减免、更优惠的贷款条件等，更加广泛地涵盖了各种形式的补贴。与 WTO 的要求不同，TPP/CPTPP 规定只要是国家、国有企业、国营企业给予国营企业非商业援助，就直接适用"非商业援助"义务，不需要证明存在利益输送。这意味着，政府对国有企业的援助原本就被认定为无法通过商业手段在市场上获得的好处。其中的逻辑是，政府拥有企业所有权或控制权是造成竞争扭曲的原因。因而，仅仅约束国有企业的扭曲竞争行为还不够，因为国有企业的属性可能产生潜在的市场竞争隐患（刘力瑜，2017）。

2. USMCA

USMCA 对非商业援助的定义是限定于特定企业的支持（见表 6-2）。支持的形式包括直接或潜在的直接资金或债务转移（包含拨款或债务豁免、贷款、担保和融资、股本注资）、提供一般基础设施之外的货物或服务，以及采购货物。特定企业是指一个或一些企业或产业。限定于特定业务与 TPP 的法律要素二者相似，但又增加了"对有限数量的特定企业提供支持"。

USMCA 中明确规定了禁止性"非商业援助"条款，禁止对生产和销售商品（除了电力）的国有企业提供以下商业支持，不涉及服务。具体来说，禁止国有企业向信用不佳或处于破产状态且在合理时间内无可信重组方案的国有企业提供贷款或担保（田丰、李计广、桑百川，2020），同时也禁止将国有企业的债务转为股份等不符合私营投资者惯例的行为。因此，USMCA 的非商业援助规定进一步扩大了规则适用范围，不仅限制政府对国有企业进行补贴，还限制国有企业对国有企业的援助。在主体认定标准方面，USMCA 与其他协议相比更为清晰，并且有更强的可操作性。这意味着，即使是产业链上游企业向下游企业供应，也很可能被视为违反非商业援助规定。这使更多的企业和部门受到了该规则的约束（丁倩，2021）。

非商业援助规则在维持良好竞争环境方面有其积极意义，但对中国国有企业可能产生不利影响，限制了它们获取外部资源的途径，对国有企业发展构成挑战（秦祥瑞，2023）。

（二）不利影响或损害

TPP/CPTPP 与 USMCA 中不利影响或损害的实质内容基本相同，但措辞稍有变化。

不利影响是指对货物和服务贸易造成的替代和价格方面的影响。替代影响表现在一些国有企业通过获得非商业援助，替代或阻碍了其他成员国同类企业的生产销售，这可能发生在进行非商业援助的成员国市场，也可能发生在国有企业建立的其他成员国和非成员国市场。而价格影响是由于成员国对国有企业进行非商业援助，导致其拥有价格优势，进而大幅抑制或压低了国内或其他成员国和非成员国市场上同类货物的价格或进口价格，或对销售造成损失（秦祥瑞，2023）。

TPP/CPTPP 和 USMCA 中的不利影响规定与《补贴和反补贴协定》中的条款相似，但适用范围扩大到服务和投资领域（见表6-2）。约束对象是成员方以及其国有或国营企业。不过，TPP/CPTPP 与 USMCA 的非商业援助规则在货物贸易中的适用范围比在服务贸易中广泛。在货物贸易中，非商业援助造成的损害和阻碍不仅包括在本国境内，也包括在其他成员国以及非成员国境内。而在服务领域，不利影响仅限于在其他成员国境内造成的损害或阻碍（刘力瑜，2017）。

TPP 将不利影响的定义扩大化，即只要国有企业获得竞争优势或获益，就认为对其他市场主体产生了不利影响。衡量标准是低价格和市场份额的变化。低价格是指国有企业产品在本国或第三国市场上的价格比进口价格或同类产品价格低，其中进口价格指的是从其他成员国进口的价格。

对于市场份额的标准要求是非常严格的，根据 TPP 提出了三种情况：第一，国有企业的市场份额有较大增长；第二，虽然国有企业市场份额不变，但如果没有非商业援助，会大幅下降；第三，国有企业市场份额虽然降低，但幅度小于不提供非商业援助的情况。而判断这些变化是否由非商业援助引起，是通过数学模型来判断，因而存在着较大的主观因素（王绍媛、刘政，2018）。

根据对非商业援助的规定，中国国有企业很容易被认定为存在不利影响，由于非商业援助规则只适用于成员国，因此它的实施将会对中国国有企业的海外投资造成障碍，也会提高投资成本。这将给中国国有企业的国际竞争力和海外扩张计划带来挑战，使之面临更加复杂的市场环境和竞争条件（秦祥瑞，2023）。

七、其他规则

（一）提升国有企业公司治理

欧盟、哈萨克斯坦和日本的协定明确规定，必须确保国有企业遵守《OECD

国有企业公司治理指引》。同样，TPP/USMCA 也强调了国有企业的公司治理和经营合作。这显示出国际组织的指导原则在贸易协定中的影响力逐渐增强，甚至直接被采纳。这种趋势不仅促进了全球贸易规则的一致性，也有利于提高各国企业的运营效率和透明度。

（二）民事司法管辖

TPP/USMCA 要求，对于针对在一成员境内进行商业活动的外国政府所有或受其所有权控制的企业所提起的民事诉讼，该成员方要提供法院管辖，这就使各国可以以国内法管辖他国国有企业在其境内的行为（见表 6-2）。通过补充和修订本国竞争法，各国可以不断减少对国有企业的豁免条款，而增加竞争中立方面的规定，从而对外国国有企业的贸易与投资进行限制。例如，澳大利亚作为 TPP 成员国，建立了完善的竞争中立机制，外国国有企业进入其市场在遵守传统竞争法规定的同时，还需满足准入前规制，包括国有企业改革和信息披露等要求。因此，中国国有企业在对外投资时，若东道国当地同行业企业认为其对自身造成损害，可根据 TPP 国有企业条款起诉中国国有企业。这使中国国有企业在海外投资时面临不确定性风险（蒋旦悦，2016）。

此外，美国—新加坡 FTA 和美国—韩国 FTA 中出现竞争中立争议可提交争端解决机制的规则。

（三）TPP/CPTPP 和 USMCA 的豁免和例外

第一，针对不同主体的豁免。首先，中小企业通常会被豁免，TPP 是指 2 亿特别提款权的年营业额、USMCA 是指 1.75 亿特别提款权的年营业额以下的企业。其次，特定类别的国有企业也可能获得豁免，例如那些涉及主权财富基金或独立养老基金的企业。另外，地方国有企业也可能被豁免。为了确保有关豁免的执行和透明度，成员可以通过附件的方式提出对特定企业或行业的豁免。

TPP/CPTPP 和 USMCA 的国有企业条款针对的是从事商业活动的大型国有企业，而不是所有国有企业。这种针对性规定使监管更加精准有效。大型国有企业通常经济实力雄厚，又能获得政府支持，它们在国际贸易和投资中往往具有竞争优势，甚至可能扭曲市场竞争。

第二，一些特定范围可以豁免。这包括国有企业的非商业活动、政府采购活动、政府职权行使、为应对金融机构或主要从事金融服务的企业破产或失败问题，以及成员方保留的不符措施。

第三，某些例外的情况。如在经济紧急情况下或者国有企业根据政府授权提供满足特定条件的金融服务时，非歧视和商业考虑义务不适用。

第四节　国有企业新规则对中国的挑战

2000 年 3 月，第九届全国人大三次会议提出了"走出去"战略，自此中国企业开拓国际市场的步伐不断加快，国有企业的实力也不断增强。2021 年，中国国有企业（不含金融企业）资产总额为 308.3 万亿元，是当年 GDP 的 2.7 倍。而美国国有企业规模较小，生产总值仅占美国 GDP 的 5% 左右。《财富》世界 500 强排行榜也显示，2011～2022 年，上榜的中国企业数量由 61 家增加到 145 家。其中，国有企业由 55 家增加到 99 家。国有企业成为中国"走出去"的主导力量（石颖，2023）。这也让美国等发达国家的竞争压力大大增加。而 CPTPP 等自贸协定中的国企规则也主要是针对中国的国有企业。

一、中国与国有企业新规则存在的差距

国有企业在中国经济中扮演着至关重要的角色，享受着政府的各种优惠政策，相对于私营企业，在市场竞争中拥有绝对的支配地位（邢星，2017）。中国国有企业改革经历了多轮探索，但仍存在诸多问题。虽然大多数国有企业已经建立了公司治理框架，但一定情况下政府仍然会对企业进行直接干预，由于国有资产出资人不到位，导致会出现公司治理不够规范、运作效率不高等问题（刘力瑜，2017）。此外，国有企业通常获得高于市场平均水平的利润率，还享受大量融资优惠和国内垄断优势，和竞争中立规则标准存在差距（刘瑛，2016）。与新一代自贸协定国企条款相比，中国国有企业改革还有进一步提升的空间。

（一）对国有企业界定存在差别

国有企业的称谓及定义存在着差异，中国与新一代自贸协定对国有企业定义的侧重点和适用范围有所不同。

首先，国有企业在 CPTPP 等协定中通常被称为"政府所有""政府所有或控制"，或者是"公共机构""国家公司和机构"。

其次，新一代自贸协定中判定国有企业通常有四个标准，这些标准包括主要从事商业活动、直接持有企业超过 50% 的股权、行使超过 50% 的投票权以及有权任命董事会大多数成员。这些标准对于界定国有企业的范围和特征都起到了至关

重要的作用。

最后，新一代自贸协定中，国有企业一般是指中央政府控制的大型企业。因此，部分国有出资企业不属于这些自贸协定中的国有企业。然而，不少外国政府由于不了解中国国情，把中国所说的"国有企业"当成政府机构，并且十分抵触和不信任。

（二）存在部分市场准入限制

虽然中国加入 WTO 以后不断提高市场准入水平，然而，目前对不同所有制企业仍有一些特殊的准入政策。例如，在烟草、国防军工、矿产开采、邮政普遍服务等领域实行专营制度，在能源、铁路、电信、公用事业等行业还存在自然垄断。此外，对于非垄断行业和非公用事业等一般性行业的部分领域仍实行资质管理，如工业产品许可证、武器装备科研生产许可证。还有一些领域对外资还保持相对谨慎的态度，例如在持股比例方面设定了严格限制。以证券领域为例，针对 QFII、RQFII 的境内证券交易规定单个境外投资者的持股比例不超过 10%，所有境外投资者的持股比例不超过 30%。

（三）国有企业获得的政府补贴多于其他所有制企业

近年来，政府对 A 股上市公司的补贴数额有较大差异。2013~2022 年，政府对国有企业的平均补贴额高于其他所有制企业。这十年间，中国政府对 A 股上市公司的补贴总额为 5158.06 亿元。其中，中央企业获得的平均补贴金额为 4.33 亿元，地方国有企业为 1.48 亿元，民营企业为 0.87 亿元，外资企业为 0.76 亿元。企业规模对政府补贴的获取有明显的影响，由于国有企业主要是在关键领域，规模较大，因此，更容易获得政府补贴。

（四）融资门槛和成本参差不齐

由于国有企业的特殊政策性使命和经济使命，往往能获得政府对其财务风险提供的隐性担保。而国有企业与银行之间也存在长期稳定的合作关系（石颖，2023）。因而，在一些商业活动中，国有企业会受益于各类优惠政策和资源倾斜。特别是在工程项目招标、大宗商品和设备采购、市场化融资等领域，国有企业更容易以较低的融资成本获得资金（张乃欣，2023）。以中国 A 股上市公司为例，2013~2022 年，国有企业平均融资额由 5.78 亿元增加至 14.94 亿元，而民营企业平均融资额仅从 0.36 亿元增加至 1.24 亿元。可见，国有企业在融资方面有其他所有制企业不具备的优势。

（五）信息披露的透明度还不够

中国国有企业的信息透明度与高标准国企规则相比还有提升的空间。

第一，国有企业的信息披露主要由国资委向社会公开，企业只需定向报告，这使得多数信息仍为自愿披露，信息的透明度不够，数量、结构和时效也有欠缺。

第二，当前国有企业的信息披露往往根据政府规定，过分强调形式化的公开方式，不重视披露内容，这些信息披露制度没有真正与国际接轨，还不符合现代公司披露标准。

第三，在商业秘密和信息披露之间缺乏有效的处理机制，导致信息公开方面存在障碍。因此，需要建立起完善的信息披露机制，同时平衡商业利益和公众知情权。

第四，企业国有资产法规定了国务院和地方人民政府应当向社会公众公布国有资产保值增值情况及其管理进展，并接受公众监督。然而，这一规定缺乏具体细则，没有要求国有企业自身主动向社会披露相关信息并接受监督（石颖，2023）。

二、国有企业新规则给中国国有企业带来的挑战

中国的国有企业在国际贸易和投资中扮演着重要角色，但却面临着 CPTPP 等协议对其实施的规范和限制。这些规则主要涉及国有企业的经营行为和公平竞争原则。

（一）降低了国有企业反补贴的门槛

1. 非歧视义务的适用范围显著扩大

CPTPP 等协议中非歧视义务的适用范围显著扩大，不再局限于货物贸易，而是覆盖了货物贸易、服务贸易和投资。然而，中国在服务贸易领域仍存在较大的逆差，这一情况多年来未能得到改善。2015 年国务院发布了《关于加快发展服务贸易的若干意见》，提出要充分利用外经贸发展专项资金，大力支持服务贸易的发展。同时，"营改增"的税改政策，使服务出口可享受零税率。这些政策的目标是支持大型跨国服务企业发展，提升国际竞争力（李本，2022）。然而，我们需要意识到，与国有企业有关的支持政策可能被认定为非商业援助，并可能引致反补贴调查。在实施相关政策时，必须审慎考虑可能的后果，避免因此导致贸易争端（秦祥瑞，2023）。

2. 非商业考虑被作为独立的义务

在义务的内容上，CPTPP 等协议将非商业考虑作为独立的义务，而非歧视义务的一部分。即使对外国货物、服务提供者或投资没有给予歧视待遇，如果在商业活动中未充分考虑商业因素，也被视为违反条约义务（刘力瑜，2017）。

3. 非商业援助规则的适用范围扩大

非商业援助规则的适用范围较大，对国有企业的认定标准是"商业考虑"

和"三权"。这可能会将与某一国有企业存在合作关系的上下游国企都纳入规制范围，导致大量针对国有企业的反补贴调查。根据 TPP/CPTPP 等协议，我国大部分国有企业获得的贷款都可能被认定为非商业援助，包括国家政策性银行、国有控股商业银行等向国有企业提供的贷款。另外，政府向国有企业提供的补贴、税收减免或其他援助都可能被视为非商业援助。国有企业之间的正常商业往来，也有可能被视为非商业援助（王绍媛、刘政，2018）。

4. 补贴认定的流程被大大简化

非商业援助规则对"不利影响"和"损害"的定义过于宽泛，补贴认定的流程被大大简化。TPP/CPTPP 等协议竟然把成员国产品竞争力归因于补贴以及接受"非商业援助"的国有企业。这种认定标准会导致国有企业频繁被指控。特别是当前国有企业在国家科技创新中起到关键作用，而根据 CPTPP 的规定，创新激励政策和国有企业参与国家科技创新项目都可能受到影响。同时，国有企业与上下游企业的正常交易也可能引起"交叉补贴"的诉讼。这些都对国有企业构成挑战。

（二）阻碍国有企业跨境投资的发展

1. 国有企业条款可能会对国有企业在境外投资造成障碍

CPTPP 等协定的国有企业条款要求国有企业在进入市场之前就接受审查，并且披露信息等限制要求与其市场行为无关，只与国有企业的身份有关。这种做法提高了国有企业的投资成本和难度。对于准备大规模对外投资的国有企业来说，可能会成为严重的投资障碍（蒋旦悦，2016）。

而且 TPP 和 CPTPP 认定国有企业的随意性较大，这使发达国家很容易利用国有企业条款指控中国。根据 CPTPP 规定，只要董事人员与政府存在某种联系，如曾任公职人员，就可能被认定为政府任命。这种宽泛和不明确的规定可能导致国有企业在对外投资时遭受不公正对待，对其市场地位和竞争力造成负面影响（王绍媛、刘政，2018）。

2. 非商业援助规则可能使国有企业在国外遭到更多的起诉

CPTPP 等协定限制一成员向在其他成员境内设立的国有企业提供非商业援助。如果一成员向在其他成员境内投资的国有企业提供货物或服务，进而损害了其他成员的国内企业，例如，该国有企业的产出绝对或相对增长，造成东道国该产品的价格波动，接受援助的国有企业就会被认定对所在国的国内企业造成损害，进而受到非商业援助规则的规制。这会使国有企业的跨国投资受到很大影响。当前，非商业援助规制仅针对缔约国，因此，这可能会导致中国企业在境外设立工厂或公司的难度增加，进一步加大了海外投资的成本压力，也可能会引起投资转移（秦祥瑞，2023）。

3. 各国通过国内法对他国国有企业在本土行为的管辖，增加了国有企业对外投资的不确定性

CPTPP 规定了成员国法院对在其境内设立的企业有管辖权，包括其他成员国在该国境内投资设立的国有企业。这一规定为各国通过修改竞争法、减少豁免条款、增加竞争中立规定来限制外国国有企业的贸易投资提供了依据。例如，澳大利亚作为 CPTPP 成员国，在其竞争政策中有完善的竞争中立机制。这意味着外国国有企业在进入澳大利亚市场时将受到严格的监管，包括在投资前阶段需满足一系列准入前规制要求。在这种情况下，如果中国国有企业投资澳大利亚，当地同行业企业若认为其侵害了自身利益，则可以依据 CPTPP 国有企业条款向本国法院对中国国有企业提起诉讼。这使国有企业已有的海外投资面临不确定性风险（沈铭辉，2015）。

（三）对国有企业的改革施加约束

随着中国加入 WTO 以及《关于国有企业功能界定与分类的指导意见》的发布，国有企业改革逐步深化。按照国有企业改革的分类管理制度，国有企业被划分为商业类和公益类，并制定相应的管理和考核方式。国有企业的治理模式也逐渐从政企不分向政企分离、企业自主权增加、产权明晰、管理科学化的方向发展。然而，中国国有企业发展在短期内仍存在与 CPTPP 等协定高标准要求之间的差距，难以完全遵循国有企业规则规定的义务。例如，中国部分国有企业可能会承担某些政府职能，因而使一些正常商业行为被视为政府行为，可能导致经贸纠纷。此外，CPTPP 等协定明确规定政府不允许给予国有企业更优惠待遇，这使中国通过产业项目对国有企业进行补贴的经济管理方式面临调整（秦祥瑞，2023）。

根据 CPTPP 等协定的规则，中国国有企业从规模和程序上都非常容易被认定，尤其是非商业援助规则对国有企业的补贴进行规制，直接制约了其发展（秦祥瑞，2023）。例如，在高新技术领域中，中国采取同等性质的产业政策，导致部分国企受益，尤其是需要大量资金的新兴产业。这种做法可能被认为违反了竞争中性原则，会对中国国企的竞争力产生较大影响（李本，2022）。

第五节　国有企业新规则背景下中国的对策

新一代自贸协定中的国有企业新规则与中国国有企业改革方向相一致，有利

于政府减少对经济的干预，发挥市场对资源配置的作用，符合中国整体利益及长远利益。然而，我们也要认识到中国现有国有企业运营模式与新一代自贸协定中的国有企业规则之间有一定差距，因此需要加快国内改革，使国有企业运营模式更符合国际规则。巴西、俄罗斯、新加坡等国家已成功构建了与本国国情相适应的竞争中立制度，也有效推进了本国的国有企业改革。由此可见，引入竞争中立原则是切实可行的。随着中国入世承诺的履行和自主开放政策的实施，货物、服务、资本等方面的市场准入问题已逐渐得到解决，下一步高水平开放将着眼于构建公平竞争体系，进一步推动国内经济的发展（李计广，2018）。

一、积极参与国际经贸规则制定

中国的综合国力和国际地位不断提升，我们应该在国际经贸规则的制定中提出适合中国的国有企业条款。这样不仅能够推动全球经济秩序的完善，也能确保中国的国有企业在国际舞台上更好地发挥作用。

（一）坚持在多边框架上构建新的国有企业规则

在构建新的国有企业规则时，中国在国有企业界定上应有鲜明的立场，国有企业不应仅因其所有权而受到限制，而应重点关注公权力机构给予的特权（丁倩，2021）。在纪律约束方面，应坚持发展中国家立场，反对将惩罚性措施引入补贴通报义务（廖凡，2019）。同时，不应将商业考虑作为国有企业的法定义务，而应将其作为非歧视待遇的附属要求。另外，中国还应提出将农业补贴、服务业补贴纳入改革范畴（徐昕，2018）。最后，应在 WTO 的多边法律框架的基础上重构国际补贴制度。

（二）争取设置例外性条款

中国要从发展中国家的角度出发，主张将国有企业的认定标准和商业行为的认定范围进行限制和缩小，为发展中国家的国有企业争取利益。在国际贸易谈判中，中国可以借鉴欧美国有企业规则中的特殊规定，设立特定例外和一般例外条款。例如，可以参考 USMCA 的做法，排除次级中央政府控制下的国有企业适用，并规定涉及国防安全、能源、通信等领域的特定产业和企业可排除适用。此外，中国还应积极争取过渡期。在参与相关的国际贸易谈判时，可以规定 3~5 年的过渡期，国有企业在此期间内的商业活动不受国有企业规则的制约。这可以帮助中国国有企业更好地进行改革，提升竞争力（丁倩，2021）。

（三）参与引导相关国有企业条款制定

中国应积极参与双、多边自贸协定谈判，表达在国有企业的补贴机制、市场准入等议题上的主张，提出中国方案，并通过"一带一路"倡议、上合组织等平台，对国有企业规则的制定产生积极影响（石颖，2023）。

二、进行国有企业的混合所有制改革

2013 年 11 月，中国政府提出了要"积极发展混合所有制经济"，这标志着国有企业混合所有制改革正式开启。2015 年 8 月，国务院颁布了《国有企业发展混合所有制经济的意见》旨在推动国有企业的混合所有制改革，通过多元化的所有制结构，使美欧等国家和地区利用"所有权优势"限制中国国有企业参与国际竞争的企图落空。在国有企业混合所有制改革中，针对关系国家安全和经济命脉的非竞争性国企，国家仍将保持绝对控股或者国有独资地位；而对于关系国家安全和经济命脉的竞争性行业，不仅要保证国家资本维持绝对控股地位，还要积极吸引其他资本参与。对于自然垄断行业，国家可以通过政企分开、证资分开、特许经营等方式，同等对待国有企业和非国有企业；对于公益性企业，政府可以逐渐降低持股比例，引入非公有制资本，并在法律层面对其行为进行规范和指导（邢星，2017）。另外，对那些国有资本参股一般竞争领域的混合所有制企业，可以"国家出资企业"或"国家持股企业"的称谓来替代其"国有企业"标签（石颖，2023）。股权多元化可以减少外界对国企性质和活动的猜忌，减少企业被归类为国有企业的可能性。

混合所有制改革后，国家通过法律和股东身份规范国有企业的经营，促进现代化公司制度建立，激发国企活力。

三、扎实推进市场准入管理机制

市场准入管理应坚持公平原则，公平对待各种所有制企业，保证它们有同等的市场准入条件，让各类所有制企业公平竞争、共同发展。第一，创新市场准入管理。应放宽市场准入条件，在准入后管理中保持中立。可以尝试用准入后监管代替准入前许可、简化准入前认证、强化准入后监管，降低企业在认证和监管中的成本。第二，深入探索负面清单制度，不断完善外商投资管理体制。坚持对外资的准入前国民待遇和负面清单管理模式，明确禁止和限制外商投资的领域，加强负面清单的执行力度。细化负面清单，建立动态调整机制，及时调整负面清单内容，确保国家经济安全和产业发展（石颖，2023）。第三，在自贸港试点放开部分政府采购市场，使进口货物和服务可以参加自贸港的政府采购。

四、剥离国有企业的行政职能，加快推行国有企业分类监管

（一）剥离国有企业的行政职能

中国国有企业改革的方向是实现政企分开，适应市场经济的要求。虽然中国

已进行了国有企业改革，但仍有一些企业存在"一个机构、两块牌子"的情况，承担着一些行政管理职能，如中国烟草总公司和国家烟草专卖局、中国铁路总公司、中国盐业总公司。因此，中国要全面实行政企分开，剥离国企的行政管理职能、配额分配权、资格发放权等，以避免政府被诉（刘政，2019）。除了剥离国有企业的行政职能外，产业政策也应更多地结合消费升级和技术升级的发展形势，并且应当适度、中性和起到辅助性作用，不应偏离市场经济的基本规律（黄建忠，2019）。

（二）对国有企业进行分类监管

为了确保国有企业在商业领域竞争中的公平性，首要任务是明确区分国有企业承担的公共责任与商业利益。这就需要将国有企业划分为不同的类别，并对其进行分类监管（黄颖慧，2017）。《中共中央、国务院关于深化国有企业改革的指导意见》把国有企业分为两大类：商业类和公益类。商业类国有企业将进行市场化、商业化运作，以实现国有资产保值增值目标，其中充分竞争行业和领域的国有企业属于商业一类，关系国家安全的战略性领域的国有企业属于商业二类。而公益类国有企业主要致力于提供公共产品和服务。近年来，广东、上海等地新一轮国有企业改革方案中也明确了国有企业分类监管的改革方向，是国企分类监管的先行者（黄颖慧，2017）。

1. 不同类型的国有企业应有不同的所有制模式

商业类国有企业以盈利为目标，处于充分竞争的市场领域，应积极引入私有资本和外资，推动混合所有制发展。自然垄断行业的商业类国有企业，应实施政企分开、政资分开、特许经营、政府监管，实行网运分开，放开竞争性业务。需要国有全资的企业，则应引入其他国有资本，争取股权多元化，确保国有企业在市场中的公平竞争地位（陈新开，2016）。公益类国有企业的目的在于保障民生，国家可以继续持有或完全拥有这类企业，以确保对于国民经济重要领域的控制。部分公益类国有企业，应剥离其公益性职能，建立完全的公益类国有企业。对于那些不可分离的公益类国有企业，应严格区分职能，设立独立账户，加强信息披露。对于改革难度较大的国有企业，可借鉴新加坡的国有企业改革模式，引入各类股权和市场资本，将国有企业经营性资产证券化，同时，鼓励企业员工持股，管理层增资入股，以避免非商业援助中的股权认定风险（李本，2022）。

2. 国家的政策优惠力度在不同的国有企业中应有差异

针对商业类国有企业，政府需要减少对其的优惠，以促进公平竞争，包括减少融资优惠、财政补贴等，同时引入其他资本以降低政府的持股比例或投票比例，实现政企分离，使私营企业和商业类国有企业享有同等的权利和待遇。而对于公益类国有企业，政府应加大投资比例，对这些企业拥有绝对多数股权或投票权，加强政企联系，并在法律中增加对这些企业豁免政策的适用，这样，从基础产品和服务领域到关乎国家经济命脉的领域，公益类国有企业能够实现全面覆盖，从而保障其公益职能的实现。对于兼具商业类和公益类的国有企业，政府需要在援助上做出相应的调整。减少对商业性活动的援助，而增加对公益性活动的援助（邢星，2017）。

3. 国有企业在市场竞争中应当根据其不同的性质进行监管

对于那些履行特定社会职能的国有企业，其市场竞争行为不受竞争中立制度限制；从事商业活动的国有企业则必须遵守竞争中立制度的规定。如何确定国有企业的市场行为是否具有盈利性，可以从以下三个方面进行判断：首先，该国有企业出售产品或特殊服务是否为了获利；其次，该国有企业提供的产品或服务是否被其他企业以有偿方式获取；最后，该国有企业销售或提供的产品或服务是否收入高于成本。只要国有企业的市场行为符合以上任何一种条件，就应被视为盈利性市场行为，必须遵守竞争中立制度的规定（邢星，2017）。

五、构建竞争中立指标体系以及完整实施机制

自 2019 年起，国有企业改革在多个重要官方文件，包括在《政府工作报告》中都被明确要求遵从"竞争中性规则"。这一规则强调，无论企业的所有制性质如何，都应在市场竞争中受到公平的对待（李本，2022）。因此，应构建竞争中立的指标体系以及其实施机制。

（一）构建竞争中立指标体系

在构建指标体系时，我们应全面清理公司治理、分账核算、商业回报、透明补偿、税收中立、监管中立、债务与补贴中立、政府采购等方面的政策和法规，形成完整的竞争中立指标体系，并对各级政府和国企进行考核。在制度构建方面，我们可以参照澳大利亚的经验（冯辉，2016）。

（二）构建完备的实施机制

完备的竞争中立实施机制包含了评估、倡导及执行（含豁免）三个重要环节。为了有效进行竞争评估和倡导，我们可以借鉴欧盟的经验，根据《中华人民共和国立法法》的规定，设立一个独立的法定机构作为竞争中立的主管机构，从而消除规范性文件审查的障碍。也可以参考澳大利亚的经验，在行政机构内部设立一个独立的主管机构，并赋予国务院反垄断委员会相应的审查权和建议权。这样的安排将有助于我们更好地推进竞争评估和倡导工作。

执法问题的解决是保障中国市场经济公平竞争的重中之重。执法机构应根据

《中华人民共和国反垄断法》及相关法规，坚决打击违反竞争中立原则的行为。应提高行政裁决的公开性与透明度，对行政裁决不服，可以将争议诉诸法院。还可以考虑由最高法院指定特定法院处理竞争中立案件，特别是涉外案件，这样不仅可以统一司法尺度，还能够更加合理地扩大司法审查权（冯辉，2016）。

六、规范政府补贴模式

竞争中立规则的核心理念在于为不同所有制企业提供一个公平的竞争环境，防止因政策偏向或交叉补贴而导致的市场失衡。近年来，国有企业在承担社会义务的同时，也积极参与商业活动，这在一定程度上引发了交叉补贴的争议。所谓防止交叉补贴，是确保国有企业在进行商业活动时，不会因政府对其承担社会义务的补贴而获得不公平的竞争优势。竞争中立规则的很多政策目标都体现了防止交叉补贴，如直接成本的识别、商业回报率的设定、公共服务义务的考量，以及税收和债务中立等。在实践中，中国现行的补贴模式已多次成为反补贴案例的焦点。例如，2009年，美国在对中国的碳素合金钢管发起的反补贴初裁中，指出了包括政策性贷款、税收减免、政府提供低价商品和服务、区域性优惠政策等在内的多种补贴形式。这些补贴措施在一定程度上为国有企业提供了额外的市场竞争力，但也可能引发国际贸易纠纷。为了应对这一问题，中国必须改革政府补贴机制，规范对国有企业的各类补贴。

（一）坚持在补贴议题下探讨问题

我们在制定补贴政策时，既要考虑国有企业的实际情况，也要兼顾市场的公平性和WTO等国际规则的要求。具体而言，我们需要完善公平竞争审查制度，减少专向性补贴或可能被视为非商业援助的补贴。同时，我们还需逐步减少"一企一策"式的补贴，防止因过度干预市场而引发的交叉补贴问题。在这一过程中，我们应坚持在补贴议题下讨论各类所有制企业的补贴问题，而不是将国有企业单独作为补贴规则的适用对象（石颖，2023）。

（二）构建非歧视性的产业补贴合规体系

为确保产业补贴体系不会扭曲国际贸易，需要对补贴制度进行优化，采取非歧视性的产业补贴政策，例如，设立供给端产业扶持基金、任何企业一旦满足条件就可以自动获得税收抵免，为高新科技产业提供有力支持，同时，也是鼓励创新和提高产业效率的有效手段。要为从事服务贸易和投资的国有企业提供接受补贴的合规行为指南，当国有企业向其他国有企业销售产品、国有商业银行向国有企业提供贷款时，要基于商业考虑。此外，还要尽快完善国有企业合规风险识别预警机制，识别企业可能存在的合规风险，并建立合规风险库。对于典型性、普遍性和可能产生严重后果的风险，必须及时发布预警，以确保企业能够迅速作出反应（李本，2022）。

（三）不同类型的活动应该用不同的账户进行管理

我们可以借鉴欧盟的做法，区分公共项目责任和商业行为责任，分设不同账户，分别管理。筛查商业类国有企业的补贴，对商业补贴和非商业补贴进行区分，并清理、排除或调整可能被视为非商业补贴的项目。

（四）用公开透明的方式进行成本补偿

政府对进行政策性、公益性任务的国有企业，应基于透明、合理、可问责的方式进行成本补偿，过去土地划拨、税收减免、项目支持等隐性补偿方式应加以改变。成本补偿方式应逐步过渡到透明公开的政府采购和公开招标等方式（石颖，2023）。

当然，在面对像欧盟等西方国家提出的明显对中国具有歧视性的规则时，比如扩大禁止性补贴的范围，制定针对导致产能过剩的补贴等，我们应该保持谨慎和保留的态度（郑伟、管健，2019）。要审慎地评估对中国经济的影响，并在保护自身利益的前提下进行合理的应对。

七、实现企业融资政策中性

深化金融供给侧结构性改革的过程，是一个系统性、全面性的变革，其目的在于更好地实现融资政策中性，促进金融服务体系和传导机制不断完善。第一，要构建服务型政府机制。国有企业的融资利率要与市场利率保持同步，政府对国有企业的隐性担保应逐步减少，使国有企业的融资活动趋向于市场化和公平化。第二，应严格落实审批程序和信贷标准。有关部门要对融资政策进行深入研究，并严格按照融资投放要求操作。银行和有关金融机构要根据信贷标准进行审批，严格把关，确保审批流程的公正性和透明性。同时，也要做好对企业的深入调研，对其资质和信用水平进行准确评价。第三，应着力改革银行等金融机构。积极推动金融机构改革，制定合理的企业融资政策，构建更多的良性融资平台和多层次资本市场。促进各类企业融资合理化，减少融资差异，规范银企之间的融资（石颖，2023）。

八、推进公平竞争审查制度

国有企业所享有的政府补贴可能为其带来不正当的竞争优势，因此，需要对国有企业所接受的补贴进行严格的审查。我们可以根据欧盟的经验，建立一个专门的公共补贴审查机制。这一机制将致力于评估国有企业所接收的补贴是否遵循了竞争中立原则，也就是主要审查国企接受补贴的合法性和程序性。为了确保这一审查机制能够顺利运作，有必要制定相应的法律规定，明确国有企业获得补贴的具体条件、方式、程序，同时还要明确违规行为的法律责任。此外，为了增强透明度和监控，国有企业应当设立两个独立的账户：商业活动账户和公共补贴账户。商业活动账户主要用于记录国有企业在日常商业运营中的收入和支出，而公共补贴账户则专门用于记录国有企业所收到的各类公共补贴，包括补贴的总额、预算、支出和结余等。这样，有关部门和社会各界都能更清晰地了解国有企业补贴的使用情况。必须强调，公共补贴的目的在于支持国有企业履行特定的社会职能或参与公益性活动，而不应用于商业性活动。若国有企业擅自挪用这些补贴，不仅会受到法律的制裁，其负责人也应当承担相应的法律责任。但值得注意的是，对用于支持高科技研发活动的公共补贴，我们应给予特殊的考虑。根据中国相关法律政策，国家鼓励并支持企业进行科技创新，因此，这些补贴不应当受到审查机制的约束。不管是国有企业还是私营企业，只要它们致力于科技研发，都应有权获得政府的补贴支持（邢星，2017）。

九、建立完备的申诉机制

申诉机制无疑为制度的稳健运行提供了强有力保障，竞争中立制度更是如此。在中国当前的反垄断执法体系中，商务部、市场监督管理总局、发改委、反垄断反不正当竞争委员会等多部门共同参与，虽然各部门的职责各有侧重，但在实际操作中，职能交叉也不可忽视。因此，为确保竞争中立制度得以切实有效地实施，建立一个专门的申诉受理机构显得尤为迫切，而反垄断反不正当竞争委员会正是一个理想的选择。它负责指导反垄断法的执行、监督和申诉受理，与竞争中立制度的目的高度契合。在市场的激烈竞争中，一旦国有企业采取的商业性竞争行为有违竞争中立制度，其他的市场参与者便有权向反垄断反不正当竞争委员会提出申诉。反垄断反不正当竞争委员会一旦接收到来自市场参与者的申诉，便应迅速启动调查程序。这些调查内容包括但不限于：国有企业的市场竞争行为是否受竞争中立制度的规范，其行为是否触犯了该制度，以及这一行为对市场竞争造成的危害程度。经过深入细致的调查后，反垄断反不正当竞争委员会应迅速公布调查报告，并对违反竞争中立制度的国企做出处罚（邢星，2017）。

十、加强国有企业竞争的透明性

提高透明度不仅是对国有企业的一种监管方式，更是对其形象与公信力的呵护。

　　首先，国有企业应主动公开相关信息，尤其是在政府采购、税收减免、银行贷款等敏感领域，应将信息如实地展现给公众。与此同时，国有企业应与私营企业站在同一起跑线上，自觉维持相同的贷款利率，并及时公之于众。当然，若有特殊情况下的优惠政策，也应向公众主动通报，让公众了解其特殊原因。

　　其次，为了使国有企业的信息披露更加规范化、法治化，出台与之相关的信息公开披露条例及法律保障显得尤为重要。这不仅能确保信息披露的真实性与准确性，更为其运行提供法律层面的支持。

　　最后，根据上市企业信息披露的规定，上市国有企业承担及时主动公开企业信息的责任。而对于那些不涉及国家安全的非上市国有企业，它们同样需要遵循一般企业信息披露的相关规定，积极向社会公开其运营情况。值得注意的是，对于涉及国家安全的国有企业，其在信息公开上享有更大的自主权，可以依据国家原有的规定进行信息的合理披露。国有企业信息披露内容包括：企业的管理层组成及薪酬情况、生产经营状况、在职员工的构成与数量，以及企业的财务状况等详尽信息。此外，国有资产管理委员会作为监管者，也承担着依法披露其所监管的国有企业运行情况的职责。值得一提的是，国有企业在编制并发布年度财务报告时，必须严格遵循法律规定，对公共补贴账户和商业活动账户中的资金使用情况，要分别进行细致的说明，并对公共补贴的来源和具体用途提供合理的解释（邢星，2017）。

　　此外，为了进一步提升国有企业信息披露的质量与效果，还需构建一个内外相结合的信息披露监管机制，加强社会监督。财务、审计、税务、国资、监事、组织、纪检等各相关部门，应当在信息披露的过程中实现信息的协同、共享和整合，确保信息的透明度和准确性。同时，还应将这些信息与金融、税务、商务、领导人等方面进行有机结合，从而构建一个社会化和市场化的约束机制，让信息披露成为推动企业自律、维护市场秩序的有力武器（石颖，2023）。

第七章 环境新规则与中国的对策

随着世界经济全球化步伐的日益加快，国际贸易呈现出迅猛的发展态势，然而，这一进程也伴随着环境问题日益严峻。面对这一挑战，美国、欧盟等发达国家和地区纷纷在自由贸易协定中纳入环境条款，试图借此推行国际经贸新规则，从而在全球竞争中占据有利地位。这一趋势显示出环境保护条款已成为新一代贸易议题的关键组成部分，对国际经贸格局产生深远影响。截至目前，中国已签署19项自由贸易协定，并加入了30多项与生态环境相关的多边公约或议定书。2021年9月，中国正式申请加入CPTPP，标志着中国在国际经贸合作中迈向了新的阶段。然而，中国已签订的自贸协定中的环境条款较为粗放，不利于应对发达国家的"规则制华"策略。同时，这种粗放的规定方式，也不利于中国未来自由贸易协定范本的形成。与此同时，从国内来看，中国的法律法规在环境保护方面的规定与国际标准还有较大的差距。尤其在环境问题的公众参与方面，我国与CPTPP等高标准国际规则的要求还有明显的距离。这不仅影响了中国在国际经贸舞台上的形象与地位，也制约了中国在全球环境治理中发挥更大作用的可能性。

生态文明建设作为中华民族永续发展的基石，一直是党和政府高度重视的议题。在党的十九大报告中，这一理念被明确为"中华民族永续发展的千年大计"。习近平总书记在第75届联合国大会上承诺，2030年以前中国将实现碳达峰，2060年以前实现碳中和。与此同时，绿色高质量发展在"十四五"规划中被确定为重要任务，"积极参与引领应对气候变化等生态环保的国际合作"也在"十四五"规划中被重点强调。这显示出中国在全球生态文明建设中的积极态度和责任担当。中国正借鉴高标准环境规则，努力完善国内的环境保护法律体系，为将来参与全球环境治理奠定基础（魏宇涵，2021）。

本章立足于新的发展格局，探究CPTPP、USMCA等高标准环境规则的发展脉络、主要内容和特点，提出了促进中国环境治理体系的完善和提升以及推动构建全球环境治理体系新格局的对策建议。

第一节　环境规则的演变过程

WTO 的环境保护规则在不断发展中开始显现出重要性。GATT 第 20 条一般例外条款规定了"保护人类、动植物生命或健康所必需的措施"，这标志着环境保护在 GATT 中具有一定地位。随着时间的推移，贸易协定中的环境保护规则不断演变，逐渐成为全球经贸合作的重要价值目标。

自 20 世纪 90 年代以来，人们对贸易与环境之间的关系有了更深刻的认识。1994 年生效的北美自由贸易协定（NAFTA）首次将环境议题纳入其中，并签订了北美环境合作协定（NAAEC）作为补充协定。NAAEC 于 1994 年 1 月 1 日与 NAFTA 同时生效。NAFTA 中的投资者诉东道国政府解决机制（ISDS 机制）成为争议焦点，导致美国、加拿大政府频频被投资者起诉至仲裁庭，很多案件涉及环境问题。到 2020 年 6 月 30 日，美国被诉的 17 起案件都已经终结，尽管没有败诉，但这些案件引起了美国政府的高度警惕。美国开始重视国际投资协定中的环境规则，并体现在双边投资协定（BIT）中（梁咏、侯初晨，2020）。

1995 年，WTO 成立了贸易与环境委员会，推动环境与可持续发展问题成为主要议题。在 WTO 协议中环境条款的重要性越来越突出，美墨金枪鱼案和美国海龟案等都是引人关注的环境案例。然而，WTO 环境规则过于笼统和分散，多哈回合谈判中的环境议题也停滞不前。因此，双边和区域自由贸易协定备受瞩目，环境条款已成为 FTA 的重要组成部分。FTA 灵活性大，有望为解决环境与贸易问题提供一种新的途径。

当前全球贸易协定中普遍包含环境相关条款，这一趋势自 20 世纪 90 年代以来持续扩展。发达国家与发展中国家签定的自贸协定中，环境规则的标准较高，而发展中国家间的自贸协定中环境规则标准较低。从环境条款的种类数量来看，发达国家与发展中国家的自贸协定平均包含 32 类环境条款，发达国家间的自贸协定平均包含 12 类，而发展中国家间的自贸协定平均包含 8 类。其中，美国、欧盟和加拿大签署的自贸协定中环境条款数量领先，美国签订的协定平均包含 66 类环境条款，加拿大为 57 类，欧盟为 54 类（韩剑、刘瑞喜，2022）。这一现象反映出发达国家对环境议题的重视程度。

在各种贸易协定中，环境条款起着重要作用。例如，在 CPTPP、USMCA、美国—秘鲁、美国—韩国、欧盟—越南、欧盟—加拿大、欧盟—日本等协议中都包含了大量环境保护措施。特别是 CPTPP，其中包含了 137 类环境条款，被认为是全球高水平环境规则的代表。

第二节 新一代自由贸易协定的环境规则

近年来，全球多边贸易体制谈判停滞不前，各国主要在双边和区域贸易协定的框架下探索环境与贸易的协调机制和规则。其中，以 TPP 为代表的高标准区域自贸协定备受瞩目。TPP 试图在环境与贸易协调规则方面取得突破，解决 WTO 规则体系中存在的问题，弥补多边环境协定（Multilateral Environmental Agreements，MEAs）的不足，改进区域自贸协定现有环境条款和规则的不足。尽管美国退出了 TPP，但 11 个成员国最终达成了 CPTPP。在环境保护方面，CPTPP 保留了 TPP 原有的环境章节的规定和内容（唐海涛、陈功，2019）。与此同时，USMCA 几乎完全继承了 TPP/CPTPP 的环境条款，没有丝毫改动。本章通过对这些条款进行深入分析，以更好地了解这些协定的环境政策。

一、TPP/CPTPP 的环境条款

TPP/CPTPP 环境条款内容全面、标准较高，在广度和深度上都反映了未来环境规则的发展趋势，是未来贸易规则的关键参照（王亮，2022）。

（一）TPP/CPTPP 环境条款的内容

1. 概括性条款

概括性条款包括了定义条款、目标条款和一般承诺（见表 7-1）。其主要定义了"环境法"，指出了实施实体性条款和程序性条款的目标，并明确了成员国的环境权。

2. 实体性条款

首先，明确与多边环境协定有关的义务和承诺。规定成员方必须履行多边环境协定的承诺，包括保护臭氧层、防止海洋环境被船舶污染、保护贸易和生物多样性、防止外来入侵物种、管理海洋捕捞渔业、保护野生动植物等（见表 7-1）。多边环境协定是软性法律文件，缺乏强制力。但通过 TPP/CPTPP 的规定，这些环境承诺被纳入硬性法律框架中，必须得到严格执行。

其次，应对全球气候变化。TPP/CPTPP 协议强调了向低排放经济转变的重要性，同时强调了各成员方的共同努力。根据第 20.15 条规定，各国应分享能源效率、低排放技术和可再生能源资源开发等方面的信息和经验，以实现低碳经济的目标。此外，TPP/CPTPP 第 20.18 条规定，各国可以在环境产品和服务方面

进行合作，共同应对全球环境的挑战。

表 7-1　TPP/CPTPP 环境章节的承诺事项

规则范围	定义及目标	一般义务	与MEAs相关的义务和承诺	透明度与公众参与	私营部门参与	合作机制	气候变化	EGS	制度安排	磋商机制	争端解决机制
具体条款	定义及目标	一般义务	多边环境协定、保护臭氧层、避免船舶污染及保护海洋环境、保护贸易和生物多样、防止外来物种入侵、管理海洋捕捞渔业	程序性事务、公众参与机会、公众意见提交	企业社会责任、增进环境绩效的自愿机制	合作框架	向低排放和适应性经济转型	环境产品与服务	环境委员会与联络点	环境磋商、高级代表磋商、部长级磋商	争端解决机制规则

资料来源：唐海涛，陈功. CPTPP 环境规则：承诺、创新及对中国法完善的启示［J］. 重庆理工大学学报（社会科学版），2019（8）：29-41.

3. 程序性条款

程序性条款包括五个方面的内容：一是公众参与。文本中明确规定成员方应当借助咨询机制，征求相关人士的意见；并就公众提交的环境议题进行书面回复并发布在公共网站上，以确保公众意见能够得到充分考虑。二是私营部门参与，包括企业社会责任和提高环境绩效的自愿机制，为私营部门在环境保护中发挥更大作用提供了制度保障。三是环境委员会和联络点的设置。为方便环境议题的交流和高效解决环境纠纷，规定成员方要设置一个联络点。四是磋商机制。为保证有序高效的磋商，将磋商机制分为环境磋商、高级代表磋商和部长级磋商三个层级。五是争端解决机制（见表7-1）。若磋商后纠纷仍未得到解决，争端解决机制则会发挥作用，成员方可以再请求磋商或者请求设立专家组审理争端。另外，TPP/CPTPP 环境条款还规定可以通过贸易制裁确保各方履行协定义务。

（二）TPP/CPTPP 环境条款的主要规则

TPP/CPTPP 环境条款体现出明显的美式特征。环境章节包括定义与目标、一般承诺、多边环境协定、透明度与公众参与、合作、环境产品和服务、制度安排、磋商与争端解决等内容。除环境章节以外，序言、卫生与植物卫生措施、政府采购、投资等部分也有涉及环境问题。TPP/CPTPP 的环境条款有六个方面的特点。

1. 设置内容广泛的环境专章

TPP/CPTPP 的环境规则不只限于独立的环境专章，而是在整个协议中广泛覆盖了与贸易有关的环境问题。CPTPP 中的环境专章包括 23 项条款和 2 个附件，涵盖了臭氧层保护、保护海洋环境免于船舶污染、生物多样性保护、向低碳和有韧性的经济转变以及海洋捕捞渔业五个领域。这些条款除了明确成员国应承担的义务，还规定了违约惩罚和补救措施。此外，除了环境章节，CPTPP 的其他章节也涉及了与贸易相关的环境问题，如卫生与植物检疫措施、技术性贸易壁垒、投资、金融服务以及政府采购等章节（见表 7-2）。这些条款不仅明确了目标和承诺，也规定了特定领域的规则，既包含实质性条款，也包含程序性条款。与其他自贸协定相比，TPP/CPTPP 涵盖的环境问题更加广泛（魏沁宁，2022）。

表 7-2 主要自贸协定环境议题的比较

FTAs 所含环境议题	GATT	TPP/CPTPP	USMCA	KOR-US*	RCEP
保护生物多样性	Y	Y	N	Y	N
遗传资源	N	Y	N	N	N
外来入侵物种	Y	Y	N	N	N
非法捕捞	N	Y	N	N	N
野生动植物的非法贸易	N	Y	N	Y	N
技术性贸易壁垒与环境保护	N	Y	Y	Y	Y
金融服务中的环保要求	N	Y	N	Y	N
投资领域的环境壁垒	N	Y	N	N	N
专利申请的环保要求	N	Y	Y	N	Y
环保产业的劳工要求	N	Y	N	N	N
政府采购中的环保要求	N	Y	N	Y	N

注：N 代表未涵盖，Y 代表涵盖，* 为《美韩自由贸易协定》的简称。

资料来源：魏沁宁 . CPTPP 环境治理范式及中国的实践进路 [J]. 江西理工大学学报，2022（1）：34-41.

2. 制定严格的措施确保成员国国内环境法的有效执行

首先，义务主体中纳入成员国的次级中央政府。传统国际法的义务主体一般是国家或一级中央政府，而 TPP/CPTPP 把成员国次级中央政府纳入合作机制，要求各国对其次级中央政府的环境法律执行负责。这种做法为环境保护提供了更为全面的保障，确保环境法的执行不仅停留在中央政府层面。其次，TPP/CPT-PP 加入了涉及非政府实体的条款。要求各成员国与非政府实体加强合作，对非法买卖野生动植物进行打击。这将多边环境公约的主体范围进一步扩大，提升了环境保护的力度和效果。同时，这也为各方在环境问题上的合作提供了更为广泛的平台和机会。再次，TPP/CPTPP 规定了争端解决程序，规定成员国为促进多边环境条约的实施可以进行贸易制裁。这一规定为国际环境法注入了更为具体的执行机制，如果争端无法通过争端解决机制得以解决，则受影响的成员方可以采取报复措施，这提高了多边环境公约的执行力（魏沁宁，2022）。最后，TPP/CPTPP 还包含了一系列程序性规定，要求建立国家间环境委员会、公开讨论环境问题、共同协商环境法等。这些规定可以通过外部压力促使各国实施环境法规（韩剑、刘瑞喜，2022）。

3. 严格规定了层层递进的磋商与争端解决程序

TPP/CPTPP 对争端解决程序的规定具有明确性和可操作性，包括了从环境磋商到高级代表磋商、部长级磋商再到适用争端解决章节几个环节。每个环节都规定了严格的时间限制，在收到磋商请求 30 天内双方进行磋商，在收到磋商请求 60 天内由高级代表和部长级磋商解决争端。若磋商没有结果，请求方可以将案件提交 CPTPP 的争端解决程序。在争端解决阶段，设立了专门的争端解决小组，由 3 位独立于争端方的专家组成，他们需在专家组组成之日起 150 天内（紧急情况下 120 天内）提交初步报告，供当事国评议，并于此后 30 天内提出最终报告。整个争端程序将公开进行，包括书状提交、公开开庭审理和最终报告公开。在争端处理过程中，争端解决小组可以参考非政府组织的意见，以确保争端解决过程的公正性。若争端解决小组判定某成员方违反义务，控诉方有权采取贸易报复措施，但败诉方仍有一定时间进行谈判和磋商（唐海涛、陈功，2019）。TPP/CPTPP 的环境争端解决机构和四级磋商机制是一种系统化的争端解决程序，其特有的双重争端解决机制确保了争端解决的效率、透明和公正（魏沁宁，2022）。

4. 强调信息披露、细化公众参与制度和程序

TPP/CPTPP 环境条款的公众参与原则，强调了公众参与和信息披露，使个人和其他成员方可以就环境问题提出申诉。

首先，通过专门条款规范信息披露和公众参与。在环境章节中三项具体条款，即"程序事项""公众参与机会"和"公开意见"，为信息披露和公众参与

提供了明确要求。尤其是第 20.9 条第 3 款规定成员方需在协议生效后 180 天内接受和回复公众意见，使公众能够通过一定渠道影响贸易协定的决策。

其次，各个条款都强调公众参与和信息披露原则。无论是保护臭氧层、海洋环境，还是生物多样性，各条款都强调了公众参与和信息披露。另外，设立环境委员会的程序也着重于这两点，旨在确保信息的透明度。可见，公众参与和信息披露是 CPTPP 的核心原则。

最后，非政府组织可以参与争端解决程序。CPTPP 规定，专家小组在听证中要考虑境内非政府实体的书面请求。这一举措为更广泛的利益相关者提供了参与和监督贸易争端解决的机会，有助于确保规则和程序的公平性和透明度（魏沁宁，2022）。

此外，CPTPP 要求成员方建立国家咨询委员会，以提高公众的参与度。成员方需要接收并审议公众提交的书面意见，并以书面形式及时回复，还要公开意见和回复。另外，CPTPP 还规定成员国定期提交公众意见实施活动的书面摘要（韩剑、刘瑞喜，2022）。

5. 制定海洋捕捞渔业和野生动植物保护等方面的高标准规则

CPTPP 规定成员国要加强对非法捕捞的监管，使渔业补贴更有透明度，禁止引起过度捕捞的补贴。还规定要加强政府和非政府组织的合作，为打击非法获取和买卖野生动植物要制定严格的处罚措施。此外，在涉及臭氧层保护、贸易和生物多样性、外来物种入侵以及海洋环境保护等方面，也做了框架性规定。值得注意的是，CPTPP 在这些问题方面强调了协商及合作的重要性，并具体规定了合作程序、方式、领域以及对合作效率、效果、进展等的审查评估（韩剑、刘瑞喜，2022）。

6. 强化了多边环境协定的义务

CPTPP 引用了多项多边环境协定，如《濒危野生动植物种国际贸易公约》《关于消耗臭氧层物质的蒙特利尔议定书》《防止船舶污染国际公约》《联合国海洋法公约》等，规定成员国需要履行其参加的多边环境条约承诺（韩剑、刘瑞喜，2022），这既是对已加入多边环境条约的国家承诺的再次确认，也为未批准多边环境条约的国家提出了加入 CPTPP 的先决条件（魏沁宁，2022）。另外，CPTPP 还明确了有关野生动植物保护的争端解决程序，该领域的争端可向《濒危野生动植物种国际贸易公约》的授权机构寻求建议或援助以解决相关事项。通过将强制性规则体系应用于约束力较弱的 MEAs 条款，CPTPP 的争端解决机制提高了多边环境条约的约束力，也为将来国际环境规则修订提供了重要基础和参考（韩剑、刘瑞喜，2022）。

二、USMCA 环境条款的主要内容

（一）定义、范围与目标

USMCA 规定东道国环境法律包括中央立法机关制定的法律以及成员国履行多边环境协议涉及的法律。也就是说，该条款适用于美国、墨西哥和加拿大的联邦法律，不包括它们的州法律。

USMCA 规定环境法的适用范围是预防、消除或控制污染物排放，控制有害化学品、物质、材料或肥料，保护野生动植物及其栖息地和特殊自然保护区。排除了与劳工安全、健康直接相关的或首要目的是管理自然资源的生存或土著居民收获的法律法规。这些规定的制定旨在保护环境、野生动植物，并体现出三国合作共识。

USMCA 再次强调了环境利益与贸易利益间的密切关系，表明三国共同致力于协调环境问题，实现可持续发展目标。该协定规定了一系列目标，包括提升可持续发展水平、加强多边贸易和环境政策实施水平、实现高水平环境保护和有效执行环境法律，以及合作提升成员国处理环境问题能力等。

该条款还规定成员国不应利用环境政策变相限制贸易或投资，即对其他成员国采取环境法律或其他措施来限制贸易都是不合适的。这一规定意在防止成员国在贸易领域使用环境政策进行隐性限制。需要注意的是，在实践中这一规定可能存在不同理解，因为各国对贸易措施的期望和实际做法可能存在差异。因此，有必要通过具体案例对该规定进行进一步解释（孔令聪，2021）。

（二）与多边环境协定的关系

USMCA 所指的多边环境协定包括《濒危野生动植物种国际贸易公约》《关于消耗臭氧层物质的蒙特利尔议定书》《1973 年国际防止船舶污染公约及其 1978 年议定书》《关于特别是作为水禽栖息地的国际重要湿地公约》《南极海洋生物资源养护公约》《国际捕鲸管制公约》《建立美洲间热带金枪鱼委员公约》等。

USMCA 对于成员国在履行多边环境协议时的具体规定十分明确。根据 USMCA 的规定，只有影响成员国间贸易或投资的行为才会被视为违反 MEAs。如果成员国在某一 MEAs 的义务履行方面发生争端，且双方都是该 MEAs 成员国，则该争端只能提交给 USMCA 的环境争端解决机制处理。换言之，USMCA 环境条款调整的争端需要具备两个条件：一是双方都是 MEAs 成员，二是争端与贸易有关（孔令聪，2021）。

（三）实施机制

通过公众参与和信息公开确保环境治理的公正性，同时引入企业等社会团体

自愿参与，实现广泛的主体参与。

USMCA 强调信息的开放与公众的参与。除了政府间的信息公开和共享，政府对公民的信息公开也至关重要。USMCA 明确了环境法的定义，具体规定了立法、执法、司法等方面的信息公开，使公民能够了解环境法实施的各个环节。在具体环境议题上，USMCA 的信息公开制度涵盖了生物多样性、大气污染、渔业等议题。在公众参与方面，规定包括成员国公民在内的自然人、法人和非政府组织，还包括境外自然人，范围十分宽泛。此外，USMCA 并未设定公众参与资格的限制。在具体实施规则上，公众有权向成员国提出环境章节实施中的问题或意见。成员国必须及时回应公众意见，并通过网络等方式公布回应结果，以便更多人了解。

USMCA 在环境保护方面设立了自愿的环境机制，旨在提升环境实施水平。该机制包括成员国对于灵活、自愿的环境机制的许可，具体有环境审计和报告、基于市场的环境机制、自愿的环境治理经验和信息分享、公私伙伴关系等方面。这些措施有利于推动国内环境法律的落实。

对于企业的社会责任和负责任的商业行为，USMCA 规定成员国企业不仅要在国内遵守与环境相关的社会责任原则，还应在海外经营时同样遵循国际公认的标准和指导方针。USMCA 中对企业社会责任的规定，不仅是对其境内企业的要求，也包括按照其法律成立的海外经营企业（孔令聪，2021）。

（四）不减损条款

USMCA 规定，各国不得通过放弃或削弱环境法来鼓励贸易或投资，要求只能提高环境标准。这一条款主要是为了防止墨西哥通过降低环境标准来吸引外资。

（五）例外条款

1. 一般例外条款

USMCA 的投资章节规定，成员国在制定、维护或实施与环境目标相关的措施时，不得受到投资规定的限制。这赋予了成员国自主裁判是否履行或减损协定义务的权利，类似于 GATT 第 20 条的一般例外条款。USMCA 将适用于安全例外的自裁判权引入环境事项中，从而显著增强了成员国在环境规制方面的权力和影响力。根据 USMCA 的规定，只要东道国"合理行使自由裁量权"或做出"善意的决定"，即使其政策措施影响了投资也不被认为违反协定。这一条款的审查标准比较低，使东道国更容易获得免责（梁咏、侯初晨，2020）。

然而，USMCA 环境保护条款中裁判权的引入也带来了挑战和争议。一些人担心，东道国可能会滥用自裁判权，随意解释和适用相关条款，以谋取短期利益，而忽视环境保护的长远利益。此外，由于裁判权赋予了成员国较大的自主权，也可能会导致不同成员国在环境规制方面出现分歧，进而影响到跨境投资的稳定和可预测性。

2. 具体义务免除的例外条款

第一，国民待遇与最惠国待遇例外。USMCA 规定可以考虑环境因素对投资者或投资给予差别待遇。

第二，间接征收例外。在认定征收行为时，环境被视为一个重要因素。仲裁庭在判断是否存在征收时通常把公共目的和非歧视性作为主要的考察因素。例如，2010 年 Hemtura v. Canada 案中，加拿大政府对杀虫剂林丹（lindane）停止登记，仲裁庭认为林丹会对环境造成危害，加拿大的行为属于东道国行使治安权，同时该行为具有非歧视性，因此，判定加拿大不存在征收行为。USMCA 附件增加了间接征收的例外，东道国被进一步赋予了环境规制方面的权利（梁咏、侯初晨，2020）。

第三，履行要求禁止的例外。USMCA 规定了为保护人类、动植物健康和可被用竭的自然资源的例外。然而，在实施例外规定时，要避免以不合理的方式对国际贸易造成变相的限制。这给予东道国更大的自主权，使其能够更好地控制本国资源和环境的利用。

第四，例外之例外。对东道国可能滥用环境规制权，USMCA 做了有效的控制和限制。例如，协议对履行要求禁止施加例外，确保了东道国不能随意违反协议规定。虽然关于间接征收的条款内容只规定了措施目的和非歧视性要求，但是正当程序、合理期待和比例原则等在认定间接征收时也有重要作用。

（六）有关环境争议的争端解决程序

对于解决环境争议的程序，USMCA 规定包括普通磋商、环境委员会级的磋商以及部长级的磋商。当经过这些程序且争议依旧无法解决时，可以提交 USMCA 的一般争端解决程序。在一般争端解决程序中，无须再进行磋商（梁咏、侯初晨，2020）。

三、欧盟 FTA 的环境条款

欧盟签署的自由贸易协定通常在正文中专门设立了一个章节，详细规定贸易、环境和劳工问题。其中，欧盟与加拿大签署的 FTA（CETA）更是引人注目，其特点是单独设立了贸易与可持续发展、环境、劳工几个章节，突出了贸易与环境议题的重要性。CETA 的环境条款主要涵盖四大内容。

第一，概括性条款，主要包括定义、目标和一般条款。CETA 规定了环境法的涵盖范围。目标条款对环境、贸易和可持续发展之间的密切关系做了明确规定。而一般条款禁止缔约方为引进外资或促进外贸而降低环境执法水平。

第二，实体性条款。明确了多边环境协定对环境问题的重要性，协调了协定与多边环境协定的关系。此外，规定了林产品贸易和海洋捕捞渔业方面的规则。

第三，程序性条款。首先，规定缔约方要使公众提高对环境法和执法程序的认识，采纳公众意见。其次，缔约方要加强环境影响评估、国际论坛等方面的合作。最后，要设立联络点作为缔约方执行环境事务的联络机构，保证信息的传达并协助各方合作。

第四，磋商机制。规定缔约方就环境议题可通过书面请求与另一方当事人进行磋商。如果磋商未果，可要求成立专家小组进行讨论，但专家小组的建议并非强制执行，缔约方不执行建议也不会遭受惩罚。为了强调争端解决不适用 CETA 争端解决机制，CETA 规定环境争议可通过斡旋、和解或调解方式解决（王亮，2022）。

第三节　环境新规则的主要特点

美、欧近年来签署自由贸易协定的环境章节有以下特点：

一、包含环境目标、合作、多边环境协定、制度安排和磋商机制等规则

美、欧自贸协定都包含环境目标、合作、多边环境协定、制度安排和磋商机制等规则。其中，美国更加重视公众参与，明确要提高公众参与度，并对参与程序和意见提交程序作了详细规定。此外，美国更加注重多边环境协定，并建立了自贸协定与多边环境协定之间的联系，开启了国际环境治理的新阶段。

二、把可持续发展作为主要目标

美国自贸协定强调要协调经济增长与环境保护之间的关系，要求缔约方把环保问题作为采取贸易限制措施时的重要考虑因素。欧盟在贸易协定中设立了贸易与可持续发展章节，涵盖劳工、环境和气候变化等议题，规范了可持续性影响评估、预防原则和代际公平等问题。欧盟规定不能把环境保护作为贸易保护的工具，并推进环境产品贸易的自由化。然而，欧盟制定的具体措施较少，只规定成员国不可以降低环保执法水平。

三、重视私营部门参与

美、欧自贸协定的环境章节都重视私营部门参与，主张企业自愿承担社会责任和提升环境绩效。要求成员国建立相关环保机构，强化环保合作，提升环保水平。美、欧自贸协定环境条款都十分重视公众知情权和参与权，在环保规则的制定上尽量满足公众利益（王亮，2022）。

例如，USMCA 强调信息的开放与公众的参与。除了政府间的信息公开和共享，政府对公民的信息公开也至关重要。USMCA 还规定了立法、执法、司法等方面的信息公开，使公民能够了解环境法实施的各个环节。在公众参与方面，规定不仅包括成员国公民在内的自然人、法人和非政府组织，还包括境外自然人，范围十分宽泛。此外，USMCA 并未设定公众参与资格的限制，公众有权向成员国提出环境章节实施中的问题或意见。

四、在环境章节设计上有明显差异

美国的环境章节明显体现出硬约束，规定环境争议可以提交协定的争端解决程序，并且可以用制裁的方式强制执行裁决结果；而欧盟的环境条款则体现了软约束，主张通过对话与合作来解决争议，如政府间互动、公众与政府互动以及成员国相关人员或组织间的互动来解决环境问题。然而，近年来欧洲自由贸易协定也越来越多地出现强制实施的趋势。总的来说，美国更注重规则的严格执行和强制力，而欧盟更重视合作与对话。虽然两者在环境章节设计上存在差异，但都致力于保护环境和加强国际合作。

五、环境条款内容的丰富程度存在差异

在环境条款方面，美国自贸协定的标准更高、约束力更强，但也更难推广。这种差异反映了美国和欧盟在贸易协定中的不同重视点和策略取向。美国更加强调条款的实际执行和效果，而欧盟更倾向于平衡各方利益。

六、环保范围不断扩大，规则约束逐渐加强

当前环境问题已成为全球合作的焦点领域，全球环境规则的制定呈现多方面的发展趋势，具体表现为：环保范围不断扩大，环境与贸易投资融合密切，规则约束逐渐加强，甚至趋向于硬法化。

第四节　中国自贸协定中环境条款的现状

中国在与多个国家和地区签署自由贸易协定时，都纳入了环境条款。到目前为止，在中国签署的 19 个自由贸易协定中，除了《内地与香港、澳门更紧密经贸关系安排》和《亚太贸易协定》，其他自贸协定都有环保方面的规则。在中国与瑞士、格鲁吉亚和韩国的自贸协定中，设置了环境专章，条款数有所增加，标准也有所提高。中国与韩国签署的自贸协定中，与环境有关的条款有 74 个，而中国与瑞士和新西兰的自贸协定中，与环境有关的条款则分别为 51 个和 52 个。

一、中国自贸协定中环境条款的内容

中国签署的自贸协定中环境条款的基本内容是一致的。

（一）重申多边环境协定的权利和义务

目前，中国已加入的与生态环境相关的多边公约或议定书有 30 多个。中国与瑞士和韩国的自贸协定在目标条款中都涉及 1972 年的《斯德哥尔摩人类环境宣言》、1992 年的《里约环境与发展宣言》等文件。另外，这两个自贸协定都规定双方应承诺实施已加入的多边环境协定，并有效落实各国的环保法律、法规，促进环境保护水平的提升。

（二）强调经济发展与可持续发展的关系

中国与瑞士、韩国的自贸协定的序言都明确了经济、社会发展和环境保护与可持续发展的互相依赖、互相支撑的关系。在序言中阐明这一理念，既可以为具体的环境条款提供支撑，也有利于各方利益冲突的缓和。

（三）设置了环境合作的软性条款

在中国签订的自贸协定中，设置了有着中国特色的长期环境合作条款，涉及双边、多边和区域论坛的合作。如中国与韩国自贸协定中，双边环境合作的内容包括环境产品和服务的推广、环境技术开发与环境产业促进、环保政策、活动和措施的信息交流等，还包括环境智库合作机制与能力建设、有关环境的专题会、研讨会、博览会，以及环境产业示范区基地等，这些条款为中国与其他国家的环境合作提供了示范和引导，促进了环境领域的交流与合作。虽然这些条款没有具体规定各国的权利和义务，且都是软法，但软法的应用也具有一定的优势，其中包括成本低、批准快等优点。

二、中国自贸协定环境条款的不足

(一) 没有固定的立法模式

中国自贸协定环境条款有四种立法模式：第一，在序言条款中设置有关环境保护的内容。例如，中国与冰岛的自贸协定。第二，在合作、例外等章节设置环境条款。例如，中国与秘鲁自贸协定的合作章节中安排了林业和环境保护的内容，中国与智利、冰岛的自贸协定的合作章节也有类似规定；又如，中国的自贸协定在例外章节，都规定与环保有关的 GATT1994 第 20 条经修改后可以作为协定内容。第三，一些自贸协定附属协议中有与环境相关的内容。如中国与新西兰自贸协定的附属协议《环境合作协定》。第四，一些自贸协定设置了环境专章。中国与瑞士、韩国、格鲁吉亚、智利、新加坡的自贸协定规定环境条款采用了专章的形式。2021 年 3 月 8 日中国签订的 RCEP，本应包含环境与可持续发展的内容，但目前却缺少环境章节，在环保与高水平规则方面还有很大差距。

尽管中国在 FTA 环境条款立法方面已经取得了一定进展，但仍然存在一些不足。相比美国、欧盟等国，中国参与制定国际环境规则起步较晚，导致中国签署的自贸协定差别较大，模板也不统一（韩剑、刘瑞喜，2022），内容也比较零散、缺乏统一标准与方略，对于未来 FTA 环境条款的制定和推广都造成一定的障碍（王亮，2022）。

(二) 环境保护条款数量少、涵盖范围较窄

目前中国已签署的自贸协定中，有环境专章的仅有 5 个，其他协定是将与环境相关内容散布在其他章节的条款中。相比之下，USMCA 等协定都有环境专章，条款数量也较多。而中国自贸协定的环境专章的条款数量基本不超过 10 条，主要是概括性指引，约束力不强。而较早的自贸协定中，仅在序言中对环境保护作了原则性规定，或是在解释其他条款时出现环保内容。可见，中国自贸协定中的环境条款涵盖的范围较窄，数量和内容都不足。这种情况主要是由于中国早期对于纳入环境保护条款这一问题的重视不够，随着自由贸易协定的发展，这一问题也没有得到很好的解决，至今仍未成熟（魏宇涵，2021）。

(三) 缺乏环境争端解决机制

争端解决机制是维护各方合法权益的重要工具。然而，中国的自贸协定中没有制定详细的环境争端解决程序，一般的争端解决机制也没有完全排除适用于与贸易有关的环境争端（魏宇涵。2021）。《中韩自贸协定》规定与贸易有关的环境争端可以由联络点或环境委员会解决，但它们均无法发布有约束力的文件。该协定还明确规定，环境争端不得提交争端解决机制解决。至于中国与瑞士的自贸

协定，同样缺乏争端解决机制。只有中国与格鲁吉亚的自贸协定规定，对环境争议双方只能在联合委员会的框架下磋商。总之，中国的自贸协定没有为环境问题制定完备的协商与争端解决程序或国际环境合作机制（韩剑、刘瑞喜，2022）。这也许是由于签约方在实体规则方面缺乏规定，因此也就没有必要制定争端解决程序。然而，发生环境争议很难避免，争端解决机制不完善不利于各方的经贸合作（王亮，2022）。

（四）环境条款实质性内容不足且过于分散

中国目前的自贸协定没有把贸易对环境的影响放在重要位置，因此环境条款的实质性内容不足、过于分散。环境条款很少涉及野生动植物保护、臭氧层保护、渔业捕捞等领域，同时，在公众参与、争端解决机制等方面，中国与美国存在一定的分歧。相比之下，CPTPP在环境规定方面更为详细和全面，不仅规定了更加具体的内容，还明确了公众参与、信息公开、企业社会责任以及提升环境绩效的自愿性机制，并制定了约束力较强的环境争端解决规则。而USMCA也制定了公众参与、信息公开、企业义务、环境评估等条款。综合来看，中国与CPTPP、USMCA在环境规则的深度上有很大差距。然而，近年来中国对已经签订的自由贸易协定进行了升级，包括与瑞士、韩国、格鲁吉亚、新加坡、智利、新西兰等国家的升级自贸协定。升级后的协定中都设置了专门的环境章节，体现出中国在环境规则深度方面的不断提升（韩剑、刘瑞喜，2022）。

（五）对多边环境协定的重视不够

CPTPP的环境规则十分重视多边环境协定，要求成员方通过公众参与立法和国内法律履行其在多边环境协定中的承诺。中国签订的自贸协定还没有纳入任何多边环境协定，也没有规定有国际法约束力的义务，仅要求成员国通过国内立法履行双方都签定的多边环境协定的现有承诺。然而，在国内立法层面，中国在濒危野生动植物贸易、臭氧层保护等方面的多边环境协定的义务履行方面还存在不完善之处，同时落实多边环境条约义务的机制保障仍然缺乏（魏宇涵，2021）。

第五节　环境新规则背景下中国的对策

一、完善国内环境法规

在国内层面，我们必须正视当前中国环境保护法律规定与国际标准之间的鸿沟。例如，在野生动植物保护方面，虽然中国已经加入了《濒危野生动植物物种国际贸易公约》，中央和各级政府的实施机制也已建立，但是因为部分监管存在着重叠，而有些方面的监管又存在着空白，尤其是中药行业对野生动植物产品的需求，使得非法交易问题屡禁不止。此外，我们还没有建立起健全的生物遗传资源知识产权保护体系和遗传资源信息库，环境产品的技术标准和环境评价体系也有待完善，环境规则实施和执法保障机制的加强也是亟待解决的问题。此外，在公众参与方面，个人、企业和非政府组织等广泛参与的环保配套保障机制还未能建立起来，还没有畅通的公众参与渠道，与 CPTPP 等协议规定相比，中国在环境问题公众参与方面还有着明显差距。

党的十九大报告中指出，生态文明建设是中华民族永续发展的千年大计。这说明中国已经认识到发展经济不能以破坏环境作为代价，并正致力于在世界生态文明建设中担当重要的参与者、贡献者和引领者。借鉴高水平环境规则，有利于中国环境保护法律体系的完善。同时，这也为中国加入 CPTPP 以及参与其他自贸协定谈判奠定了基础（魏宇涵，2021）。

（一）完善和提高环境与资源保护方面的法规

在当今全球经济贸易发展过程中，高标准的环境规则是必然的发展趋势。我们可以根据中国国情，从以下几个方面完善环境保护的法律法规：

1. 提高环境规则的实施水平

虽然《环境保护法》规定了环境规则的实施，但对于具体执行和处罚措施的规定还需更加详细。未来，我们要参考 CPTPP 等协定的环境规则，加强环境执法力度。同时，要明确规定环境执法的透明度和公众参与制度，使环境法得到有效执行（唐海涛、陈功，2019）。

2. 强化公众参与

《内罗毕宣言》《里约环境与发展宣言》《奥胡斯公约》等国际法都明确了公众参与的重要性，CPTPP 在信息披露和公众参与方面也做出了积极的推进。公众参与在中国《环境保护法》中被确定为环境法治的基本原则之一，然而，根据《中华人民共和国民事诉讼法》和《中华人民共和国行政诉讼法》的相关规定，公民没有资格提起环境公益诉讼。为此，中国要明确公民参与环境治理的条件、程序和补救措施，以实现更加全面有效的公众参与（魏沁宁，2021）。

3. 专门规定海洋保护和渔业补贴问题

加强海洋保护和规范渔业补贴制度是保护海洋资源和生态环境的关键。在《中华人民共和国海洋环境保护法》中，可以增加对非法捕捞和违规捕捞的惩罚力度方面的规定，严格规范渔业行为。同时，需要更加详细地规定海洋濒危保护物种的类别，加强对海洋濒危物种的保护和执法力度。

4. 将保护生物多样性纳入环保目标

《野生动物保护法》应明确生物多样性的重要性，制定详细规定加强对濒危野生动物非法交易的打击。同时，要加强国际合作，制定跨国保护条例，共同守护地球生态平衡。

5. 完善环境与资源保护相关法规体系

除了前述的主要法律外，《水土保持法》《野生植物保护条例》《矿产资源法》《水污染防治法》等都需要进一步完善和提升。此外，还需要加强《森林法》《环境噪声污染防治法》《渔业法》等方面的法律完善（唐海涛、陈功，2019）。同时，应及时制定濒危野生动植物贸易、臭氧层保护等领域的法律，以符合国际环境新规则的要求（魏沁宁，2021）。

（二）完善贸易与投资方面的法规

在中国贸易与投资的法律中，环境保护方面的规定较少。当前的《环境保护法》和《中华人民共和国药品管理法》虽有少数与贸易相关的规定，但两者之间的互动性并不明显（魏沁宁，2021）。为此，我们有必要借鉴 CPTPP 等协定的环境规则，根据中国环境技术水平和发展状况，努力完善贸易与投资方面的法律法规，为环境产品的贸易和投资提供充分的制度支撑。

1. 加强环境产品和服务的技术标准制定

目前，中国环境产品和服务方面的技术标准不完善，制约了中国环境产品贸易与投资的发展。我们可以借鉴国际经验，使环境技术标准更加细化，推动环境产品和服务的贸易和投资。

2. 加强环境产品和服务投资方面的法规

除了依靠外商投资产业指导目录来引导外商投资，中国应考虑在《外商投资法》中明确规定环境产品和服务领域的外资准入和审查标准，以更好地规范外资在该领域的投资行为，确保投资项目符合可持续发展原则。

二、完善中国 FTA 环境条款

中国自贸协定的环境条款与美国、欧盟存在较大差距，需要加强研究和改进。中国应借鉴美、欧环境规则，并结合中国经贸发展战略，调整环境策略，积极参与自由贸易协定环境议题讨论，树立积极的环境保护形象，争取环境规则制定的话语权（唐海涛、陈功，2019）。

（一）建设中国主导的 FTA 环境规则网络

当前，全球贸易规则面临着碎片化的局面。在这种情况下，中国应积极把握"一带一路"倡议的发展契机，积极构建与共建国家和地区的 FTA 环境规则网络，提升在国际环境治理中的发言权。一方面，应当在建设上海等自贸试验区的过程中，重视高标准环境规则的制定，并将成功经验向外输出；另一方面，需要针对"一带一路"共建国家的具体国情制定相应条款，使其能上升为国际环境新规则，并争取成为多边规则（王亮，2022）。

中国在构建环境规则范本时，可以借鉴 USMCA、CPTTP 等协定中的环境规则，包括区分实体规则和程序规则、明确目标和定义、纳入中国的环境危机、设置环境委员会或联络点、建立磋商与争端解决机制等。要使环境条款既符合中国的环境标准，又有开放性，可以不断纳入新的议题或提升环境标准（魏宇涵，2021）。

（二）探索构建中国 FTA 环境规制范本

1. 采用环境专章规定环境规则

在制定 FTA 时，需要研究中国环境与经济的总体战略布局，构建一个高标准的 FTA 环境规则范本，改变 FTA 环境规则分散、无序的状况（魏沁宁，2022）。在形式方面，可以借鉴美、欧 FTA，在 FTA 中设置环境专章。这既是为了遵循可持续发展理念，也是为了使中国在环境保护规则方面不落后于其他国家。

2. 建议缔约方自主设定国内环境标准

在美、欧的自贸协定中，规定各国可以自主制定国内环境标准和优先事项。今后中国在 FTA 谈判中，可以建议各国先行制定国内环境标准，并随着经济发展不断提升环境标准。

3. 明确 FTA 与多边环境协定的关系

根据美国 FTA 规定，如果 FTA 与多边环境协定相抵触，就优先适用多边环境协定。尽管中国已加入多个多边环境协定，涉及国际大气环境保护、国际海洋环境保护、防治危险废物和有害化学品污染、生物资源保护等，但中国的自贸协定尚未明确协定与多边环境协定之间的关系，也没有具体规范多边环境协定中的环保内容。未来，中国需要重视自贸协定与多边环境协定的关系，确保它们之间的协调一致性，特别需要关注中国 FTA 的环境条款是否符合多边环境协定的标准（魏宇涵，2021）。

4. 建立公众参与机制

我们可以借鉴美、欧 FTA 中设立的公众参与机制。例如，USMCA 环境保护条款规定了公众参与、企业责任、信息公开等内容，与国内法相衔接，通过公众参与和监督实现环境保护目标。然而，中国在 FTA 环境保护条款中并未设置与国内法相衔接的规定，导致环境保护监督力度不足。虽然中国《民事诉讼法》

规定了公益诉讼，但对原告资格限制较大，未能调动公民参与环境保护的积极性。可见，中国 FTA 的规则多是规范政府的义务和责任，较少涉及公民的义务和责任。因此，中国自贸协定应针对环境问题增设公民和其他成员方的申诉渠道，加强国内法与国际法的衔接，使协定规则的实施更具操作性和可持续性。

5. 扩大环境合作领域的范围

首先，我们可以通过梳理多边环境协定中有关成员履行义务的程序规则，在中国签订的自贸协定中，设立环境合作委员会和环境合作秘书处等机构，完善成员国在环保方面的沟通与合作机制。其次，可以设立环境保护的合作机制，加强环保领域的国际合作与协调，推动构建各国的信息共享平台，倡导跨国合作，确保环境问题得到更好的解决和保护。

6. 有效衔接协定义务例外与一般例外条款

中国签署的国际投资协定中包含了具体协定义务例外和一般例外，当环境条款规定不完善或者不明确时，这些例外条款为东道国环境规制权的行使提供了依据。但在具体协定义务例外和一般例外之间，应当给予具体协定义务例外更高的优先性。一般例外可以在具体协定义务例外无法平衡投资者和东道国的关系时作为补充。此外，为了维护东道国的环境规制权，应当增加国民待遇、最惠国待遇和间接征收三方面的例外条款。这和 USMCA 等自贸协议的做法也是一致的（梁咏、侯初晨，2020）。

7. 排除利益相关方救济条款，纳入企业社会责任条款

针对私主体参与中利益相关方救济条款的问题，应当特别注意海外投资环境中的高风险环境产业所面临的挑战。在投资协定中给予私主体救济权，有可能导致中国对外投资企业与东道国当地民众的更多冲突，因此，从保护投资者的利益出发，应增强中国企业的环保意识，如发布《对外投资合作环境保护指南》等，以减少因投资者违反东道国环境法规而产生的冲突和风险。另外，将企业社会责任条款纳入相关协议也显得尤为重要，这可以顺应国际潮流，也可以树立中国的国际形象（梁咏、侯初晨，2020）。

8. 灵活设计争端解决机制

在处理环境争端时，中国应灵活设计解决机制，采取软性手段来解决问题。目前，中国更适合采用磋商、调解等工具解决环境争端（王亮，2022）。此外，中国也可以借鉴 USMCA 的做法，在一定程度上限制 ISDS 机制的适用范围，或要求在启动 SSDS 机制之前进行强制性的政府磋商程序。USMCA 为与投资有关的环境条款设置了专门的争端解决程序，并且对 ISDS 或 SSDS 机制的适用进行了限制。对美、墨之间的 ISDS 机制，USMCA 只允许对关于准入后国民待遇、最惠国

待遇和直接征收的事项提出仲裁，排除了间接征收事项的适用。对于有关环境事项的 SSDS 机制，USMCA 要求先进行三个层级的政府间磋商，才能启动争端解决程序（梁咏、侯初晨，2020）。除此之外，中国也可以考虑设置负责执行环境争端解决程序的专门委员会，并组织建立专家组或进行技术咨询等事宜（魏宇涵，2021）。

（三）加强非条约领域的环境合作

"一带一路"共建国家不少是 CPTPP 成员方或是 CPTPP 成员的贸易对象，中国应该积极与这些国家签订环境质量标准的相互认可协议，推动与"一带一路"共建国家的绿色产品贸易。同时，也要促进非条约领域的环境合作，为今后可能的自贸协定框架下的合作做好准备。

另外，要通过非政府组织平台提升中国在国际环境治理方面的影响力。2020年 RCEP 正式签订后，中国生物多样性保护与绿色发展基金会积极筹备 RCEP 4C 会议，该基金会呼吁亚太地区在自贸协定下加强环境保护，发挥了中国非政府组织的作用。随着 CPTPP 环境规则对中国的影响日趋显著，非政府组织在未来的环境保护中将扮演着不可或缺的角色。通过积极参与国际环境保护事务，中国非政府组织可以在中国和全球环境保护议题上发挥更加积极的作用（魏沁宁，2022）。

第八章 劳工标准新规则与中国的对策

国际劳工标准是指由国际劳工大会所采纳的一系列公约与建议书，以及其他相关国际协议制定的一系列保护劳工权力的规则。这些规则构成了一个完备的体系，主要规范劳动关系及其相关事务，而其核心与宗旨在于规定和保护全世界的劳工权益（刘文、杨馥萍，2017）。自20世纪末劳工标准开始出现，这些标准为世界劳工权益的维护提供了制度保障，体现了发达国家保护人权的价值理念（韩可卫、袁子君，2020）。

发达国家和发展中国家对于是否把劳工标准纳入贸易协定，有较大的意见分歧。发达国家为了保护国内产业，把劳工标准引入自贸协定，使越来越多的发展中国家被迫接受这些规则，并逐渐失去规则制定的发言权（刘文、杨馥萍，2017）。随着世界贸易、投资模式的变革，发达国家制定的劳工标准逐渐成为国际贸易规范。国际劳工标准已经成为国际贸易和投资协定中劳动规则的标杆，随着全球一体化进程的推进，这些标准也在不断发展和完善（韩可卫、袁子君，2020）。

党的二十大提出了扩大面向世界的高标准自贸区网络的战略举措，旨在推动中国实现更高水平的对外开放，促进国内与国际市场和资源的互动。在国际贸易新规则迅速形成和产业链调整的背景下，我们应充分把握新一代自由贸易协定劳工规则的发展趋势，努力提升中国在劳工标准方面的国际规则制定能力（李西霞，2023）。

本章首先梳理劳工标准问题在WTO与国际劳工组织的发展演变。其次分析新一代自贸协定中劳工标准的内容和特点，同时对中国劳工标准现状进行了深入分析。最后提出了中国未来应对劳工标准问题的措施。

第一节 劳工标准的演进过程

国际劳工标准的演进过程可以分为四个阶段：

一、初始阶段

19世纪至20世纪初，工业化的发展使各国劳工政策和国际竞争之间的矛盾开始显现，而国际贸易的不断扩大更使劳工标准上升为关系到各国利益的焦点问题。1818年，罗伯特·欧文提出了国际劳工立法的构想，同时马克思主义的传播也使劳动者争取自身权益的意识觉醒，劳资关系出现了深刻变革。1904年，法国和意大利签署了首个双边劳工协定；1906年，国际立法协会第一次通过了两个国际劳工公约，《关于禁止工厂女工夜间工作的公约》和《关于（在火柴制造中）使用白磷的公约》，《国际劳工立法》正式诞生。在这一时期，国际劳工标准的发展具有局部化和分散化的特点，不过确立了基础框架。

二、产生与自主发展阶段

20世纪初至20世纪80年代，劳工标准进入产生与自主发展阶段。1919年，国际劳工组织（ILO）建立，形成了更具体的劳工标准，一系列劳工保护组织纷纷涌现，国际劳工标准的制定步伐也大大加快。1946年12月14日，ILO成为联合国的专门机构，是处理国际劳工问题最重要的国际组织。ILO通过公约和建议书确立了基本劳工权益的最低标准。1961年成立的经济合作与发展组织（OECD）在其法律文件中最早提出了核心劳工标准，后来又得到ILO的认可。尽管核心劳工标准已确立，执行情况却并不尽如人意。这暴露出ILO并未能有效解决劳工标准背后涉及的各国竞争问题，导致许多国家对ILO机制失去信心。

三、贸易与劳工标准挂钩阶段

20世纪80年代至20世纪末，贸易开始和劳工标准挂钩。在GATT的东京回合谈判和乌拉圭回合谈判中，发达国家提出社会条款要与其他条款具有相同的约束力，并建议制裁违反社会条款的国家，然而，遭到发展中国家的强烈反对。这一时期，美国、欧盟等国家和地区在实施普惠制时，把核心劳工标准作为给惠条件。尽管1996年新加坡部长级会议上就尊重核心劳工标准的基本原则达成共识，但在1999年的西雅图部长级会议上却没有取得任何成果，多哈回合之后WTO体制下贸易与劳工标准之间的挂钩基本停滞。在双边框架下，1989年欧盟的《劳工基本社会权利宪章》明确了12项基本劳工权利，其中包含了核心劳工标准。此后，1992年《马斯特里赫特条约》社会政策议定书通过；2000年的《科托努协定》和2008年的《欧盟—加勒比论坛国经济伙伴关系协定》把核心劳工标准与人权、民主及善治联系起来；2010年，欧盟与韩国签署自贸协定，规定尊重核心劳工标准并重申体面劳动。美国在 1993 年的《北美劳工合作协定》中提出尊重核心劳工标准和可接受的工作条件等 11 项标准，而在 2000 年的《美国—约旦自由贸易协定》中，宣布尊重"国际公认的劳动权利"。这段时期，尽管在多边体制下贸易与劳工标准挂钩没有取得预期成果，但双边框架下的劳工标准发展却取得了一定的进展。

四、投资协定中纳入劳工标准阶段

21 世纪以来，发达国家开始在投资协定中纳入劳工标准。2012 年，美国的双边投资协定范本引入核心劳工标准和可接受的工作条件，并将缔约方的劳工保护义务扩大。2013 年，在中欧双边投资协定谈判中，欧盟提出双方要保证不削弱国内劳工立法和标准。此外，非政府机构、企业、工会也开始在贸易中渗透各类自愿劳工标准。ILO 与世界银行、公民社会组织等机构也在劳工标准方面进行积极的合作。不过，TPP、TTIP 等区域自由贸易协定是推动劳工标准的主要平台，RCEP 也曾考虑将劳工标准纳入其协定条款（刘文、杨馥萍，2017）。

第二节　WTO 中的劳工标准问题

在 WTO 中，劳工标准问题是一个重要且极具争议性的问题，有关劳工标准问题一直没有在 WTO 达成协议。

一、WTO 对劳工标准的关注

WTO 作为全球最大处理贸易问题的国际组织，目标是消除各种贸易壁垒，劳工问题也是其谈判的议题之一。WTO 的建立推动了劳工标准问题的多边化，特别是在发达国家的积极倡导下。

1996 年 12 月，在新加坡部长级会议上，美国等国主张将核心劳工标准作为谈判的议题。新加坡部长级会议宣言将核心劳工标准列入其中。这意味着发展中国家和地区需认识到劳工权益问题的重要性，并承诺积极解决这一问题（杨帆，2007）。尽管在会议上达成共识，但并未将贸易与劳工标准议题列入 WTO 的工作计划。

1999 年 12 月，在西雅图部长级会议上，发达国家和发展中国家关于劳工标准问题进行了激烈争论。发达国家建议将劳工标准与贸易进行关联，而发展中国家则认为这会成为新的贸易保护工具，反对将劳工标准纳入谈判。

2001 年 11 月，多哈部长级会议举行。与以往不同的是，西方发达国家在这次会议上没有过于强调劳工标准的问题。在会议上，欧盟提出在执行国际劳工标准方面 WTO 应发挥积极作用的观点，但发展中国家则表示由于经济发展水平较低，无法达到西方发达国家的福利标准。同时，它们也担心劳工标准与贸易挂钩所导致的贸易保护（杨帆，2007）。《多哈宣言》第 8 条进一步强调了在新加坡部长级会议上做出的关于国际核心劳工标准的宣言。会议重申了 ILO 应该负责全球化进程中的社会标准问题。

可见，WTO 一直十分关注劳工标准问题，而各国更关注劳工标准与贸易的关系。发达国家和发展中国家对劳工标准与贸易的看法截然不同，各自维护自身利益，寻找平衡点对 WTO 是一大挑战。

发达国家和发展中国家对劳工标准与国际贸易的关系有着重大分歧。前者认为劳工标准差距会引起劳工倾销，而后者则认为发达国家的目的是降低发展中国家的比较优势，限制它们的发展机会，从而阻碍自由贸易。虽然双方意见不一，但在国际劳工标准与贸易协定方面，已取得了一些共识，如双方均赞成禁止贸易保护主义。

对于劳工标准与 WTO 挂钩问题，各国一直存在争论。虽然新加坡部长级宣言明确了成员国需要遵守核心劳工标准，但其立场相对模糊。WTO 没有具体表态要将国际劳工标准纳入其法律框架。此外，WTO 也尚未就劳工标准达成任何贸易协议或安排。因此，WTO 对国际劳工标准问题仍未有确定的解决方案。

虽然国际劳工标准与国际贸易挂钩已经成为世界经济发展的必然趋势，但是当前国际劳工标准的实施依然面临诸多挑战，包括国际劳工组织的执行力弱、市场手段如社会标签和认证也并非十分有效。此外，各种双边和区域性的自贸协定的实施情况也参差不齐。

二、WTO 中与劳工标准相关的规则

目前，WTO 规则层面中还没有直接涉及劳工标准的条款，只有一些分散在其他条款里的抽象性规定。WTO 中与劳工标准相关的规则有：

（一）GATT 的例外规定

GATT 在维护公共道德和人类生命健康方面有明确规定，但对劳工权利却没有详细说明。根据 GATT 第 20 条（a）和（b）的规定，各国可以为了维护公共道德和人类生命健康的需要，采取相应的贸易措施，其中包括禁止进口涉及童工和侵犯劳工基本权利的产品。此外，GATT 第 20 条（e）款规定对使用罪犯生产的产品成员国可以采取例外措施。然而，GATT 和 WTO 没有明确劳工权利是否

包含在公共道德和人类生命健康范畴内（朱兆敏，2014）。这导致对于劳工权利的保护和维护成为一个有争议的议题。

（二）社会倾销

GATT 第 6 条规定，进口产品以低于正常价值销售对进口国的国内产业造成损害，进口国的企业可以要求进行反倾销调查。通常发达国家劳工标准较高，而发展中国家由于劳工标准较低，因而经常被认定为不公平竞争，并以此为依据采取反倾销措施。

（三）社会补贴

由于一些国家劳工标准较低，没有完全执行国际劳工标准，因而被认为获得了不公平竞争优势，并被认定为非法补贴，进而被征收反补贴税。

（四）保障措施

根据 GATT 第 19 条规定，成员国可以在进口大量增加并对进口国的国内产业造成严重损害或严重损害威胁时，采取进口限制措施。如果证明严重损害是由于劳工标准较低所导致，便可以对出口产品采取保障措施（朱兆敏，2014）。

三、WTO 体系中劳工标准规则存在的问题

（一）严格限制纳入 WTO 体系的国际劳工标准范围

纳入 WTO 中的劳工标准应与贸易直接相关，因为劳工标准范围的过度扩大不利于协调发达国家与发展中国家的利益，也不符合 WTO 的宗旨。这些国际劳工标准包括禁止强迫劳动和男女工人同工同酬等。

（二）WTO 的争端解决机制在劳工问题上的适用问题

WTO 的争端解决机制规定，当成员国不执行裁决时，争端解决机构可以授权申诉方进行报复，从而迫使其履行相关义务。但是，劳工问题除了与贸易有关，也和政治、经济、文化等有密切关系，且国家与国家之间有着巨大差异。如果劳工问题适用 WTO 的争端解决机制，可能会引发新的不公平。

第三节　新一代自由贸易协定中的劳工标准

如今，新一代自贸协定普遍都包含了劳工标准，不管是发达国家之间、发达国家与发展中国家还是发展中国家之间的区域贸易协议。从 1994 年《北美自由贸易协定》率先将劳工标准纳入协定起，这种做法已成为一种趋势。其中 CPT-PP 的劳工标准最为典型，引领其他区域贸易协定在劳工规则方面的构建。

CPTPP 在第 19 章和第 28 章规定了劳工权利和争端解决的规则。第 19 章是劳工标准专章，内容包括劳工权利、劳工法执行、禁止强迫和强制劳动、企业社会责任、公众认识与程序保障、合作、公众意见、合作性劳工对话、劳工理事会、联络点、公众参与、劳工磋商等；第 28 章规定了争端解决机制。CPTPP 的劳工标准主要可分为三个方面：一是要求各成员国在国内法和实践中将规定的劳工权利纳入；二是规定争端解决机制适用于劳工争议；三是允许采取制裁措施（李西霞，2020）。

USMCA 对劳工标准的规定放在主协定的劳动章节中，确保成员国遵守劳工标准，承诺制定政策法规保障劳工的基本权利。该协定旨在为美、墨、加地区创造一个公平竞争的环境。此外，USMCA 劳动章节还明确规定了罢工权和结社自由之间的关系，强调了两者之间的密切联系。另外，USMCA 还界定了与最低工资有关的可接受工作条件，指出与最低工资有关的可接受工作条件包括工人依法可享受与工资相关的各种福利，如利润分享、奖金、退休金和医疗福利等（李西霞，2023）。

一、劳工权利

（一）《北美自由贸易协定》

2000 年生效的《美国和约旦自由贸易协定》首次在自由贸易协定中写进贸易和劳工挂钩的条款。

《北美自由贸易协定》作为第一个明确规定劳工权益的贸易协定，其副协定《北美劳工合作协定》中包括结社自由、保护组织权、集体谈判、罢工、废除迫使劳工和童工、最低工资、工作时间、消除歧视、同工同酬、职业安全与卫生、工人补偿和保护流动工人 11 项劳工保护原则。缔约国政府要保证其劳工法律规定较高的劳工标准，以与其高素质和生产率相符，并要致力于不断完善其劳动保障政策（孙宇，2011）。

（二）TPP/CPTPP

TPP 关于劳工权利的条款规定国内必须制定法律法规以保证与最低工资、工作时间、职业安全与健康保障有关的合理工作条件。这些条件的核心包括工资水平、工时限制和工作环境。简而言之，法律法规需要规定最低工资标准、设定工作时间上限、保障良好的工作环境。这些最低标准的设定必须充分考虑到劳动者的利益，确保他们的权益得到保障。

CPTPP 将劳工权利划分为两大类：一是 1998 年《国际劳工组织关于工作中基本原则和权利宣言》中规定的基本劳工权利，包括结社自由和有效承认集体谈判权、消除强迫和强制劳动、废除童工以及消除职业歧视。二是涉及最低工资、工作时间、职业安全及健康方面的可接受工作条件（见表8-1）（孙宇，2011）。

表8-1　新一代自贸协定劳工条款的比较

	CPTPP	USMCA	欧盟自贸协定
劳工权利是否纳入国内法	强调成员方在国内法中纳入劳工权利	强调成员方在国内法中纳入劳工权利	
核心劳工标准	与1998年ILO的核心标准相联系	与1998年ILO的核心标准相联系	将ILO公认的核心劳工标准纳入其中
劳工权利	涉及最低工资、工作时间、职业安全及健康方面的可接受工作条件	在劳工权利内容上设立了更严格的标准，包括防止暴力侵害工人、消除基于性别的歧视以及禁止最恶劣形式的童工等，对汽车行业工人的最低工资规定为16美元每小时	
保障机制	劳动争议适用于主协定的争端解决机制，但要首先经过磋商程序	劳动争议适用于主协定的争端解决机制，但要首先经过磋商程序	以合作和能力建设为主导，在内部一体化建设基础上，加强合作监督细节建设，提高公众参与度
救济措施	通过贸易制裁措施来确保缔约国执行劳工标准	通过贸易制裁措施来确保缔约国执行劳工标准	不采取贸易制裁等手段，不采用仲裁程序，主要通过对话和协商解决争议

资料来源：笔者根据资料整理。

（三）USMCA

USMCA第23章是关于劳工议题的规定，明确规定了成员方应该遵循国际劳工组织的宣言，确保结社自由权、集体谈判权、消除强迫劳动、保护童工、平等就业权、最低工资和超时补贴、职业安全。另外，还规定要保护外来务工人员的劳动权和禁止基于性别的就业歧视。

USMCA相对于《北美自由贸易协定》增加了关于强迫劳动、暴力侵害工人、移徙工人和工作场所、基于性别歧视的规定。首先，USMCA要求成员方禁止强迫或强制劳动，禁止进口通过强迫劳动（包括童工）生产的货物；其次，禁止用暴力、威胁和恐吓手段针对行使劳动权利的工人和劳工组织；再次，要求成员国的劳动法保护移徙工人的权力，无论其是否为国民；最后，禁止基于性别的就业歧视，包括怀孕、性骚扰、性取向、性别认同、照顾责任、产假/收养假、照顾家庭成员假和工资歧视等方面。

USMCA 的劳工标准对于墨西哥进行了具体规定，要求其改革劳工法，包括有关工人代表在集体谈判中的规定以及生产汽车零部件工人每小时 16 美元的最低工资标准（见表 8-1）（李西霞，2020）。

（四）欧盟自贸协定

2008 年，欧盟和加勒比论坛国家签署了《欧盟—加勒比论坛国经济伙伴关系协定》（EU-CARIFORUM EPA），其中特别关注劳工问题。该协定设立了专门章节来处理贸易和劳工标准问题，强调执行国际劳工组织的核心劳工标准。

欧盟与其他国家签订自贸协定时，把 4 项核心劳工标准作为劳工权利保护的范围。以欧盟与韩国自贸协定为例，双方规定了包括结社自由和有效承认集体谈判权利、禁止一切形式的强迫或强制劳动、有效废除童工以及消除就业与职业歧视四项核心劳工标准（孙宇，2011）。

目前的欧盟自贸协定已经将 ILO 公认的核心劳工标准纳入其中，特别是 1998 年《ILO 关于工作中基本原则与权利宣言及其后续措施》的内容被明确提及。尽管欧盟自贸协定没有直接明确各项核心劳工标准的具体义务，也没有具体指明适用的 ILO 公约，但协定要求缔约国遵守其已经批准的 ILO 公约，并努力加入或批准其他涉及核心劳工标准的公约以及新近的公约。相比于早期欧盟自贸协定，目前的贸易协定对于指引 ILO 的具体公约更有灵活性（贾海龙，2021）。

（五）双边贸易协定

1999 年，美国和柬埔寨签署了《美柬纺织品配额协定》。根据该协定，符合当地法律和国际劳工标准的柬埔寨纺织品将获得 14% 的出口配额增长。

二、保障机制

（一）TPP

1. "不得减损"原则

"不得减损"原则是指在贸易或投资中，成员方不能以牺牲劳工权益来换取经济利益。因此，在任何情况下，成员方都不能减弱或豁免、提议减弱或豁免劳工法提供的保护，影响成员间的贸易或投资。TPP 对此做出了具体规定，特别强调了在特殊贸易或关税区内减损劳工权益的情况。

2. 合理执法裁量权

各成员国应当有效落实协定规定的劳工标准，对于劳工违法行为各成员方被赋予一定的执法裁量权。尽管劳工执法活动的资源分配应当由各成员方善意决定，但在进行执法劳工活动时，必须尊重其他缔约方的主权范围，避免在其领土内进行执法活动。即任何成员方都应积极执行相关的劳工条款，而不得通过影响成员间的贸易或投资来违反协定规定。如果因为违反劳工条款而对各方之间的自由贸易造成影响，可以借鉴 TPP 中关于"合理执法裁量权"的规定。然而，这种合理执法裁量权并不适用于所有领域，任何成员国都不得在其他成员国的领土内进行执法活动。

（二）CPTPP

建立和运用争端解决机制是确保劳工标准得以切实实施的有效途径。通过让劳工争议受制于争端解决机制，可以强制执行劳工权利。为推动劳工权利得到强制执行，CPTPP 建立了劳工争端解决机制。

CPTPP 的劳工争端解决机制包括劳工磋商程序和争端解决机制两部分。劳工争端首先要经过磋商程序，当劳工磋商没能解决劳工争议时，争端才可以提交给争端解决机制（见表 8-1）。可见 CPTPP 非常重视劳工磋商程序，另外 CPTPP 对劳工磋商程序的规则非常具体，可操作性较强（李西霞，2021）。

CPTPP 的劳工磋商程序主要包括：第一，规定劳工磋商可通过成员国政府联络点或劳工理事会进行。在磋商过程中，双方可咨询独立专家，并可选择斡旋、调停或调解程序。第二，允许与争议有利益关系的第三方参与磋商。第三，要求磋商方必须提供请求原因和劳工章节的法律依据等具体信息。第四，劳工磋商应保密且对任何成员方在其他程序中的权利不构成影响。第五，劳工磋商程序是争端解决机制的前置程序。

CPTPP 的争端解决机制内容主要包括：第一，规定了成员国在涉及争端解决时可选择的场所以及相关程序。在同时涉及 CPTPP 和其他贸易协定的情况下，起诉方可选择争端解决场所，一旦选定争端解决程序，就不能适用其他争端解决程序。第二，规定了专家组的程序。包括专家组组成、职权范围、成员资格、主席名册、议事规则以及最终报告的效力。该专家组机制没有上诉程序，一旦专家组做出最终报告，该报告即具有法律效力（李西霞，2021）。

（三）USMCA

USMCA 在劳动章节中确立了劳动争端解决程序，并加强了争端解决的约束力。根据该协定规定，发生争议后，首先要经过磋商程序，如果磋商在规定时间内不能解决争端，方可进入争端解决专家组程序（见表 8-1）。专家组最终报告有法律约束力，如果败诉方在收到最终报告的 30 天内拒绝执行专家组报告的裁决结果，申诉方可以中止履行对败诉方的相关义务直至达成一致，中止的利益应与败诉方违反协定给申诉方带来的损失相当。这说明，劳动争议适用于 USMCA 主协定的争端解决程序，这使劳工标准的执行力大大增强（李西霞，2020）。

（四）欧盟 FTA

为了保障劳工权利，欧盟与韩国的自贸协定中建立了监督委员会和国内咨询小组。监督委员会负责监督双方执行可持续发展条款和合作事项，确保协议得以有效实施。国内咨询小组由各方的利益代表组成、作为独立的市民社会机构，组织市民社会论坛，评估双方履行可持续发展义务的情况并提出建议。这种执行保障机制虽然没有强制性，但可以促进缔约方之间的经贸关系发展，并为建立更完善的劳工权益保障制度提供基础。

欧盟的自由贸易协定的劳工标准有以下几个特点：

第一，采取了一种以合作和能力建设为主导的方式（见表 8-1）。欧盟规定成员国可以根据国情制定劳工标准，并且实施主要依靠自我规范和相互监督的灵活约束机制，平衡了发达国家和发展中国家的利益。欧盟通过劳工合作的方式保持柔性和适应性，一方面制定严格的制度，另一方面建立灵活的合作机制及行动计划，有效提高了成员方的劳工标准。欧盟还积极参与国际劳工组织开展的劳工标准、劳工框架、劳工活动以及劳工监管等方面的议题讨论，并支持 ILO 的体面劳动议程。此外，欧盟最近还与加拿大签署了自贸协定，明确表示将在 ILO 和 WTO 的平台上展开合作。值得一提的是，欧盟模式是通过激励在贸易中鼓励并支持成员国提高劳工标准。

第二，在内部一体化建设基础上，加强合作监督细节建设。欧盟劳工标准的发展首先是自我规范，达到更高的劳工标准，然后再要求区域外国家，体现了"严以律己、宽以待人"的原则。欧盟模式重视细化劳工合作和技术合作，建立透明的报告机制，强化监督。

第三，完善信息收集和反馈渠道，提高公众参与度。欧盟的自贸协定设立联络点和可持续发展委员会等机构，推动成员方定期对话，并保证信息的畅通交流。欧盟强调并致力于工人、雇主、相关组织和政府之间的对话，推动成员方在合作事项、劳工条款执行情况及争端解决方面的交流，同时鼓励政府、非政府组织之间公开地讨论劳工保护政策，提高公众对劳动法的认知，并在劳工政策制定和实施方面重视公众参与。欧盟要求各国设立可持续发展咨询小组，推动政府与民众的双向对话，公众可以通过咨询小组提出劳工事务方面的建议，从而促进信息交流和社会参与（刘文、杨馥萍，2017）。

三、救济措施

（一）CPTPP

CPTPP 劳工争议解决的救济措施，包含消除违反协定或使利益损失的情况，以及进行赔偿、中止利益或罚款。把劳工权利与制裁措施结合起来（见表 8-1），实际上是强调劳工权利的可执行性。

CPTPP 解决劳工争议的救济措施包括：

第一，消除违反协定或造成利益损失的情形。若专家组确认一成员方违反协定规定的义务，或者造成另一成员的利益损失，被申诉方应立即消除这一情形。

第二，赔偿措施。如果被申诉方不执行专家组的裁决，申诉方可要求赔偿。

第三，中止利益。当双方在限定时间内对赔偿方案没有达成一致或者已达成一致但申诉方认为被申诉方没有执行时，申诉方可以中止被申诉方的利益。具体步骤是：首先，应中止违反协定、使利益损失的同一事项的利益；其次，如果中止同一事项的利益不可行或无效，可以中止另一事项的利益；最后，如果双方对中止利益的金额有分歧，专家组应进行裁决。

第四，罚款。如果申诉方同意，被申诉方可以用支付罚款代替中止利益（李西霞，2021）。

（二）USMCA

USMCA 对劳动争议的救济措施包括消除违反协定或损害的情形、进行补偿和其他补救措施以及中止利益。同时，又将贸易制裁的适用范围扩大化，保证成员方执行核心劳工标准、最低工资、工作时间、职业安全与健康。如果违反，可以要求补偿或中止利益。USMCA 还对违反劳动权利的证明标准做了规定，通过贸易制裁来解决劳工问题（见表8-1）（李西霞，2020）。

（三）欧盟自贸协定

欧盟自贸协定劳工条款的主要特点是，在劳工争端解决和执行方面，尝试摆脱劳工争端解决的司法化，表示执行劳工条款不采取贸易制裁等手段，不采用仲裁程序，主要通过对话和协商解决劳工争议（见表8-1）。

第一，劳动争端解决程序呈现出逆司法化趋势。该程序包括磋商程序和专家小组程序。在争端发生后，缔约方可以成立专家小组，但专家小组的意见建议没有强制性，仅依赖于缔约方的自觉遵守。如果双方无法通过磋商解决争议，也不接受专家小组的报告，那么争端解决将陷入僵局，没有后续的有约束力的仲裁程序可供采用。这种解决方式，使争端的最终结果取决于各方的合作意愿，而非法律规定的强制性程序（贾海龙，2021）。

第二，执行手段不具有强制性。欧盟自由贸易协定中的争端解决程序和执行手段与 WTO 较为相似。执行手段包括取消违反义务的措施、补偿以及允许申诉方中止贸易减让等措施。然而，在解决劳工争端时，只能依靠协定中"贸易与持续发展章"中规定的争端解决程序。这一程序并没有提供强制性的执行手段，这就意味着如果违约方不自觉执行劳工争端解决结果，其他缔约方也无法采取强制措施。而在这种情况下，一般争端可以采用强制执行手段（贾海龙，2021）。

可见，美国的自贸协定相较于欧盟的自贸协定更具灵活性、广泛性，并强调公众参与，争端解决具有强制性。因此，美国 FTA 劳工标准的推广难度在一定程度上更大（王亮，2021）。

第四节　劳工标准新规则的主要特点

一、标准更高、更加细化，体现了发达国家重塑全球劳工规则的诉求

CPTPP 等自由贸易协定将劳工标准精细化，展现了发达国家重新塑造全球劳工规则的愿望。国际劳工标准的细化与完善，不仅可以更有效地保护劳工权益，还能在贸易中起到更好地制衡发展中国家的作用（韩可卫、袁子君，2020）。

例如，在《北美自由贸易协定》的基础上，USMCA 增加了关于强迫劳动、暴力侵害工人、移徙工人和工作场所、基于性别的就业歧视等新规定。要求成员方禁止强迫或强制劳动，对于通过强迫或强制劳动生产的商品要禁止进口；在劳工组织行使权利时，规定禁止采用暴力、威胁和恐吓措施；重视对移徙工人的保护，无论其身份如何，都应受到劳动法的保护；此外，USMCA 还明确了保护工人免受基于性别的就业歧视政策，包括怀孕、性骚扰、性取向、性别认同、照顾家庭成员假、工资歧视等方面。USMCA 还做了墨西哥集体谈判中工人代表的规定，同时，规定汽车生产行业工人的最低小时工资为 16 美元（李西霞，2020）。

美国在 WTO 框架外设立严格的劳工标准，并不断扩大其影响力，意图是要重新塑造全球劳工规则。

二、争端解决路径更加多元化

新一代自贸协定争端解决机制的发展呈多元化趋势。例如，CPTPP、USMCA的劳工争议解决机制采取多种救济措施，包含消除违反协定或造成利益损失的情形、无法消除上述情形可提供赔偿或支付罚款，以及被诉方不执行裁决时申诉方可中止其利益（李西霞，2021）。相比之下，欧盟自贸协定则更倾向于避免使用强制手段和贸易制裁来执行争端解决结果，更注重通过谈判和协商寻求共识。这种差异反映了不同国家对待争端解决的态度和方式的不同。

另外，美国签订的自贸协定中争端解决机制也较为多样，可采用磋商、调解、调停、斡旋等非正式方式，也可以采用仲裁这种正式方式解决争端（刘文、杨馥萍，2017）。这种多元化的机制设计，为各方提供了更广泛的选择空间，有

助于协调各类争端并促进协定的有效执行。

三、劳工争议受制于争端解决程序，甚至允许使用制裁措施

USMCA 和 CPTPP 都要求成员国的国内法中纳入劳工权利，协定的争端解决程序也可以适用于劳工争议，并且允许使用制裁措施。这种做法实际上是让成员国接受国际社会监督本国的劳工保护状况，争端解决机构可以对违反协定的国家和企业进行审查，使可执行劳工标准的适用范围扩大。同时，这使成员方在解决国际贸易中的劳动纠纷时拥有更多主动权，可以将劳工争议诉诸争端解决程序。USMCA 和 CPTPP 等区域贸易协定的劳工标准对 WTO 的多边贸易体制改革可能会产生影响，推动多边贸易体制的劳工标准重构（李西霞，2020）。

四、在机构设置、信息公开、监督及争端解决方面制定具体化的规定

新一代自贸协定全方位规定了机构设置、信息公开、保证立法实施、监督和争端解决等方面的具体化措施（刘文、杨馥萍，2017）。如美国 FTA 的劳工规则包括了公众参与、组织机构建立和劳工合作方面的内容。在公众参与方面，要求缔约方设置全国性劳工咨询或顾问机构，以便公众成员就自贸协定的劳工议题提出意见，并要求审议及及时回复涉及自贸协定劳工标准事宜的书面意见。此外，美国 FTA 还强调对公众的信息公开。在组织机构方面，美国 FTA 通过设置专门的劳工事务委员会和联络点，使协定的有效实施得到保障。劳工事务委员会由专家组成，而联络点一般是负责处理劳工事务的办公室。此外，美国 FTA 还对劳工合作的原则、领域和方式做了详细规定（王亮，2021）。CPTPP 劳工争端解决机制可操作性很强，具体规定了劳工磋商的步骤和条件，以及专家组程序规则，具有较强的制度化和具体化特征。

第五节　中国劳工标准的现状

一、中国自贸协定的劳工标准现状

迄今为止，在中国已经签订的自贸协定中，与智利、新西兰、秘鲁、瑞士和冰岛签订的双边自贸协定包含了劳动、社会保障和就业合作等劳动促进条款（李西霞，2023），然而，这些协定中的劳工条款缺少实质内容，与核心劳工标准有较大差距，实施机制和争端解决机制不完善，使得这些劳工条款在实际落实中可

能存在困难（刘文、杨馥萍，2017）。

（一）劳工条款缺乏约束力

中国 FTA 的劳工条款主要体现在《劳动合作谅解备忘录》中。然而，这份备忘录只是一份工作文件，缺乏约束力。而美国、欧盟的自由贸易协定中则用专门一章明确规定劳工标准，并对签约各方有较强的法律约束力。

（二）劳工条款缺乏明确的劳工权利保护范围

中国 FTA 的劳工条款缺乏明确的劳工权利保护范围，致使无法准确了解应受保护的具体权利。与此形成鲜明对比的是，美国和欧盟在自由贸易协定中明确规定了劳工基本权利。

（三）劳工条款的争端解决机制不健全

中国 FTA 劳工条款的争端解决机制不健全。例如，中国与智利的自贸协定规定劳工争端通过磋商的方式解决，但磋商的时间安排和磋商失败后的程序都没有具体规定。这意味着争端可能会陷入僵局，给双方合作带来不确定性。

美国 FTA 的劳工标准争端解决机制的完备性确保了签约方履行协议义务（王亮，2021）。例如，CPTPP 劳工争议解决机制包括劳工磋商和争端解决机制两部分，要先进行劳工协商，当争议无法通过磋商解决时，才能提交争端解决机制。在 CPTPP 框架下，劳工争议解决的救济措施涵盖了消除违反协议和损害利益的情形，以及在无法解决上述情况时提供赔偿、中止利益和支付罚款等救济措施（李西霞，2021）。

中国签订的 FTA 与 CPTPP 在劳工争议解决机制上存在显著差异。中国自贸协定偏向于使用磋商方式解决劳工争议，强调通过合作和对话来解决问题。而 CPTPP 规定了更加多样化的劳工争议解决程序，包括磋商、斡旋、调解、调停以及专家组程序等多种途径。这种多元化的机制为解决劳工争议提供了更多选择。

此外，中国 FTA 对劳工争议的解决方式避免了强制性争端解决。实际上，中国虽然在自贸协定中纳入了劳工条款，但只规定了通过协调员或联合会议磋商来解决劳工争议，却没有规定如果磋商不成应该采取的其他后续解决措施，也没有明确救济措施。这种偏向避免强制性争端解决的态度，主要是出于两方面的考虑：一是多数国际规则是由发达国家推动制定的，可能并不完全符合中国的利益；二是如果接受了强制性争端解决机制，就要受到国际司法机构或国际仲裁机构的管辖，也要接受外国或外国国民对中国或中国公民提起诉讼，这可能让中国处于被动地位。相比之下，CPTPP 的劳工条款义务与其他章节义务都适用同一争端解决机制，使劳工标准具有更强的执行力（李西霞，2021）。

可见，中国现行 FTA 中对劳工争议解决的规定与 CPTPP 等协议有较大差异。为了提升中国在国际经济治理中的影响力，我们需要探索形成中国特色的劳工标准并纳入贸易协定（刘文、杨馥萍，2017）。

二、中国国内的劳工标准现状

目前，中国已签署 23 个国际劳工公约，并在劳动相关的法律法规中基本采纳了国际标准。其中，中国批准的《经济、社会及文化权利国际公约》和《公民权利和政治权利国际公约》已经包括了国际劳工组织提出的核心劳工公约内容。中国现行的劳工标准规定了最低工资、工时、劳动安全和卫生、未成年人劳动保护等方面，形成了较为完善的劳动保障体系。

尽管中国已经批准了 23 个国际劳工公约，但这仅占整个国际劳工组织法律体系的 17%。与其他会员国相比，中国的批准数量仅为平均数的 1/3。在八项"基本劳工公约"中，中国仍未加入的有六项，说明中国在劳工权益保护方面仍有改善空间。

（一）关于消除就业歧视、禁止童工

中国在法律上严格禁止就业歧视，符合国际劳工公约的原则。特别是在禁止童工方面，中国法律一直严格执行，公有企业从未存在过童工问题，只有在私营和外资企业中才可能出现这种情况。为了阻止这种现象，中国多次颁布法律禁止招聘童工。从国际劳工公约《1973 年最低就业年龄公约》来看，中国的禁止童工法规是符合其中规定的（常凯，2002）。

另外，中国已经批准废除童工、消除就业与职业歧视相关的劳工公约。批准国际公约代表着国家同意受其约束，这体现了中国在国际法上的承诺。这些基本劳工公约的批准不仅意味着中国对国际劳工标准的认同和遵守，也在一定程度上影响着中国的劳工法制（李西霞，2021）。

（二）关于自由结社权和强迫劳动

中国的宪法和工会法保障了公民言论自由和劳动者结社权利，人们可以通过言论、集会、结社等方式表达自己的诉求和意见，劳动者也有权利依法参加和组织工会。尽管中国采取了单一工会体制，但这并不妨碍劳动者结社自由的实现。这种体制也不违反国际劳工公约的规定（常凯，2002）。

中国存在着两类强迫劳动问题：一是企业对员工的强迫劳动，二是政府对犯罪者的强迫劳动。这两者本质不同。

中国法律严格禁止对普通劳动者进行强迫劳动，以保护公民的人身权利和自由。随着非公有制经济的发展，强迫劳动问题日益突出。然而很多雇主的行为尚未构成犯罪，也未达到刑法规定的程度，无法受到刑法的制裁。而一般的民事诉讼法律也有限制，不能适用于此类事件。因此，要参照国际劳工标准，完善中国劳动法律，对于强迫劳动者进行劳动应通过公诉进行制裁。

犯罪人员的强迫劳动问题，实质上不仅仅是劳工权益问题，更涉及劳教和劳改制度。当前中国的劳教制度有一定缺陷，正在推动立法和制度改革（常凯，2002）。

不过，中国在国际法上未批准《强迫劳工公约》《废除强迫劳工公约》《结社自由与保护组织权公约》和《组织权与集体谈判权公约》，涉及强迫劳工、结社自由和集体谈判权，说明在这些方面我们的劳工标准与国际劳工标准有所不同。

例如，《劳动法》《劳动合同法》中关于废除强迫劳工的规定，这些规定与国际劳工标准有着主体、形式和使用范围上的差异。另外，中国《工会法》中有工会组建必须报上一级工会审查批准的规定，而在国际劳工公约中，劳工的自由权利包括自由建立和加入组织的权利，无须事先批准，中国现行法律规定工会组建需要经过审批程序，也与国际标准不符（李西霞，2021）。

（三）关于可接受的工作条件

根据 CPTPP 劳工条款，各成员国纳入的可接受工作条件不涉及国际劳工标准问题，只限于各国国内劳工法所规定的保护水平。在这方面，中国目前已经建立了相对完善的国内法律体系（李西霞，2021）。因此，中国在这方面与 CPTPP 等自贸协定并没有太大的差距。

综上所述，与 CPTPP 等自贸协定相比，中国在劳工权利方面已取得了一定进展。与其他国家相比，中国在废除童工和消除就业与职业歧视，以及提供可接受的工作条件等方面并无明显差距。要想更好地符合国际劳工标准，中国还需加强在废除强迫劳工、保障结社自由和集体谈判权等方面的相关规定。

第六节　劳工标准新规则背景下中国的对策

2021 年 9 月 16 日，中国向 CPTPP 提出加入申请，然而，CPTPP 中的劳工标准对中国来说是重大挑战。中国不仅需要改革国内法律制度，还要承认劳工标准与国际贸易的关系。为此，中国应采取以下措施：

一、完善国内劳工立法，改进执行机制

首先，中国需要积极研究国际劳工标准问题，并借鉴国际先进经验，完善中国劳工立法。同时，应结合中国国情，对《劳动法》中的各项权利进行进一步完善，加快批约进程，确保符合国际劳工核心标准。其次，中国应该出台相关的软法，指导地方政府落实教育培训、扶贫、就业保障等政策，创造有利条件提升劳工标准（刘文、杨馥萍，2017）。最后，应增强法律法规的可操作性，解决中国劳工法律存在的原则性过强、可操作性较差的问题。虽然《劳动法》《最低工资规定》《劳动合同法》等法律已对劳工权益做出规定，但在实际执行中存在不尽如人意之处。为了解决这一问题，政府需要完善劳动行政管理体制，建立健全的劳动执法制度，确保劳工权益得到有效保障。

二、加强企业监管，推动企业社会责任的履行

要确保对标国际劳工标准，除了制定宏观法律规范，政府和行业协会在微观层面也扮演着重要角色。政府和协会可以搭建平台，与国外机构就企业社会责任标准建设进行对话，帮助企业了解并执行劳工标准，同时鼓励它们参与国际竞争并进行 SA8000 等社会责任标准的认证。此外，监管也尤为重要，要严格取缔不符合安全标准的企业，并对那些违反劳工标准的企业进行严肃处理。

三、改革工会体制，试行高标准的劳工条款

新一代自贸协定中最基本和最核心的劳工权益是自由结社和集体谈判权，然而在中国，部分工会组织与职工群众渐行渐远，呈现行政化倾向。尤其是在劳动纠纷中，工会未能充分代表和维护工人利益。因此，中国要改革工会的内部管理体制和运营机制，使工会有更多的自主权和一定的经济地位，将其逐步转化为劳工利益组织，明确其代表和保护工人权益的职责。同时，可以先行在自由贸易试验区试行高标准劳工条款，探寻劳工标准与贸易平衡发展的模式（刘文、杨馥萍，2017），建立与完善集体谈判定价机制。

四、探索形成劳工标准纳入贸易协定的中国模式

在国际劳工标准制定方面，中国应从政府与民间两个方面争取话语权，提出将劳工标准纳入贸易协定的中国模式。

中国自贸协定劳工标准的设置应当参考美国 FTA 的模式，包括概述性条款、实体义务条款和争端解决机制。然而，考虑到中国的国情，劳工条款的具体文本应当更接近欧盟 FTA 模式。即概述性条款中强调可持续发展是劳工标准实施的主要目标，在实体义务条款中，应包括核心劳工标准、不减损义务、劳工合作和公众参与。其中，核心劳工标准包括最低工资、童工保护、就业歧视和同工同酬

等内容，具体劳工标准应考虑各国国情来确定。在劳工合作和公众参与方面，可以把重点放在软法机制上，加强各缔约方的劳工合作。在劳工标准争端解决方面，应主要通过磋商来解决劳工争端（王亮，2021）。

在推动自贸协定劳工标准议程时，可以借鉴欧盟的经验，重视劳工合作。通过设立专门的合作机构，提升合作效率与水平，与发达国家签订劳工条款时应争取在技术援助和合作开发方面的有利安排。在争端解决方面，要重视各国的磋商以及国内利益相关者的意见。还要在 FTA 劳工标准条款中纳入跨国就业者的社会保险，增加与欧美国家谈判的筹码（刘文、杨馥萍，2017）。

加快建立产业损害补偿机制是实施自贸协定战略的关键一环。为此要明确规定不同产业类型、损害程度以及科学的产业损害评估方法。同时，要有效整合政府和市场资源，以促进有效的损害补偿（刘文、杨馥萍，2017）。

五、加强与发展中国家合作，应对劳工标准与贸易挂钩的趋势

首先，在国际谈判中，中国需明确立场，坚持劳工标准与国际贸易科学挂钩。在此条件下我们支持把"社会条款"纳入 WTO 体制，对违反者实施贸易制裁，但与此同时应强调劳工标准应根据各国国情不同而有所区别。其次，积极参与 WTO 谈判，借助成员国身份影响劳工标准的制定和实施，确保将中国经贸利益体现在多边协议中。最后，加强与发展中国家的交流合作，促进标准内容和实施方式的一致性，支持不同发展阶段的国家提出的逐步标准化的方案，使劳工标准在提高发展中国家综合竞争力方面发挥作用。此外，还要与广大发展中国家联合，与国际劳工组织加强合作，共同抵制发达国家将劳工标准作为贸易保护工具，在与发达国家谈判时争取有利地位，尽可能争取发展中国家更长的过渡期安排，维护其贸易利益（刘文、杨馥萍，2017）。

六、审视和调整在涉外劳工争端解决方面的立场和实践

首先，在劳工争端解决中，中国应当发展多元化争端解决机制，丰富劳工争议解决的程序。其次，在处理争端时，中国可以适度采用强制性争端解决机制。应参考中国利用 WTO 争端解决机制的经验，调整中国以往避免采取强制性争端解决机制和制裁措施解决劳工争议的立场，建立起劳工问题的争端解决机制，更加有效地处理和解决劳工争议（李西霞，2021）。

七、加快产业结构转型，促进经济内外双循环健康发展

随着国际劳工标准的提高，WTO 的劳工标准也将迎来新的高度。应当意识

到，要在国际市场中保持竞争力，必须树立以质量取胜的理念，实施非价格竞争战略。为此，我们需要加快产业结构转型，提高中国出口商品的质量、技术含量以及附加值，增加知识技术密集型产品出口，促进出口产品的升级换代，摆脱对低端劳动密集型产品的过度依赖，在国际市场上取得竞争优势，避免产生贸易摩擦。另外，面对劳工标准不断提升所带来的外部风险，中国可以通过减少对外贸易依存度来降低风险，同时实施"以国内大循环为主体，构建国内国际双循环相互促进的新发展格局"的方针战略。这样可以保证中国经济的健康发展，为劳工标准的提高奠定基础。

第九章　原产地新规则与中国的对策

　　原产地规则是自由贸易协定的重要内容，它被 WTO 定义为：任何成员为确定货物原产地而实施的普遍适用的法律、法规和行政裁决。原产地规则包含了原产地标准和原产地程序管理制度，决定了货物的"国籍"，也决定了某种货物是否能够享受自贸协定提供的关税待遇。因此，原产地规则是一种隐蔽的贸易保护措施（何蓉、连增、郭正琪，2019）。原产地规则具有多方面的功能。首先，它有助于成员方降低对区域外部资源的依赖，提高区域内资源配置效率。其次，原产地规则可以阻止区域外企业通过套利行为获取利益，进而保护了区域内成员的利益。此外，原产地规则还可以防止区域外国家通过迂回贸易方式绕过贸易壁垒，从而确保了区域内市场的稳定（韩剑、杨凯、邹锐锐，2021）。在双边和区域贸易协定中，原产地规则往往是核心内容和谈判焦点。原产地规则不仅是一项贸易规则，更是一种政策性贸易工具，在贸易协定中有着重要的地位。

　　1947 年《关税与贸易总协定》首次规定了原产地规则方面的内容，随后国际商会、海关合作理事会及 WTO 等相继制定了有关原产地规则的法规，如《京都公约》和《原产地规则协定》等。然而，WTO《原产地规则协定》未能统一各国的原产地规则，这为各国把原产地规则作为一种贸易保护工具提供了机会。在这种情况下，各国纷纷推动自贸区原产地规则的制定，旨在通过"贸易创造"和"贸易转移"效应，促进自贸区内原产产品的生产和贸易。同时，自由贸易区原产地规则也成为了阻碍非区域原产产品进入的手段，从而保护本区域的利益（吴淑琪，2022）。

　　目前，包括原产地规则在内的国际经贸规则正经历着一场重大的重构。中国在"十四五"时期正在构建国内国际双循环相互促进的新发展格局，力求推动对外贸易的高质量发展。因此，中国亟须借鉴 CPTPP、RCEP 等自贸协定的原产地规则，更新和细化中国的原产地规则，推动自贸协定原产地规则的谈判与升级，以适应不断变化的贸易环境。同时，这也将有助于中小微企业充分利用 FTA 原产地规则，享受关税优惠待遇，从而促进其更好地融入国际贸易体系（赵世璐、李雪松，2022）。

第一节　WTO 的原产地规则

原产地规则作为国际贸易的重要法律制度，其核心在于保证产品的区域价值含量。原产地规则主要包括原产地标准、直接运输原则和产品原产地证明文件等要素，其中原产地标准是其核心。

国际贸易体系中的原产地规则有非优惠原产地规则和优惠原产地规则两种。前者是各国独立制定的适用于所有产品的原产地规则，用于确定产品的原产地。而后者则主要涉及优惠贸易协定，用来确定一种商品是否源自于享有优惠关税待遇的伙伴国。优惠原产地规则包括了自主性贸易体制（如普惠制）和其他单边优惠措施中的原产地规则，还有自贸协定中的契约性原产地规则和欧盟与其伙伴国之间达成的原产地规则。

WTO 的《原产地规则协定》对非优惠原产地规则做出了规定，是指成员为了确定产品原产地而实施的普遍法规和行政措施，并且与给予关税优惠的制度无关。该协定设立了两个原产地标准：完全获得和实质性改变标准。此外，还设立了原产地规则的协调目标、原则及未来计划。《原产地规则协定》有两个附件，附件 1 规定了原产地规则技术委员会的具体工作内容，附件 2 则包含了关于优惠原产地规则的有关内容。然而，《原产地规则协定》仅是以宣言形式做的简单概括的约定，其法律效力和实施效果都有欠缺。而且由于没有具体的实施细则，各国的执行也有较大差异。

《原产地规则协定》是为了协调成员国涉及原产地规则的各项贸易政策，如最惠国待遇、国民待遇、反倾销税和反补贴税、保障措施等。然而，由于各国经济发展水平存在较大差异，各国原产地规则又极其复杂，WTO 的这项工作一直未能完成。因此，WTO 体系中的原产地规则制度漏洞很大，成员国可以自行在自贸协定中制定原产地规则，并遵循各自制定或自贸协定的原产地规则。

由此可见，原产地规则成为了 WTO 框架中的一大弱点。WTO 的《原产地规则协定》虽然在原则上起到一定的指导作用，但并未能明确规定原产地规则的具体内容，导致 WTO 各成员国的非优惠原产地规则不统一，而针对优惠原产地规则的实质性规定则留有相当大的空白。各成员国只要符合基本原则就可以自行制定优惠原产地规则，这为其采用保护主义政策提供了可乘之机，会扭曲国际贸易，并给全球经济带来负面影响（吴淑琪，2022）。

第二节　新一代自由贸易协定中的原产地规则

随着区域贸易迅速发展，三种区域贸易原产地规则形式逐渐形成。首先是北—北型区域贸易协定，其成员都是发达国家经济体，如欧盟原产地规则；其次是南—北型自由贸易协定，既包括发达国家参与，也包括发展中国家的参与，如CPTPP和RCEP的原产地规则；最后是南—南型自由贸易协定，成员都是发展中国家，如CAFTA原产地规则。

不同成员国的参与导致三种类型的自贸协定原产地规则在严格性、规范性及自由化程度方面产生了差异。南—北型自贸协定的原产地规则较南—南型自贸协定更为严格，有更高自由化程度和更明显的贸易创造效应。而南—南型自贸协定原产地规则由于过于宽松，使一体化进程发展缓慢（吴淑琪，2022）。本章主要分析、比较CPTPP、USMCA和RCEP三个自贸协定的原产地规则，深入探讨它们的内容和特点。

《世界海关组织原产地手册》（WCO Origin Compendium）将区域优惠贸易原产地规则分为原产地规则的判定、运输标准、实施程序和其他相关条款等内容。其中原产地规则的判定包括原产货物、实质性改变标准和补充规则（见表9-1）。原产地实施程序涵盖原产地认证和原产地核查等相关要求。CPTPP、USMCA和RCEP等自贸协定的核心内容就是原产地规则的判定和实施程序（赵世璐、李雪松，2022）。

表 9-1　新一代自贸协定的原产地规则情况

原产地规则		CPTPP	USMCA	欧日 EPA	英日 CEPA	RCEP
实质性改变标准	税则归类改变	√	√	√	√	√
	区域价值成分	√	√	√	√	√
	制造与加工工序	√	√	√	√	√
补充规则	微量条款	√	√	√	√	√
	累积规则	√	√	√	√	√
	环保回收材料使用	√	√	√	√	
	生产材料使用说明及价值计算	√	√			
	微小加工处理	√	√	√	√	√
	中性成分			√	√	√

续表

原产地规则		CPTPP	USMCA	欧日 EPA	英日 CEPA	RCEP
补充规则	间接材料	√	√			√
	可互换材料	√	√	√	√	√
	成套货品	√	√			
	包装材料容器	√	√	√	√	√
	直运规则	√	√	√	√	√
	处罚事项	√	√			
	原产地规则委员会	√		√	√	
程序性规则	原产地证书	√	√	√	√	√
	原产地声明	√	√	√	√	√

资料来源：赵世璐，李雪松. 后 TPP 时代 FTA 原产地规则国际比较与中国应对策略研究［J］. 国际商务研究，2022（2）：71-84.

一、CPTPP 的原产地规则

（一）原产地标准

原产地标准是决定一件货物的原产地的规则与方法。针对不同的情况，区域自贸协定中的原产地标准有普遍性标准与特殊性标准两种。普遍性标准包括完全获得标准和区域获得标准，适用于所有货物，并已被各国广泛接受。而特殊性标准则是在货物不符合普遍性标准时设定的，根据商品名称及编码协调制度等判断货物原产地，包括税目改变标准（CTC）、区域价值成分标准（RVA）和加工工序标准（TT）等子标准。这些特殊性标准被规定在"特定原产地规则"中，成为自由贸易协定中的重要规定（刘瑛、夏天佑，2021）。目前主要区域贸易协定原产地规则中的普遍性标准基本趋同，主要区别在于特殊性标准的制定。

CPTPP 对原产货物的认定采用国际通行标准，即符合下列条件之一就是原产货物：在一成员方完全生产或获得、在一成员方仅利用来自一个或多个成员方的原产材料生产，以及在一成员方使用非原产材料生产但符合特定原产地规则。

CPTPP 的特定原产地规则包含了三项标准，即税目改变、区域价值成分和生产工艺标准。这些标准大多为选择性标准，只要满足其中一项即可被认定为符合原产地规则。

（1）税目改变标准。CPTPP 税目改变标准较高，主要是以 4 位和 6 位的税目改变为标准。

（2）区域价值成分标准。区域价值成分的计算是用出口货物船上交货价减去生产该货物使用的非原产材料的价值除以货物船上交货价。CPTPP 规定区域价值成分标准分别为 30%、35%、40%、45% 和 50%，对应的计算方法为价格法、扣减法、增值法和净成本法。其中，计算汽车产品的区域价值成分使用净成本法，因为这种方法较为严谨。此外，在确定货物原产地资格时，根据 CPTPP 附件 3-D 中的要求，用不同计算方法算出货物的区域价值成分。只要有一个符合 CPTPP 附件 3-D 的具体要求，该货物即获得原产地资格。

（3）生产工艺标准。CPTPP 的生产工艺标准包括化学反应、提纯、混合与掺和、粒度改变规则等。

另外，CPTPP 详细规定了再制造货物生产中使用回收材料的处理，有助于将再制造货物更多地纳入原产货物，反映了对这一新兴产业的重视（于鹏、廖向临，2021）。

CPTPP 在税目改变标准方面设定了较高的要求，但总体来看，其区域价值成分标准并不是太高。CPTPP 的原产地规则体系是处于东盟自贸协定（AFTA）和 USMCA 之间的一种"中间模式"（刘瑛、夏天佑，2021）。

（二）原产地累积规则

CPTPP 明确规定用一个或多个成员国的原产货物或原产材料，在另一成员国领土内生产其他货物，则这一原产货物或原产材料的原产地应为后者。这称为传统累积规则。

CPTPP 又在传统累积规则的基础上提出了完全累积规则，即在一个或多个成员国领土内，货物生产中使用的非原产材料也可以计入这些货物的原产成分。这种"完全累积"规则的引入，为各国生产商提供了更大的自由度和灵活性。根据完全累积规则，即使在加工过程中使用了非原产材料，仍可以计入区域增值，是一种更加宽松自由的累积规则（李福胜，2022）。

CPTPP 原产地规则允许生产累积，采用了区域累积和部分累积的方式，而且并未限制累积规则仅用于计算区域价值成分。这使出口企业在选择原材料时有更大的自主权，有利于吸引投资者在区域内设厂，推动区域内加工制造业的发展（吴淑琪，2022）。

（三）汽车产品行业、纺织品和服装的原产地规定

CPTPP 中特别针对汽车产品和纺织品两大行业设定了严格的原产地标准。对编码为 HS8701-8705 的部分车辆及车辆配件产品，根据区域内汽车产业的发展水平规定了部分替代标准，如汽车及零部件的区域价值成分在 30%~60%，其中大部分子目项不低于 45% 或 55%，小部分子目项不低于 60%（周禛、左思明，

2021）。而对于纺织品和服装产品，CPTPP 设置了专门章节对这类产品的原产地进行了严格规定（于鹏、廖向临、杜国臣，2021）。即从原料到成品必须完全在成员国内获得并生产的纺织品服装才有权享受税收优惠（王令栋，2021），这一规定与 USMCA 相似，展现了 CPTPP 原产地规则的排他性。

可见，通过原产地规则，CPTPP 可以吸引投资者到成员国内投资生产汽车和纺织服装，并促使其利用区域内的原材料进行生产，以获得原产资格，并享受关税优惠。这种做法有助于推动整个区域经济的发展（吴淑琪，2022）。未来，该原则可能给非 CPTPP 成员国的汽车和纺织服装产业链条带来深远影响，并可能使中国的纺织服装等产业转移到海外（周禛、左思明，2021）。

（四）原产地证明制度

目前 CPTPP 已实行进口商、出口商和生产商的原产地自主声明制度，原产地自主声明是以企业信用为背书。CPTPP 鼓励成员国企业使用这一制度，但对于文莱、马来西亚、墨西哥、越南和秘鲁的进口商，规定了五年的过渡期。同时，CPTPP 规定对于相同货物的多次运输同一原产地证明文件在 1 年内可多次使用。此外，CPTPP 还明确了免责条款，限额为 1000 美元（于鹏、廖向临、杜国臣，2021）。

（五）直接运输规则

直接运输规则在原产地规则体系中占据着重要地位，其核心是要求出口货物必须直接运输到进口国，以确保原产地资格的有效性。然而实践中存在地理和运输条件的障碍，导致严格执行"直接运输"规则有时难以实现，因此，许多自贸协定允许原产货物在受到严格监管和满足一定条件的情况下转运。转运货物要在转运港受到当地海关的监控，且不允许在转运地市场进行销售或使用。此外，货物只能进行必要的装卸保管或维持货物品质的处理，不得进行其他加工。在实际操作中，转运货物的监管和限制十分关键，以确保货物不被篡改或加工，并最终保证原产地规则的有效执行。

（六）微量条款

微量条款是当最终产品达不到税目改变标准而不能取得原产资格时，允许在一定比例内使用非原产材料，非原产材料占整体货物的比例不超过一定数值就可以取得原产资格。这种规定体现了原产地规则的灵活性。

CPTPP 的微量条款的容忍比例是 10%，对纺织品与服装以外的产品采用价格百分比，对第 61 至第 63 章中的特定纺织品与服装则采用重量百分比进行计算。此外，协定严格限制了特定章节非原产材料可纳入微量含量计算的范围，也就是进一步限制了宽松的范围。可见，CPTPP 的微量条款与区域价值成分标准以及产品特定原产地规则一样，规定都较为严格（吴淑琪，2022）。

二、RCEP 的原产地规则

与 CPTPP、USMCA 等主要自贸协定相比，RCEP 的原产地规则独具特色。其原产地标准、直接运输规则和原产地证明制度均具有创新性，为促进区域贸易和合作注入了新的活力（刘瑛、夏天佑，2021）。

（一）原产地标准

RCEP 的原产货物认定标准与 CPTPP 相同。要求货物在一个或多个成员国境内完全获得和生产，或仅利用来自一个或多个成员国的原产材料在一成员国境内生产。另外，货物使用非原产材料在一成员国境内生产，只要满足协议附件中产品特定原产地规则的适用条件也可被认定为原产货物。只需符合以上其中一个标准即可被认定为原产货物。

RCEP 一般原产地规则中区域价值的计算方法除了使用传统的扣减法，还创新性地引入了累加公式。扣减法的特点是简单、容易计算，并且只涉及两个变量，即非原产材料价值和产品离岸价，不过，企业在实操时会因为非原产材料价值不可获得而无法计算。而累加法是将原产材料价值、直接人工成本、经营费用、其他成本以及利润加总，得到区域价值成分。企业可以根据实际需求来决定选择哪种方法（韩剑、杨凯、邹锐锐，2021）。

RCEP 特定原产地规则可分为完全获得标准和实质性改变标准。完全获得标准通过列举的方法确定适用产品范围，通常包括天然产品、初级加工品及加工碎料。实质性改变标准要求含有进口原材料或零部件的产品在成员国内经过实质性改变或充分加工，才能取得原产地资格。实质性改变标准有税目改变标准、区域价值从价（量）百分比标准及加工工序标准三种，可单独使用或将两种及以上结合使用（韩剑、杨凯、邹锐锐，2021）。

RCEP 特定原产地规则还采用了更为灵活的特定原产地标准，提升了生产商的选择自主权。根据规定，若某税号产品可适用多种实质性改变标准，出口商可以根据实际情况选择适用哪一类标准，这在之前的 CPTPP 和 USMCA 中并不常见，赋予了成员国生产商更大的权利，使它们能够更灵活地选择适合的原产地方案。

（1）区域价值成分标准。RCEP 规定，当货物的区域价值成分超过 40% 时，该货物可被视为 RCEP 原产货物。区域价值有间接/扣减法和直接/累加法两种计算方法。间接法是将离岸货物价格减去非原产材料价格，而直接法则是将原产材料价格加上各种成本来计算。与之前的规则相比，RCEP 将更多的货物纳入了区域价值成分标准的适用范围，而不是税目改变标准（刘瑛、夏天佑，2021）。

（2）税目改变标准。这一标准是根据生产货物使用的非原产材料的 HS 编码是否发生相应改变来判断是否发生实质性改变，可分为章节、品目和子目改变。当成员国加工生产新产品时，非原产材料的 HS 编码发生了 2 位、4 位或 6 位层级的改变，那么这一新产品即可被视为 RCEP 区域原产。

（3）生产工艺标准。RCEP 中生产工艺要求仅为化学反应规则。

吸收规则是允许已经满足原产地规则并获得原产资格的材料，作为原产投入品再次进行加工。即使这些材料中含有非原产成分，它们仍然被视为原产品，从而简化了原产地的追溯过程，同时也解决了工业加工产品的原产判定问题（韩剑、杨凯、邹锐锐，2021）。

RCEP 协定的原产地规则充分展示了东盟和中国自贸协定谈判的成果。采用了"二选一"的灵活方法来确定产品的原产地，即可以根据税目改变标准或区域价值成分标准来认定。这一做法为企业提供更多选择的空间，使企业能够根据自身产品的特性来选择最适合的原产地判定标准，有助于更好地保护区域内低成本生产者的利益，特别有利于老挝、越南等出口产品附加值相对较低的国家，可为它们的对外贸易提供有力的促进。

RCEP 中的区域价值成分标准为 40%，意味着有 60% 的价值增值可以在区外实现。这种宽松的原产地规则使区外企业相对容易地融入区内价值链，给中国的产品带来一定的竞争压力，可能会导致制造业，特别是高端制造业向发达国家回流（周禛、左思明，2021）。另外，RCEP 区域价值标准缺乏梯度，使敏感产品无法得到应有的保护，同时也难以提升优势产品的国际竞争力。

（二）累积规则

RCEP 规定了累积规则，即当原产于某个或多个成员国的货物或材料在另一个成员国的领土内被用来生产其他货物时，这些原产货物或材料应被视作原产于那个使用它们的成员国。这一规则有助于深化区域内的经济合作与一体化。它允许成员国的企业使用其他成员国的原材料进行生产，只要这些材料的区域价值不低于 40%，最终产品就可以获得 RCEP 原产货物资格。这种累积规则被称为传统累积规则。

RCEP 原产地规则规定了两种累积方式：货物累积和生产累积。货物累积，也被称为不完全累积，即生产过程中使用原产于成员国的原材料价值成分不低于 40%，成品将被认定为 RCEP 原产货物。这种累积方式允许企业在采购原材料时有更多选择，而最终产品不会失去原产资格。不过这种累积是以原产为前提的，也就是说，中间品必须具备区域内原产资格，才能参与累积计算，是不完全累积。而生产累积，或称为完全累积，则是一种更加自由和灵活的方式。它不要求参与累积的材料必须是原产的，而是将各成员国或地区范围内的所有生产和货物的增值都纳入累积计算。这意味着，即便某些材料并非来自 RCEP 区域内，只要它们在区域内进行了进一步的加工或增值，也可以计入累积。值得注意的是，RCEP 还规定，将在五年内审议实现区域内成员所有生产和货物增值的完全累积（吴淑琪，2022）。

（三）直接运输规则

RCEP 直接运输条款规定，在货物运输过程中，除了装卸、重新包装、储存以及为保持货物良好状态或运输至进口方的必要物流操作，没有在中间成员方或非成员方进行加工，且在中间成员方或非成员方的海关监管下，则该货物可保持其原产资格。

RCEP 的例外情形相对 USMCA 和 CPTPP 较少，说明 RCEP 的直接运输规则比 USMCA 和 CPTPP 更严格。然而，与《中国—东盟全面经济合作框架协议》相比，RCEP 的直接运输规则又显得较为宽松。这是因为 RCEP 基于东盟与其他 RCEP 成员国所签订的双边自贸协定，因此在直接运输规则上，RCEP 相较于这些协定表现出了更大的宽松度。

（四）微量条款

RCEP 的微小含量条款设定了 10% 的容忍比例，其中对纺织品采取单一的百分比模式或价格百分比结合重量百分比的复合模式。这种安排是要拓宽产品特定原产地规则中税目改变标准的适用范围，使那些采用了不超过最终产品一定比例的非原产材料的产品，同样有机会获得原产身份（吴淑琪，2022）。

（五）原产地证明制度

RCEP 对原产地证明制度进行了创新，建立了"原产地自主声明"制度。一方面，推行"经核准出口商"自主声明，要求成员方根据 RCEP 规定，制定或继续维持一套审批流程，以确认国内出口商的"经核准出口商"资格。一旦出口商获得"经核准出口商"身份，就可以自主制作"原产地声明"。另一方面，在规定原产地自主声明机制的同时，RCEP 还明确要求各成员方在规定的时间内实施"企业完全自主声明"制度，从而实现原产地声明的完全自主化（刘瑛、夏天佑，2021）。

RCEP 推动了原产地证明制度的创新，在原有基础上新增了"经核准出口商"自我声明的方式。此举有利于减少政府的行政成本和企业的运营负担。此外，RCEP 引入了背对背原产地证书机制，为转口贸易提供了便利，鼓励了离岸商贸与海外仓的发展。在这一机制下，转口商可以根据出口商的原产地证明，为转口货物重新出具证书，使商品在销往其他成员国时享受协定优惠税率。

（六）原产地电子信息交换系统

原产地电子信息交换系统是遵循 RCEP 的程序性规定建立，其核心目的在于保障优惠原产地规则的高效施行与充分利用。该系统已初步建立，通过该系统，海关可以实时接收并处理由贸易相关方签证机构签发的证书数据，不仅大大节省了双方海关的认证核查时间，也提高了商品流通的效率。此外，该系统还能够即时反馈出口商品的优惠申请信息，这无疑提升了政策制定与升级过程中的反应速度与效果，提高了整个贸易流程的时效性与准确性。

三、USMCA 的原产地规则

USMCA 的"区域原产""劳动价值含量要求""次区域成分要求"等严格原产地标准，体现了当前原产地规则发展的新方向，受到了世界的广泛关注（林黎，2020）。

（一）区域价值成分标准

USMCA 规定区域价值成分的不同标准，即根据扣减法计算区域价值成分不低于 60%、根据净成本法计算区域价值成分不低于 50%。

（二）汽车领域的原产地规则

汽车业是重要的制造业部门，具有产业关联度广、技术外溢性强、能促进各类产业整合的特点。汽车业在北美各国经济中一直占有重要地位。USMCA 详细规定了汽车原产地规则，包含乘用车、卡车及汽车零部件等领域。

1. 原产地价值含量标准

USMCA 对汽车制造业的原产地规则进行了显著调整，对原产地价值含量标准进行了提升。根据 USMCA 原产地规则，成品整车要享受零关税待遇，其零部件中至少 75% 必须是原产于北美地区。对于重型卡车整车，这一比例则为 70%。为了进一步细化这些标准，USMCA 还为不同类型的汽车零部件设定了具体的价值含量要求。例如，乘用车或轻型卡车的核心零部件必须有 75% 的原产地价值量，主要零部件为 70%，辅助零部件则为 65%。对于重型卡车而言，主要零部件的原产地价值含量要求为 70%，而辅助零部件的要求是 60%。此外，USMCA 还规定，乘用车和卡车使用的钢材、铝材等原材料中，70% 以上要来自协定区域。USMCA 的特定原产地规则在所有自贸协定中最具限制性。

美国推动制定更高的原产地价值含量标准，其核心意图在于重塑北美地区的汽车产业格局，使其汽车产销更具有独立性（林黎，2020），以期在全球汽车市场中占据更有利的位置。然而，这一策略的实施也带来了一系列连锁反应。首当其冲的是生产成本的上升，由于更严格的原产地规则，部分原材料和生产环节可能需要从其他地区回迁至北美，这无疑增加了生产成本。而这种成本的增加，可能会进一步使美国对墨西哥和加拿大的出口量出现一定程度的下滑。

USMCA 通过强化汽车制造的原产地规则，推动了美国、加拿大和墨西哥之间生产链和价值链分工的深化。这意味着，北美地区内的汽车制造将更加紧密地联系在一起，而对亚洲和欧洲等外部地区的依赖有可能会逐渐降低。中国汽车零部件出口企业会面临不小的挑战，因为随着北美内部产业链的完善，中国在全球供应链中的地位可能会受到排挤。

USMCA 还制定了成套货物和混合货物的原产地规则。规定由原产产品和非原产产品成套组成或混合组成的产品，非原产产品价值在最终产品价值中的比重只要不超过 7%，该货物仍被视为原产货物。这在一定程度上为企业在遵循原产地规则的同时，保持了一定的灵活性（赵世璐、李雪松，2022）。

2. 汽车进口配额的规定

USMCA 规定，美国从加拿大和墨西哥进口乘用车每年的数量均不得超过 260 万辆，超出配额后，超出的部分美国将加征 25% 的关税。这一规定限制了加、墨两国在美国市场的汽车出口规模，迫使两国汽车厂商重新考虑市场战略，寻找新的出口目的地或调整生产布局。

3. 劳动价值含量标准

《美墨加协定》中新增了劳动价值含量标准。规定享受零关税的汽车，40%~45% 的零部件需由不低于 16 美元时薪的工人生产。这一标准会影响汽车厂商对投资目的国的选择。由于美国和加拿大汽车工人的时薪均超过 20 美元，而墨西哥汽车工人平均时薪仅有 7 美元。因此，这将对墨西哥的外资和就业市场带来不小的冲击。然而，这一政策对美国和加拿大的汽车工人来说则是一个好消息。由于生产基地的迁移，他们将有机会获得更多的就业机会和更好的薪资福利保障（林黎，2020）。当然，这也有助于稳定北美地区的汽车产业链和供应链。

（三）纺织品行业的原产地规则

USMCA 的纺织品原产地规则更加详细、标准更高。其一，协定不仅规定纱线、纤维、布料等原材料，还规定缝纫线、口袋布料、配件材料等配料必须来自美、加、墨三国。其二，协定将本土手工艺品纳入特定纺织品免关税清单中。其三，对区域内成形和裁剪的织物与服装的处理方式制定了详细要求，这些产品必须经过漂白、水洗、酸洗等处理才能享受零关税，这对纺织品和服装的加工和生产提出了更高的要求。再者，协定对于成套纺织品和服装的原材料价值含量进行了明确的规定，即区域外原材料价值量不得超过 10%，这无疑为区域外的原材料进入北美市场设置了难以逾越的壁垒。

USMCA 对纺织品原产地价值含量的高标准要求，大幅提升了纺织服装的贸易壁垒，不仅有利于保护美、加、墨三国纺织服装产业的发展，也在一定程度上阻碍了区域外相关产品及原料的进口，还会导致纺织服装企业在区域内的投资增加（林黎，2020）。

（四）累积规则

USMCA 实施的是完全累积、区域累积。也就是在 USMCA 成员国境内，生产商进行生产活动使用的非原产材料均可计入货物的原产成分之中，无论这些材料是否在此前已获得原产资格，均可在生产活动中累积其价值，进而增加区域整体的增值部分。这种累积机制无疑为生产商提供了更大的操作空间，是更加自由与灵活的原产地累积规则（李福胜，2022）。

（五）直接运输规则

USMCA 规定，在非成员国海关的监管下，货物可以进行卸货、重装、分离、存储等操作，也可以加上进口方要求的标签或标记，为使货物保持完好状态进行必要的处理，或者将其运输至进口方境内的必要操作，都不会改变货物的原产地资格。从 USMCA 原产地规则中我们可以看到，它所规定的例外情形较多，说明 USMCA 在直接运输规则上持有一种更加宽松与灵活的态度（刘瑛、夏天佑，2021）。

（六）原产地声明

USMCA 的原产地声明方式是属于"北美模式"，即不需要经过政府部门的认证或核准，进出口商可以自由选择是否使用原产地声明，而且进出口商不必承担首要的法律责任。此外，协定还进一步规范了进出口商开具原产地声明的具体规定。

四、新一代自贸协定原产地规则的比较

RCEP、CPTPP 和 USMCA 三个协定的原产地规则存在许多相似之处。首先，它们都包括原产地认定规则、原产地程序、进口通关优惠和实施机制等内容。其次，确定原产货物都遵循国际通行标准，包括在一个成员方完全生产或获得、仅使用来自一个或多个成员方的原产材料在一个成员方境内生产，或使用非原产材料在一成员方生产，但符合特定原产地规则。满足特定条件之一即可被视为原产货物。再次，确定产品特定原产地均采用税目改变、区域价值成分和生产工艺标准，而且大多数为选择性标准，只要符合其中一项标准即可认定为原产货物。最后，在加工工作、微小含量、微小加工或处理方面，也有相似性。

RCEP、CPTPP 和 USMCA 原产地规则的不同之处是：

（一）税目改变规则不同

税目改变标准分为章改变、品目改变和子目改变。与 CPTPP 和 USMCA 等协议相比，RCEP 的税目改变标准更为简洁和灵活。例如，CPTTP 将品目改变或区域价值成分分为四部分，而 USMCA 分为三部分，且原产地标准也存在差异。然而，RCEP 原产地规则附件一第 86 章对铁路或有轨电车机车、车辆及其零件等，仅做了"品目改变或 RVC40"的概述性规定，没有详细分类，这大大增强了其操作的便捷性。值得注意的是，RCEP 简化了某些条款，让成员方有更多的选择。例如，在 RCEP 原产地规则附件一的第 89 章，对品目改变或区域价值成分标准，各成员方有权自主进行选择（王丽杰、韩天竹，2023）。

此外，这三个协定在税目改变标准上有所不同。CPTPP 中绝大部分产品适用于税目改变标准，其中，适用的项目最多的是品目改变，其次是更严格的章改变，而适用较宽松的子目改变的项目则较少。相比之下，RCEP 章节改变的适用项目最多，品目改变次之，子目改变最少，RCEP 依然保持了一定的严格性（吴淑琪，2022）。

（二）区域价值成分标准不同

RCEP 的区域价值成分标准为 40%，相较于 USMCA 的 50% 或 60% 更低（见表 9-2）。而 CPTPP 则没有规定一个统一的数值，而是根据不同计算方法计算出区域价值成分，只要有一个符合其附件 3-D 中的要求，即可确定货物的原产地资格。RCEP 的区域价值成分标准与 CPTPP 的平均值大概持平。在计算方法上，RCEP 采用扣减法和累加法，比 CPTPP 更简洁、保守和宽松，便利了成员国的贸易往来。而 CPTPP 和 USMCA 的计算方法更加细化和具体，其中，CPTPP 规定了四种计算方法，特别是针对汽车产品的区域价值成分的计算更为严格；而 USMCA 还提高了汽车产品的区域价值成分，部分汽车产品提升到 75% 和 70%，并规定了汽车产品的"劳工价值成分"标准（王丽杰、韩天竹，2023）。从整体来看，RCEP 相对于 CPTPP 和 USMCA 具有更低的排他性，采用了原产地区域累积规则，并对产品的区域价值成分标准要求较低。这种做法便于管理和实施，使成员国更多商品享受关税优惠，也促进了区域产业链整合。这也是 RCEP 作为全球规模最大的自由贸易协定进行的必要妥协。

（三）原产地证明不同

RCEP 在原产地证明方面的规定，明确区分了"原产地证书"和"原产地声明"两种形式，并新增了"原产地自主声明"制度（见表 9-2）。相比之下，CPTPP 和 USMCA 的规定不够具体，只规定制造商、进出口商可自主填写原产地证书，而原产地证明文件的形式却没有规定。因此，RCEP 的条款更完善，也更清晰（王丽杰、韩天竹，2023）。

CPTPP 允许同一原产地证明文件在 1 年内用于多次运输的相同货物，RCEP 则采用了背对背原产地证明的灵活规定，而 USMCA 和 CPTPP 并没有类似规定（刘瑛、夏天佑，2021）。

（四）区域累积规则不同

当前，RCEP 的累积规则还不是完全累积，因为它只允许货物累积，没有允许生产累积。相比之下，CPTPP 和 USMCA 允许生产累积，即完全累积（见表 9-2），因此是更高标准的累积规则。尽管如此，RCEP 在生效五年内计划实施类似 CPTPP 的完全累积规则（张华宇、刘晓伟，2022），可见，CPTPP 和 USMCA 的累积规则比 RCEP 更宽松。

表 9-2 新一代自贸协定原产地规则的比较

内容	CPTPP	USMCA	RCEP
税则归类改变（CTC）	章改变、品目改变、子目改变	章改变、品目改变、子目改变	章改变、品目改变、子目改变
区域价值成分（RVC）	RVC30-50（价格法、扣减法、累加法、净成本法）	RVC60（扣减法）RVC50（净成本法）	RVC40（扣减法、累加法）
加工工作	有	有	有
微小含量	不超过该货物价格的10%（纺织服装不超过货物重量的10%）	不超过该货物价格的10%	不超过该货物价格的10%
微小加工或处理	有	有	有
原产地证明	文件类型无具体规定	文件类型无具体规定	原产地证书、原产地声明
累积规则	完全累积、区域累积、生产商累积规则	完全累积、区域累积、生产商累积规则	不完全累积（生效五年内实施完全累积）区域累积规则

资料来源：CPTPP、USMCA 和 RCEP 协定。

（五）免责条款不同

RCEP、CPTPP 都设有免责条款，但 RCEP 规定完税价格低于 200 美元的进口货物可免交原产地证明，而 CPTPP 则规定完税价格低于 1000 美元的进口货物可免交原产地证明（于鹏、廖向临、杜国臣，2021）。可见，CPTPP 的免责条款更宽松。

（六）再制造货物生产中所用回收材料处理的规定不同

CPTPP 规定了再制造货物生产所使用的回收材料处理，这使再制造产品更容易被纳入原产货物。相比之下，RCEP 对此并未做出具体规定（于鹏、廖向临、杜国臣，2021）。

（七）CPTPP 和 USMCA 对中国有很强的针对性

CPTPP 和 USMCA 更倾向于维护本区域和发达国家的利益，特别是在汽车、引擎等高技术精密工业领域进行重点保护，在这些领域美国和加拿大占据着明显优势地位。对中国具有竞争优势的纺织品、玩具、机械和汽车等产业，CPTPP 和 USMCA 的原产地规则通过采用严格的税目改变标准，对中国的优势产品征收高关税进而对本区域产业形成保护。相比之下，RCEP 的原产地规则更为重视各方利益的平衡，并无在本区域内生产的强制性要求。此外，RCEP 还为促进区域内贸易的发展制定了很多条款。例如，价格低于 200 美元的产品可以免于提交原产地证明，即可享受优惠关税（王令栋，2021）。另外，RCEP 协定还为柬埔寨、老挝和缅甸等国家设立了更长的过渡期，以支持其逐步加入贸易体系。相比之下，CPTPP 和 USMCA 却没有做出相关规定。

（八）CPTPP 和 USMCA 具有排他性

CPTPP 和 USMCA 的"毒丸条款"规定，协定中任一成员国与非市场经济国家签订自由贸易协议时，必须提前三个月通知其他成员国，而其他成员国可以在六个月后退出并建立其自己的双边贸易协定。"毒丸条款"的实质是将美国国内法凌驾于国际法之上，其特点是"排他性"，目的是限制加、墨两国和其他国家签订自由贸易协定的权利，对被视为非市场经济的国家影响巨大，旨在打击协定外"非市场经济国家"。相比之下，RCEP 在成员国加入的条件上限制较少，区域价值成分累积原则也较为宽松，区域外货物只要达到标准也可以享受原产货物的待遇（王令栋，2021）。

比较 RCEP、CPTPP 和 USMCA 的原产地规则可以发现，RCEP 相对于其他两个协定灵活性更大、限制程度较低，考虑了成员国发展水平的差异，为成员方参与自贸协定提供了更大便利。然而，太大的灵活性和太低的限制程度可能会导致实施过程中的不可控风险。相比之下，CPTPP 和 USMCA 的原产地规则更为严格。由于 CPTPP 和 USMCA 是由发达国家主导，采用"本区域优先和发达国家优先"模式，因此，它们制定了严格的原产地规则从而保护区域内成员的利益（王丽杰、韩天竹，2023）。

第三节　原产地新规则的发展特点和趋势

近年来，新一代自贸协定中的原产地规则呈现出很多新的发展趋势，这对中国制造业发展和对接其他高标准自贸区规则具有重要影响。预测这些变化可能带来的经济和产业影响，对于中国充分利用自由贸易区规则、提升制造业竞争力至关重要。我们需要密切关注这些发展，以便及时调整策略和利益最大化。

一、以"税目改变标准为主，区域价值成分标准、加工工序标准为辅"是原产地认定标准的主流模式

在早期的自贸协定中，区域价值成分标准通常被作为主要的原产地认定标准。然而，由于区域价值成分容易受到进出口商定价的影响，存在无法客观反映实质性改变原则的问题。为了解决这一问题，税目改变被引入作为原产地认定的重要标准。税目改变依据原材料加工后产品的税目是否发生改变来确定原产地，不受产品价格影响，简单、透明、方便。因此，CPTPP、USMCA、RCEP 等新一代贸易协定纷纷采用税目改变标准作为主要原产地认定标准。

虽然目前各自贸协定的原产地认定标准较为多元和灵活，但大部分自贸协定对多数产品的原产地认定标准采用税目改变标准，而少数产品采用区域价值成分和加工工序标准。对于特殊产品，通过微小含量、微小加工等条款进行调整。当前，原产地认定的主要模式是"以税目改变标准为主，区域价值成分标准、加工工序标准为辅"。

二、原产地规则更加严谨、更加细化

区域价值成分是用来确定未发生税目改变但经过加工或精炼后货物的原产地的一种重要标准。大多数自贸协定都规定了区域价值成分的具体标准，以便在实际操作中更好地理解和运用。这种标准还可以根据不同发展中国家的发展阶段来进行简单灵活的调整。

不同的自贸协定在区域价值成分的计算公式上展现出了差异化的特点。例如，CPTPP 规定区域价值成分的计算方法包括成交价格法、扣减法、增值法和净成本法，而 USMCA 规定采用成交价格法和净成本法，RCEP 规定采用扣减法和累加法。这种多样化的计算公式选择与成员国的发展阶段、贸易习惯等因素密切相关。在区域价值成分标准方面，CPTPP、USMCA 为特定产业制定了更严谨、

更细致的规则，以适应不同产业的保护需求。

USMCA 对产品进行了详细的细分，并对特殊产业制定了特殊规则。例如，规定使用了 70% 以上原产于北美的钢和铝的乘用车、轻型卡车和重型卡车，才能被认定为原产于北美地区。此外，还增加了劳动价值含量要求。欧日 EPA 与英日 CEPA 也规定了特定产品的特殊原产地规则。自贸协定更加细化的原产地规则，增强了对区域内产业的保护作用（赵世璐、李雪松，2022），也使制造业不断回流发达国家，导致中国全球制造业价值链地位有所下降（周禛、左思明，2021）。

三、原产地区域累积原则得到加强

原产地区域累积原则是指在对产品的原产地进行认定时，可以把自贸区内其他成员国的中间品价值视作最终生产国的原产地成分进行累加，如果累加后满足区域原产价值含量标准，该商品即可取得原产资格（周禛、左思明，2021）。

累积规则主要包括单边累积、双边累积、对角累积和完全累积等形式。其中，生产商累积规则是指，在一个或多个成员国国内由多个生产商生产的产品，可以被认定为该自贸区的原产产品。不同自贸协定的累积规则不尽相同。例如，CPTPP、USMCA 采用完全累积、区域累积和生产商累积，欧日 EPA 采用基于自我认证模式的完全累积制度，中国与东盟自贸协定、亚太贸易协定等较早签署的自贸协定主要采用双边累积规则。而 RCEP 采用不完全累积和区域累积规则，并计划在五年内实现完全累积（赵世璐、李雪松，2022）。

由此可见，完全累积正成为区域累积原则的主流趋势。其核心理念在于产品可以在自贸区内的任何成员国生产或加工制造，并且适用同一套原产地规则。在完全累积原则下，成员国企业可以使用自贸区内的原材料或中间品，并在自贸区内进行生产和加工。这增加了生产商材料采购和战略布局的灵活性，优化了区域供应链和价值（赵世璐、李雪松，2022）。由于累积原则有利于推动自贸区内的经济融合，因而各成员在谈判中更愿意接受并不断加强该原则（周禛、左思明，2021）。

四、企业自主声明与背对背原产地证书机制快速发展

长期以来原产地证书由政府机构颁发，大部分企业要经过烦琐的申请流程才能获得原产地证明文件。这导致出口商付出较高的时间成本和经济成本，因此，很多出口商选择放弃原产地的税率优惠（周禛、左思明，2021）。

原产地声明作为一种简便快捷的证明形式，由企业自主在商业单证上对货物

原产地做出正式声明。这种制度不需要额外办理原产地证书，有效降低了行政成本，提高了通关效率，增强了企业的国际竞争力。近年来，USMCA、欧日 EPA、英日 CPEA、RCEP 等协定纷纷采纳或完善原产地声明规则（赵世璐、李雪松，2022），规定出口商可自主签发原产地声明，使企业利用原产地规则的成本大大减少，提升了贸易的便捷性和效率。

例如，欧日 EPA、英日 CEPA 的原产地声明规则采用"泛欧模式"，开具原产地声明的主体是经核准的出口商或供应商，出口方海关可以对声明货物的原产资格进行核查。原产地声明的法律效力和原产地证书相同，开具原产地声明的首要法律责任由出口商或供应商承担。这种规则在简化原产地证明程序的同时提高了效率，但也增加了对原产地证明的监管要求。

可见，企业信用担保的原产地自主声明模式正逐渐取代政府授权签证机构签发原产地证书，这有利于简化海关手续，降低企业的贸易成本，打造更加高效的贸易环境（赵世璐、李雪松，2022）。

第四节　中国自贸协定原产地规则的现状

中国自从签署了第一个自贸协定以来，不断调整和完善原产地规则，以适应不断变化的政治经济形势。最初制定的原产地规则较为笼统，标准较为统一，适用范围广泛，只有少数产品规定了例外。随着时间的推移，原产地规则变得更加全面和细致，制定了全税则的产品特定原产地规则清单。以往判定产品原产地的标准主要是价值增值百分比，但现在更多的是税目改变标准，而将价值增值百分比和加工工序作为辅助标准。目前，中国的自由贸易协定中的原产地规则主要有以下特点：

一、缺乏协调一致的原产地规则

中国在自贸协定中原产地标准采用了完全获得标准和实质性改变标准两种通行标准。完全获得标准包括了 10~11 种具体情形，是根据《京都公约》的规定制定的。在国际范围内，各个自贸协定的文本对完全获得标准的规定基本一致。

各国在自贸协定中对于实质性改变标准有着不同的规定，这是由于各国的经济发展水平和开放程度不同所致。中国自贸协定的实质性改变标准是在不断演化的。20 世纪末，中国 FTA 主要采用区域价值成分标准判定原产地，区域价值成分一般要求 30%~40%，如早期的 CAFTA 原产地规则、《中国—巴基斯坦自由贸易协定》、《亚太贸易协定》等。

随着中国签订的自贸区协议的增加和对外贸易的发展，中国的原产地标准开始转变为主要采用税目改变标准，即具有较强稳定性的产品采用税目改变标准，有较强弹性、需要政策扶持的产品采用区域价值成分标准，少量化工和制造加工产品采用加工工序标准。除了实质性改变标准，还设计了灵活的弹性标准。不过，中国自贸协定的原产地判定标准仍然缺乏协调，因而导致在适用上出现混乱，对贸易自由化和便利化发展造成不利影响（吴淑琪，2022）。

二、区域价值成分标准偏低、行业针对性和灵活性不足

中国签署的 FTA 原产地规则标准偏低，大部分 FTA 对区域价值成分的要求仅为 40%，少部分为 30% 或 60%。加上中国宽松的加工贸易政策，使一些企业为钻政策漏洞，先在中国加工取得原产资格，再出口至其他国家，导致自贸协定对区域内贸易的促进作用大大减弱。

中国货物贸易规模巨大，已经诞生了一批具有显著优势和引领作用的龙头行业。然而，中国大部分 FTA 的区域价值含量仍为 40%，使中国 FTA 原产地规则过于宽松，导致一些自贸区外产品为了迎合市场需求纷纷打上“中国制造”标签，使中国企业的合法出口权益受到侵害，也使中国受到反倾销调查和制裁的风险大大增加，给中国国际贸易环境带来了不必要的压力和不稳定因素。与此同时，新一代高标准 FTA，如 CPTPP、USMCA 和英日 EPA 等，原产地规则十分严格，针对性较强。其中，CPTPP 规定绝大部分产品适用于税目改变标准，USMCA 对汽车和纺织产品的实质性改变标准大为提高，英日 EPA 的原产地判定标准灵活性较强，而欧盟—越南 FTA 规定非原产原材料占农产品的比例要满足严格的限制标准。而中国多数 FTA 的原产地标准缺乏灵活性和针对性，区域价值标准设计的梯度不够；对于竞争优势不同的产品，原产地标准没有区分；而对于一些使用进口原材料在国内生产的产品，没有明确的原产地认定标准。这对推动重点产业发展和优化产业结构极为不利（赵世璐、李雪松，2022）。

三、原产地累积规则应用不完善

累积规则可以助力优化区域产业链布局，提升企业对协定优惠税率的利用。在中国的自贸协定中，有三种累积规则的应用：一是双边累积和部分累积。双边累积是由于中国的自贸协定大多数是双边的，如《中国—韩国自由贸易协定》等。而货物累积是由于其是一种不完全累积，这种方式较为稳定，便于海关管理。例如，在 CAFTA（中国—东盟 FTA）中采用货物累积（见表 9-3）。二是完

全累积。完全累积有利于企业在自贸区内灵活地进行贸易往来活动。但考虑到中国劳动力成本的不断上升，一些产业转移到劳动力成本较低的国家，如越南、泰国等，使用完全累积可能会加速对外产业转移，所以中国对于完全累积的应用较为谨慎。目前，仅在中国—东盟自贸协定以及 RCEP 中采用了完全累积规则（见表 9-3）。根据这一规则，只要产品的区域价值累积达到 40%，即可获得原产资格（李佳欣，2022）。三是未采用累积规则。例如，2003 年签订的《内地与香港关于建立更紧密经贸关系的安排》中没有规定累积规则，2018～2019 年经过修订，原产地标准的判定中才纳入累积规则。即便如此，在计算区域价值成分时，仍然规定了 15%（累加法）和 20%（扣减法）的计算标准。可见，中国的自贸协定在累积规则的规定上有差异性，采用完全累积规则的较少，没有充分发挥原产地累积规则带来的优势。

表 9-3 中国 FTA 累积规则的现状

自贸协定	实质性改变标准	累积类型	区域累积规则
亚太经贸协定	区域价值成分 45%（最不发达国家 35%）	斜边	60%（最不发达国家 50%）
中国—东盟	区域价值成分 40%	完全	40%
中国—智利	区域价值成分 40%、税目改变	双边	40%（特殊原产地规则 50%）
中国—巴基斯坦	区域价值成分 40%	双边	40%
中国—新西兰	税目改变与加工工序混合	双边	30%～50%
中国—新加坡	税目改变、区域价值成分 40%、加工工序混合	双边	40%
中国—秘鲁	税目改变、加工工序、区域价值成分 40%～50% 混合	双边	40%～50%
中国—哥斯达黎加	税目改变、区域价值成分 40%～60%、特定加工工序混合	双边	40%～60%
中国—冰岛	税目改变、区域价值成分 40%～50%、特定加工工序混合	双边	40%～50%
中国—瑞士	税目改变、加工工序、区域价值成分 30%～60% 混合	双边	30%～60%
中国—韩国	税目改变、加工工序、区域价值成分 40%～60% 混合	双边	40%～60%
中国—澳大利亚	税目改变、加工工序、区域价值成分 30%～60% 混合	双边	30%～60%

续表

自贸协定	实质性改变标准	累积类型	区域累积规则
中国—格鲁吉亚	税目改变、加工工序、区域价值成分60%混合	双边	40%
RCEP	混合标准	完全（生效五年后）	40%

资料来源：李佳欣.RCEP背景下原产地完全累积规则对出口贸易的影响 [D]. 广州：广东财经大学，2022.

中国的部分自贸协定规定了累积成分的具体比例。例如，《亚太贸易协定》在累积规则中明确规定了60%的比例，但同时，在计算其区域价值成分标准时，非原产材料总价值在船上交货价格中的比例被限制为不得超过55%。这种规定在实际操作中产生了矛盾，使原产地判定更加困难。相比之下，《中国—格鲁吉亚自由贸易协定》采用了更加原则性的规定，即只需明确缔约一方使用另一方原材料生产，即可将原材料视为出自缔约一方，这样的做法更具灵活性。

累积规则对区域价值成分标准有一定的协调作用。一般来说，对于弱势产业，我们需要提高区域价值成分标准以保护本国产业，此时，应采用宽松的累积规则进行平衡。反之，对于高新技术产业，我们需要设置较低的区域价值成分标准，这时，累积规则就需要相对严格。然而，中国自贸协定的原产地规则忽视了累积规则与区域价值成分标准的内在联系。未能考虑到不同产品的差异，也未能通过累积规则对地区产业和经济起到保护和促进作用。

此外，微量条款也是自贸协定中的重要补充规则，在中国已签署的自贸协定中得到了广泛应用。然而，部分自贸协定并未明确规定微量条款，如《亚太贸易协定》。对于那些明确规定微量条款的自贸协定，微小含量的容忍比例和具体的价值确定方式也有一定差异（吴淑琪，2022）。

四、FTA 原产地规则的利用率较低，企业与海关的管理成本较高

FTA 利用率衡量了一个国家对于自贸协定所提供优惠待遇的实际运用程度，是有资格享惠货值中 FTA 实际享惠货值的占比。FTA 可以使企业获得更有利的贸易条件，降低贸易成本，提升产品的国际竞争力。根据商务部公布的数据，截至 2019 年，中国自贸协定的综合利用率为77%，与欧盟、瑞士、澳大利亚等国家和地区相比，中国自贸协定的综合利用率仍有待提高，特别是 FTA 出口利用率较进口利用率低，尤其是中小微企业的利用率亟待提升。

FTA 原产地规则的利用率低，其主要原因是由于企业对政策不够理解和原产

地规则过于复杂。当企业与多个国家开展贸易时，需要根据不同 FTA 的要求，准确计算区域价值和原料投入比重，同时要保留发票、提单、装箱单等相关商业单证。海关在核定关税税率时，也需进行烦琐的原产地判定程序，人力物力投入较大（赵世璐、李雪松，2022）。因此，简化 FTA 原产地规则、提高利用率，对企业的发展至关重要。

五、多数 FTA 未引入原产地声明规则，其准入门槛较高

目前，新一代自贸协定大多引入了原产地声明规则，而中国多数 FTA 还是采用单一的原产地证书。仅有中国与澳大利亚、新西兰、瑞士、冰岛、毛里求斯的 FTA 以及 RCEP 引入了原产地声明规则，而中国与东盟、韩国等国家的 FTA 没有引入原产地声明规则，但这些正是中国货物出口量大、签证金额较高的国家。此外，中国 FTA 的原产地声明规则还在探索实施阶段，主要采用经核准出口商和预裁定/行政裁定两种原产地声明形式，尚未确立"企业完全自主声明"制度（刘瑛、夏天佑，2021）。这意味着，我们还需要推动原产地声明立法与管理体系的完善和系统化。

中国的原产地声明使用率偏低，主要原因首先是原产地声明的准入门槛相对较高，企业对原产地声明不了解、不熟悉。以中国—瑞士自贸协定为例，只有符合"AA 型生产型企业"的要求，即海关认定的"高级认证企业"，才能成为经核准的出口商。然而，目前办理原产地证书的大部分出口商和生产商都属于"其他注册登记和备案企业"，达不到使用 FTA 原产地声明的要求。其次是原产地声明的普及率较低，很少有企业了解或熟悉其规则。此外，由海关签发、以政府信用担保的原产地证书，其真实性和有效性的认可程度较高。近年来，海关部门一直推动原产地证书的自助打印、智能审核等措施，使企业能够更加便捷地申请原产地证书，这也进一步降低了企业对自贸协定原产地声明的使用率（赵世璐、李雪松，2022）。

第五节 原产地新规则背景下中国的对策

一、适当提高原产地标准

原产地规则及标准的制定对于引导外资流向、促进技术提升，以及弱势产业的技术和结构优化升级具有重要作用。然而，与 CPTPP、USMCA 等协议的原产地规则相比，中国的自贸协定对于加工贸易的约束较为宽松，原产地标准偏低，针对特殊行业的特殊原产地标准缺乏，使区外国家很容易利用中间贸易规避原产地规则，或者在中国进行加工后再出口至其他国家，这无疑给中国的企业或产品在海外市场的份额带来不利影响。

中国早期的自贸协定，如与智利、瑞士、冰岛、哥斯达黎加等国家的自贸协定，原产地价值含量通常是40%~50%。随着时间的推移，这一标准逐步提高到60%，如中国与格鲁吉亚、澳大利亚、新西兰等国家的自贸协定。虽然原产地价值含量标准得到了提升，但其只适用于有限数量的商品。由于中国的自贸协定中原产地标准较低，致使一些国产化率较低的产品被贴上"中国制造"的标签。这除了影响本国企业的利益，还可能引发与其他国家的贸易摩擦。因此，在今后的自贸区谈判中，我们要特别关注原产地规则对贸易保护和特定产业保护方面的作用。

我们应借鉴USMCA等协定制定原产地价值含量标准，将区域产地价值量、进口配额、原料价值含量以及劳动价值含量等要素融合，进一步细化并明确中国的原产地准则。这不仅有利于维护国内产业的利益，也有助于引导跨国企业在中国开展更有质量的投资。例如，我们可以提高中国汽车的原产地价值含量标准，避免外国车企将价格低廉的零部件运至中国，经组装便可获得中国原产产品资格并享受原产产品优惠（林黎，2020）。此外，可以根据不同产品特性制定不同的原产地价值含量标准，如提高低附加值的农产品和矿产品的原产地价值标准，以保护本国利益（王令栋，2021）。

二、特殊行业可制定特殊的原产地规则

USMCA对汽车、纺织品等敏感行业都制定了特殊的原产地规则。USMCA对汽车的特殊原产地规则有助于构建北美独立的汽车产业链，加强北美汽车业的产业关联。USMCA对纺织品的特殊原产地规则，有助于对区域外纺织品构筑壁垒，有效保护区域内纺织业的利益。相比之下，中国自贸协定的原产地标准较为宽泛，对原材料价值量的判定标准不够清晰，对弱势行业的保护力度较小。例如，中国—东盟的自贸协定，虽然2014年经过升级后制定了特定产品的原产地规则，但其适用的产品范围较小，多数产品仍然适用于40%~60%的原产地标准。同样，在中国与韩国、澳大利亚的自贸协定中，虽然设定了较为严格的原产地标准，但是对机械制造、信息技术、新材料等重要产业的保护力度较小，导致韩国、澳大利亚对华投资时将核心技术保留，从而减少了投资的技术溢出。因此，我们应立足国情，巧妙运用自贸协定的原产地规则来保护本土产业，从而构建更为稳固、独立的产业链。

因此，在今后的自贸协定谈判中，我们要根据各国国情和中国不同行业的重要程度，适度提高区域价值含量等原产地标准。此外，我们还需结合各行业的特点和敏感性，有针对性地制定原产地规则。对于高新技术产业，应该提高原产地标准，促进外资的研发和生产本地化。而对于劳动密集型产业，应明确制定加工贸易原产地价值含量标准，引导外资在本地需求原材料供应和在本地进行生产。此外，要推动区域内各部门协同合作，完善原产地审查与认证体系，保证规则得到真正执行（林黎，2020）。

三、完善累积规则的适用

首先，要扩大累积规则的适用范围。扩大累积规则的适用是一个必然的趋势，在现有的货物累积和部分累积的基础上，探索完全累积的路径。完全累积可以推动中国企业走出国门，在别的国家完成整个生产销售过程，优化生产要素的全球配置，提升企业国际竞争力。因此，在中国主导的自贸区网络的构建中，要逐步扩大累积规则的适用范围。而对于发达国家主导的自贸协定，我们要对适用完全累积条款所带来的产业转移和贸易转移有充分的预估和准备，以保护中国的产业利益不受损害。

其次，要考虑原产地累积规则与区域成分价值标准的协调关系。对于优势产业，可以制定较高的区域价值成分标准和较为宽松的累积规则；而对于具有较大潜力的产业，则可以制定较低的区域价值成分标准和更严格的累积规则来引导其健康成长（吴淑琪，2022）。

最后，需持续完善累积例外敏感产品清单。为保护敏感产业，防止成员方利用累积规则规避关税，各国均对敏感产业设置了较高的门槛，即累积例外敏感产品清单。在 RCEP 关税承诺表中，中国也有附加要求。今后，中国应根据国内产业的实际发展情况和国际贸易的变化情况，以科学合理的标准来确定敏感产品的范围，从而确保敏感产业的利益不受侵害（魏亚薇，2022）。

四、充分发挥海关的作用，提升 FTA 出口利用率

中国海关可以采取一系列措施来提升企业 FTA 原产地规则的利用率。

首先，要帮助企业了解和掌握 FTA 原产地规则。除了对企业进行 FTA 关税减让、原产地规则、原产地证书填制等方面的指导和培训，海关还应根据企业的出口产品、目标市场、签证数量、货值、享惠等信息，制定更具针对性的帮扶策略（赵世璐、李雪松，2022）。

其次，为企业提供更加高效、便捷的服务，降低其管理和运营成本。原产地证书被称为国际贸易中的"纸黄金"，其重要性不言而喻。为了充分发挥其在促进贸易中的作用，我们需要普及和推广原产地证书的智能审核，优化系统审单规则，提高审单质量和效率，加快货物出口的速度。同时，我们还应该进一步扩大原产地证书自助打印和电子联网的覆盖范围，使企业能够更加方便地进行证书打印和数据交换，大大提升企业的办事效率。除此之外，政务服务窗口的优化也是非常重要的。我们需要进一步优化签证人员配置，加强签证人员业务培训，提升政务服务的质量和效率。

最后，我们还应该积极进行 FTA 原产地规则的升级谈判，提高 FTA 的关税优惠。要注重对企业出口情况的税政调研，在 FTA 原产地规则谈判升级中有针对性地与其他国家进行协商，以提高其关税优惠，扩大优惠适用范围。在 FTA 谈判升级中，还应积极寻求融入先进的贸易便利化条款，如原产地电子信息联网与背对背原产地证明等，不断简化原产地实施的程序性要求（赵世璐、李雪松，2022）。

五、对不同成员方采取相应的原产地证明模式，加快原产地声明规则的宣传与培育

在处理国际贸易中的原产地证明问题时，各国通常会根据其缔约方的经济发展水平选择不同的模式。一般而言，发达国家与发展水平较高的国家通常采用出口商申报模式；发达国家与发展水平较低的国家通常采用原产地证书和出口商申报共同适用模式，或者只采用原产地证书。中国 FTA 主要采用原产地证书模式，并开始尝试新的模式，例如，在与瑞士和冰岛的 FTA 和 RCEP 中，使用经核准的出口商申报模式。中国应根据不同成员方选择相应的原产地证明模式，与发展水平较低的国家可以沿用原产地证书模式或采用基于预裁定的原产地声明，与发展水平较高的国家可以使用原产地证书和经核准的出口商申报共同适用的模式。

此外，贯彻执行《中华人民共和国海关经核准出口商管理办法》的各项规定，加速推进原产地声明规则的宣传普及以及培训工作，提升企业的信用等级，使它们更易于获取经核准出口商开具原产地声明资格；同时，应建立和完善原产地声明规则的政策辅导体系，逐步降低原产地声明的准入标准，使其惠及广大中小微企业，从而构建一种新型的关企合作伙伴关系，推动原产地声明执法体系日臻完善（赵世璐、李雪松，2022）。

六、以加入 RCEP 为契机，积极推进区域自由贸易网络建设

RCEP 的签署，无疑为东亚地区乃至全球经济注入了新的活力。这一自由贸

易框架的建立，不仅将东亚各国紧密地联系在一起，形成了一体化的区域经济集团，而且在当前逆全球化浪潮此起彼伏的背景下，无疑极大地稳固了中国的国际贸易环境，为中国企业提供了更多的发展机会，让"走出去"战略得以顺利推进。因此，中国应当审时度势，以 RCEP 为契机，构建辐射"一带一路"共建国家并面向全球市场的自贸区网络。一是要积极与"一带一路"共建国家协商建立自贸区，探索与共建国家的生产合作，以便享受 CPTPP、USMCA 等协定的优惠关税。二是要积极建设亚太地区的自贸区，稳固中国在亚太价值链中的核心地位。三是参考 CPTPP 等协定的原产地规则，进一步扩大对外开放，全面深化国内改革，建设高标准的市场体系，为国内产业发展提供有力支撑。

七、加强监管与服务，提升重点行业和企业对原产地规则的利用能力

政府应当根据企业特点有针对性地提供指导和服务，提高企业对原产地规则的利用能力。对于中小型企业，政府需要加强原产地规则的解读和宣传，使企业做好未来发展规划；对于大型企业，由于其规模较大，对国际市场的依赖程度也较高，政府需要提供更多的专业指导和服务。例如，协助这些企业在自贸区内选择合适的供应商，优化采购策略，提高获得原产资格的能力。这不仅有助于企业更好地利用自贸协定带来的利益，还能够帮助企业从被动地适应规则转变为主动地利用规则，从而提高整体竞争力（韩剑、杨凯、邹锐锐，2021）。

与此同时，为推动各成员方更好地合作，政府应当推动建设区域原产地电子信息交换系统，并与自贸区内各国政府进行合作，对企业自主签发原产地声明的失信问题进行监督。政府应完善全国信用信息共享平台，建设一个有序、专业、透明的监督体系。这不仅有助于维护公平、公正的国际经贸环境，还能够提升中国的国际形象和声誉（周祺，左思明，2021）。

参考文献

［1］白洁，张达，王悦．数字贸易规则的演进与中国应对［J］．亚太经济，2021（9）：53-61.

［2］包晋．TPP 谈判中的竞争中立议题［J］．武大国际法评论，2014（9）：85-108.

［3］常凯．WTO、劳工标准与劳工权益保障［J］．中国社会科学，2002（1）：126-134+208.

［4］陈扬跃，马正平．专利法第四次修改的主要内容与价值取向［J］．知识产权，2020（12）：6-19.

［5］陈新开．国企"竞争中立性"规则问题研究——基于澳大利亚融通TPP 框架的经验与启示［J］．商业经济研究，2016（22）：107-113.

［6］CCG 全球化智库．知识产权与 CPTPP［EB/OL］.http：//www.ccg.org.cn/archives/59054，2020.9.

［7］程诚，李晓郛．新时期全球金融服务新规则及自贸区的应对——以 TPP 和 TiSA 协定为视角［J］．龙岩学院学报，2017（6）：72-78.

［8］迟福林．以服务贸易为重点建设高水平开放型经济新体制［J］．山东经济战略研究，2020（10）：51-52.

［9］丁秀芳．促进数字贸易国际规则发展的路径［D］．杭州：浙江大学硕士学位论文，2019.

［10］丁倩．USMCA 国有企业规则研究——兼论中国的法律对策［D］．上海：华东政法大学硕士学位论文，2021

［11］东艳．全球贸易规则的发展趋势与中国的机遇［J］．国际经济评论，2014（1）：5+45-64.

［12］东艳，张琳．美国区域贸易投资协定框架下的竞争中立原则分析［J］．当代亚太，2014（6）：117-131.

［13］董涛．全球知识产权治理结构演进与变迁——后 TRIPs 时代国际知识产权格局的发展［J］．中国软科学，2017（12）：21-38.

[14] 杜琼，傅晓冬．服务贸易协定（TISA）谈判的进展、趋势及我国的对策［J］．中国经贸导刊，2014（11）：24-27.

[15] 福建社科院课题组，李鸿阶．国际经贸规则调整与福建自贸试验区的政策选择［J］．亚太经济，2019（1）：120-125.

[16] 冯辉．竞争中立：国企改革、贸易投资新规则与国家间制度竞争［J］．环球法律评论，2016（2）：152-164

[17] 冯迪凡．禁止对跨境数据传输征收关税！WTO 成员达成电子商务协议，美方为何不支持［J/OL］．新浪财经，2024-7-30，https：//finance．sina．com．cn/stock/usstock/c/2024-07-30/doc-incfvssx7531739．shtml.

[18] 郭周明，李杨．中国参与重构贸易投资体系规则的思路［J］．开放导报，2019（4）：34-39.

[19] 古祖雪．从体制转换到体制协调：TRIPs 的矫正之路——以发展中国家的视角［J］．法学家，2012（2）：145-156+179-180.

[20] 贺小勇，陈瑶．"求同存异"：WTO 改革方案评析与中国对策建议［J］．上海对外经贸大学学报，2019（2）：24-38.

[21] 甘露．对接 RCEP、CPTPP、DEPA 规则推进海南自由贸易港服务贸易制度型开放［J］．南海学刊，2023（3）：32-44.

[22] 郝洁．全球经济治理体系和规则的深刻变革［J］．宏观经济管理，2019（11）：85-90.

[23] 韩剑，刘瑞喜．中国加入 CPTPP 参与全球环境经贸治理的策略研究［J］．国际贸易，2022（5）：31-40.

[24] 韩剑，杨凯，邹锐锐．自由贸易区提升战略下 RCEP 原产地规则利用研究［J］．国际贸易，2021（3）：66-75.

[25] 韩可卫，袁子君．国际劳工标准的发展趋势分析［J］．产权导刊，2020（5）：48-52.

[26] 何蓉，连增，郭正琪．美墨加协定（USMCA）对原产地规则的修订及其影响分析［J］．区域与全球发展，2019（6）：49.

[27] 黄海洲，周成君．中国对外开放在新形势下的战略布局［J］．国际经济评论，2013（4）：23-52.

[28] 黄琳琳．USMCA 对跨境金融服务贸易规则的新发展及启示［J］．上海金融，2019（5）：55-63.

[29] 黄琳琳．后 WTO 时代国际金融服务的新规则及中国的应对策略［J］．铜陵学院学报，2017（10）：73-79+94.

［30］黄琳琳．FTAs 中跨境金融服务贸易规则研究［D］．上海：华东政法大学博士学位论文，2020.

［31］黄宁，张凡，秦铮．国际知识产权新规则的"超 TRIPs"趋势及对我国的挑战［J］．全球科技经济瞭望，2020（6）：1-6.

［32］黄志瑾．国际造法过程中的竞争中立规则——兼论中国的对策［J］．国际商务研究，2013（5）：54-63.

［33］黄建忠．WTO 改革之争——中国的原则立场与对策思路［J］．上海对外经贸大学学报，2019（2）：5-12+23.

［34］黄颖慧．国际经济新秩序下的竞争中立规则及我国对策研究［D］．上海：华东政法大学博士学位论文，2017.

［35］黄颖慧．TPP 协议中的竞争中立规则研究［J］．法制与社会，2017（1）：74-75.

［36］黄先海，周禄松．全球数字贸易规则比较、挑战与中国应对策略——基于 CPTPP，DEPA 与 RCEP 比较视角［J］．社会科学战线，2024（1）：44-54.

［37］胡雅蓓，陈群，徐锋．RCEP 背景下江苏自贸区数字贸易发展机遇与推进策略［J］．对外经贸实务，2021（5）：19-22.

［38］吉洁，高玉婷．深圳前海自贸区发展对策——基于新型国际服务贸易标准规则和"一带一路"战略［J］．特区实践与理论，2016（9）：52-56.

［39］贾海龙．欧盟对外经贸条约中的劳工条款：历史、现状以及塑造因素［J］．社会科学家，2021（1）：111-118.

［40］蒋旦悦．TPP 对中国的影响分析——基于"国有企业和指定垄断"议题的研究［J］．中国市场，2016（7）：198-199.

［41］柯静．WTO 电子商务谈判与全球数字贸易规则走向［J］．国际展望，2020（3）：43-62+154-155.

［42］孔令聪．《美墨加协定》中的环境条款实体性规则研究［D］．杭州：浙江工商大学硕士学位论文，2021.

［43］梁咏，侯初晨．后疫情时代国际经贸协定中环境规则的中国塑造［J］．海关与经贸研究，2020（9）：93-113.

［44］刘文，杨馥萍．国际贸易协定中劳工标准的演进历程及中国对策研究［J］．山东社会科学，2017（7）：116-122.

［45］刘雅芳，许培源．国际贸易投资新规则的演化趋势及其影响：一个综述［J］．经济问题探索，2019（3）：181-190.

［46］刘雅芳．国际贸易投资新规则对我国对外直接投资布局的影响研究

[D]．泉州：华侨大学博士学位论文，2019．

[47] 刘昕昊，宫聪．中国加入 CPTPP 的可行性及其投资规则对我国的启示 [J]．吉林金融研究，2021（8）：19-21+38．

[48] 刘颖．后 TRIPs 时代国际知识产权法律制度的"碎片化"[J]．学术研究，2019（7）：2+53-63．

[49] 刘军，彭乔依．区域贸易协定的数字贸易规则结构对中国数字贸易发展影响 [J]．价格月刊，2021（11）：51-57．

[50] 刘力瑜．竞争中立视野下的国有企业竞争规则 [D]．长春：吉林大学硕士学位论文，2017．

[51] 刘政．美国双边投资协定研究 [D]．大连：东北财经大学博士学位论文，2019．

[52] 刘瑛．《跨太平洋伙伴关系协定》国有企业章节的中国应对 [J]．东方法学，2016（9）：55-62．

[53] 刘瑛，夏天佑．RCEP 原产地特色规则比较、挑战与应对 [J]．国际经贸探索，2021（6）：86-102．

[54] 刘玮佳．CPTPP 金融服务开放规则与海南自贸港对标研究 [D]．海口：海南大学硕士学位论文，2023．

[55] 陆燕．国际贸易新规则：重构的关键期 [J]．国际经济合作，2014（8）：4-9．

[56] 陆燕．在全球价值链中寻求制度性话语权——新一轮国际贸易规则重构与中国应对 [J]．学术前沿，2015（12）：6-19．

[57] 陆燕．美欧谋求自贸协定对世界经贸的影响与中国应对策略 [J]．国际贸易，2014（2）：44-49．

[58] 李大伟．建立面向全球的高标准自贸区网络的思路与对策 [J]．国际贸易，2015（5）：24-31．

[59] 李震．中国国内服务贸易规则体系完善的建议 [J]．海关与经贸研究，2020（4）：108-123．

[60] 李春顶．国际贸易协定谈判的新发展与新规则 [J]．金融评论，2014（6）：75-89．

[61] 李思奇，牛倩．投资负面清单制度的国际比较及其启示 [J]．亚太经济，2019（4）：95-105．

[62] 李轩，李珮萍．数字贸易理论发展研究述评 [J]．江汉大学学报（社会科学版），2020（9）：44-57+125-126．

［63］李墨丝.CPTPP+数字贸易规则、影响及对策［J］.国际经贸探索，2020（12）：20-32.

［64］李计广.WTO 的现代化改革方向［J］.中国外汇，2018（12）：13-15.

［65］李本.我国国企制度对接 CPTPP 非商业援助规则的挑战与突破［J］.江淮论坛，2022（6）：97-107.

［66］李西霞.《美墨加协定》汽车原产地规则劳动价值含量：基本内涵、深层要义及现实启示［J］.国际法研究，2023（4）：71-83.

［67］李西霞.《美墨加协定》劳工标准的发展动向及潜在影响［J］.法学，2020（1）：183-192.

［68］李西霞.论 CPTPP 有执行力劳工标准及中国的应对措施［J］.中国劳动关系学院学报，2021（4）：42-50.

［69］李佳欣.RCEP 背景下原产地完全累积规则对出口贸易的影响［D］.广州：广东财经大学硕士学位论文，2022.

［70］李福胜.CPTPP 与 RCEP 条款的对比分析——基于原产地规则、电子商务和争端解决［J］.现代商贸工业，2022（23）：158-159.

［71］林黎.USMCA 原产地规则变化对中国的影响及其启示［J］.对外经贸实务，2020（7）：41-44.

［72］廖凡.世界贸易组织改革：全球方案与中国立场［J］.国际经济评论，2019（3）：4-5+32-43.

［73］马梦龙.国际经贸规则发展新趋势与中国的自贸区应对策略［J］.中小企业管理与科技（下旬刊），2018（4）：56-57.

［74］马霞.以一则案例分析跨境服务贸易中"禁止要求当地存在规则"的适用性［J］.对外经贸实务，2021（3）：77-79.

［75］马忠法，谢迪扬.RCEP 知识产权条款的定位、特点及中国应对［J］.学海，2021（4）：181-191.

［76］马光.国际数字贸易规则的主要议题研究［J］.四川行政学院学报，2020（4）：64-73.

［77］梅冠群.全球数字服务贸易发展现状及趋势展望［J］.全球化，2020（7）：62-77+134.

［78］蒙英华，汪建新.超大型自贸协定的服务贸易规则及对中国影响分析——以 TPP 为例［J］.国际商务研究，2018（1）：44.

［79］倪月菊.TPP 与国际服务贸易新规则及中国的应对策略［J］.深圳大

学学报（人文社会科学版），2016（1）：86-92.

　　[80] 潘晓明.TPP 高标准国际贸易规则对中国的挑战及应对策略 [J].国际展望，2015（9）：96-111+149.

　　[81] 彭德雷.国际服务贸易协定（TISA）谈判与中国路径选择 [J].亚太经济，2015（3）：39-44.

　　[82] 彭岳.贸易规制路径下的数字贸易中国方案 [J].郑州大学学报（哲学社会科学版），2022（4）：33-40.

　　[83] 彭德雷，张子琳.RCEP 核心数字贸易规则及其影响 [J].中国流通经济，2021（8）：18-29.

　　[84] 秦祥瑞.CPTPP 非商业援助规则对国企的影响与应对措施 [J].商业观察，2023（32）：97-101.

　　[85] 权衡."大变局"呼唤新规则：核心议题与中国角色 [J].探索与争鸣，2020（8）：5-8.

　　[86] 全毅.区域贸易协定发展及其对 WTO 改革的影响 [J].国际贸易，2019（11）：52-59.

　　[87] 全毅.CPTPP 与 RCEP 协定框架及其规则比较 [J].福建论坛（人文社会科学版），2022（5）：53-65.

　　[88] 全毅.CPTPP 与 RCEP 服务贸易规则比较及中国服务业开放策略 [J].世界经济研究，2021（12）：30-44.

　　[89] 邵思蒙.国际知识产权规则变迁研究 [D].长春：吉林大学博士学位论文，2021.

　　[90] 师少华.试论世界贸易投资规则重构及对中国的影响 [J].价格月刊，2018（4）：70-73.

　　[91] 石静霞.国际服务贸易规则的重构与我国服务贸易的发展 [J].中国法律评论，2018（5）：46-57.

　　[92] 石静霞，鄢雨虹.论服务跨境提供中的"禁止要求当地存在规则"——兼论对我国服务市场开放的启示 [J].上海对外经贸大学学报，2020（5）：56-71.

　　[93] 石超.从 TPP 到 CPTPP：知识产权条款的梳理、分析与启示——兼谈对中国开展知识产权国际保护合作的建议 [J].石河子大学学报（哲学社会科学版），2019（8）：68-74.

　　[94] 石颖.国际经贸规则中的国企条款演进与应对 [J].宏观经济管理，2023（10）：68-78.

［95］沈铭辉．"竞争中立"视角下的 TPP 国有企业条款分析［J］．国际经济合作，2015（7）：19-25.

［96］陕妍慧．《美墨加协定》竞争中立规则研究［D］．大连：大连海事大学博士学位论文，2020.

［97］宋晓舒．DEPA 视角下的数字贸易规则发展与应对策略［J］．商业经济研究，2023（22）：134-138.

［98］盛斌．迎接国际贸易与投资新规则的机遇与挑战［J］．国际贸易，2014（2）：4-10.

［99］孙宇．国际劳工标准的发展趋势及我国的对策研究［D］．大连：大连海事大学硕士学位论文，2011.

［100］孙晓涛．我国外商投资政策与 CPTPP 投资规则的比较及对接建议［J］．全球化，2022（4）：102-112.

［101］唐宜红，姚曦．竞争中立——国际市场新规则［J］．国际贸易，2013（3）：54-60.

［102］田丰，李计广，桑百川．WTO 改革相关议题：各方立场及中国的谈判策略［J］．财经智库，2020（4）84-103+142-143.

［103］田丰．国有企业相关国际规则：调整、影响与应对［J］．国际经济合作，2016（5）：4-11.

［104］屠新泉，徐林鹏，杨幸幸．国有企业相关国际规则的新发展及中国对策［J］．亚太经济，2015（2）：45-49.

［105］王孝璨．国际贸易新规则的构建及对我国的启示［J］．国际经贸，2016（4）：14-15.

［106］王金强．TPP 背景下国际经贸规则的变革与亚太价值链的构建［J］．东北亚论坛，2016（3）：80-95.

［107］王彦志．RCEP 投资章节：亚洲特色与全球意蕴［J］．当代法学，2021（3）：44-58.

［108］王迁．（著作权法）修改：关键条款的解读与分析（下）［J］．知识产权，2021（2）：29-30.

［109］王智慧，李青松．RCEP 背景下国际知识产权新规则评述及中国应对［J］．中阿科技论坛（中英文），2022（6）：186-190.

［110］王娟．论 CPTPP 数字贸易规则及对中国的影响［D］．济南：山东大学硕士学位论文，2020.

［111］王燕．全球贸易治理的困境与改革：基于 WTO 的考察［J］．国际经

贸探索，2019（4）：105-116.

［112］王绍媛，刘政．国际投资协定中的竞争中立规则审视［J］．哈尔滨工业大学学报（社会科学版），2018（10）：127-132.

［113］王亮．中国自由贸易协定环境条款研究［J］．河南财政税务高等专科学校学报，2022（2）41-46.

［114］王亮．中国自由贸易协定劳工标准研究［J］．河南财政税务高等专科学校学报，2021（2）：55-59.

［115］王辉．国际劳务合作中的劳工权利保障研究［D］．南京：南京大学博士学位论文，2013.

［116］王令栋．RCEP 与其他区域间协定原产地规则的比较及对我国的影响［J］．武汉交通职业学院学报，2021（3）：45-50.

［117］王丽杰，韩天竹．RCEP 原产地规则新范式及中国的应对路径［J］．现代交际，2023（4）：41-59.

［118］魏宇涵．美墨加协定环境保护条款研究［D］．重庆：西南政法大学硕士学位论文，2021.

［119］魏沁宁．CPTPP 环境治理范式及中国的实践进路［J］．江西理工大学学报，2022（1）：34-41.

［120］魏亚薇．论区域贸易协定下的原产地累积规则完善［D］．北京：北京外国语大学硕士学位论文，2022.

［121］温树英．金融服务贸易国际法律规制的新发展与启示——以 TPP/CPTPP 和 USMCA 为视角［J］．国际经济法学刊，2019（3）：72-89.

［122］吴松阳．WTO 框架下电子商务规则问题研究及对我国相关立法完善［D］．上海：华东政法大学硕士学位论文，2020.

［123］吴淑琪．RCEP 原产地规则研究［D］．郑州：郑州大学硕士学位论文，2022.

［124］夏丽红．国际贸易规则重塑期中国的机遇与挑战［J］．赤峰学院学报（自然科学版），2015（8）：106-109.

［125］谢孝婕．CPTPP 与我国 FTA 投资规则比较研究［D］．上海：华东政法大学硕士学位论文，2020.

［126］谢徐娟．我国自贸区制度创新与国际贸易新规制比较及发展对策［J］．改革与战略，2017（11）：94-96+115.

［127］熊鸿儒，马源，陈红娜，等．数字贸易规则：关键议题、现实挑战与构建策略［J］．改革，2021（1）：65-73.

［128］邢星．竞争中立视野下的国有企业改革研究［D］．合肥：安徽大学硕士学位论文，2017．

［129］许培源，刘雅芳．国际贸易投资新规则对国际生产投资布局的影响［J］．经济学动态，2019（8）：56-70．

［130］许大鹏．日本推进 CPTPP 对亚太地区的政治经济影响［D］．吉林：吉林大学博士学位论文，2019．

［131］徐金海，周蓉蓉．数字贸易规则制定：发展趋势、国际经验与政策建议［J］．国际贸易，2019（6）：61-68．

［132］徐华，魏然．数字贸易规则构建的国际经验与启示［J］．经济论坛，2021（4）：99-104．

［133］徐昕．WTO 改革最新进展及中国应对［J］.WTO 经济导刊，2018（10）：58-60．

［134］杨玉英，任安娱．全球服务业市场开放国际规则演变历程与趋势［J］．全球化，2019（5）：44-58．

［135］杨幸幸．《美墨加协定》金融服务规则的新发展——以 GATS 与 CPT-PP 为比较视角［J］．经贸法律评论，2019（8）：45-58．

［136］杨帆.WTO 框架下的劳工标准之法律问题研究［D］．哈尔滨：哈尔滨工程大学硕士学位论文，2007．

［137］唐海涛，陈功.CPTPP 环境规则：承诺、创新及对我国法完善的启示［J］．重庆理工大学学报（社会科学）2019（8）：29-41．

［138］陶立峰．国际投资协定新动向及对中国的启示——以《巴西—印度投资合作和便利化协定》为样本［J］．国际经济评论，2021（6）：77-95．

［139］燕楠，周芷欣.TRIMs 与 RCEP 中有关投资章节的比较分析［J］．商业经济，2022（1）：69-72．

［140］燕楠．全球贸易治理环境变化下的 WTO 改革路径［J］．对外经贸实务，2019（10）：43-46．

［141］余盛兴.TPP 非贸易因素与国际贸易规则重构［J］.WTO 经济导刊，2018（7）：23-26．

［142］易继明，初萌．后 TRIPs 时代知识产权国际保护的新发展及我国的应对［J］．知识产权，2020（2）：3-16．

［143］于鹏，廖向临，杜国臣.RCEP 和 CPTPP 的比较研究与政策建议［J］．国际贸易，2021（8）：27-37．

［144］张健．逆全球化背景下国际贸易投资规则重构及中国的选择［J］．战

略决策研究，2020（4）：3-25.

[145] 张礼卿，孙瑾. RCEP 投资便利化条款及其影响 [J]. 长安大学学报（社会科学版），2021（3）：24-29.

[146] 张娟. 区域国际投资协定规则变化、成因及全球投资治理的中国方案 [J]. 世界经济研究，2022（2）：3-11+134.

[147] 张悦，崔日明. 中国在国际服务贸易规则演进中的角色变迁 [J]. 贵州社会科学，2018（3）：111-116.

[148] 张悦，崔日明. 服务贸易规则演变与中国服务贸易的发展 [J]. 开放经济，2017（5）：39-43.

[149] 张悦，李静. 国际服务贸易规则演变新趋势与我国的对策 [J]. 经济纵横，2017（5）：123-129.

[150] 张煜. 中国建设高标准自贸区的背景与内涵研究 [D]. 北京：国际贸易经济合作研究院硕士学位论文，2016.

[151] 张琳. 国际经贸新规则：中国自贸区的实践与探索 [J]. 世界经济与政治论坛，2015（9）：140-157.

[152] 张萍. 服务贸易规则重构对中国的影响及应对 [J]. 世界经济和贸易，2017（6）：24-33.

[153] 张方波. CPTPP 金融服务条款文本与中国金融开放策略 [J]. 亚太经济，2020（9）：35-42+150.

[154] 张乃根. 与时俱进的 RCEP 知识产权条款及其比较 [J]. 武大国际法评论，2021（2）：1-25.

[155] 张惠彬，王怀宾. 高标准自由贸易协定知识产权新规则与中国因应 [J]. 国际关系研究，2022（4）：84-111.

[156] 张丽霞. CPTPP 知识产权规则及我国的应对研究 [D]. 南昌：江西财经大学硕士学位论文，2018.

[157] 张帆. WTO 框架下跨境数据流动规制问题研究 [D]. 重庆：西南政法大学硕士学位论文，2018.

[158] 张茉楠，周念利. 数字贸易对全球多边贸易规则体系的挑战、趋势及中国对策 [J]. 全球化，2019（6）：32-46+135.

[159] 张俊娥，董晓红. 从 USMCA 看中美数字贸易规则领域的分歧及中国应对策略 [J]. 对外经贸实务，2021（2）：42-45.

[160] 张继瑶. CPTPP 国有企业规则研究 [D]. 大连：大连海事大学硕士学位论文，2023.

［161］张耀誉.“竞争中性”视角下欧美国有企业补贴国际规则研究［D］.重庆：西南政法大学硕士学位论文，2019.

［162］张乃欣.高标准国际经贸规则下国企应对策略研究［J］.企业管理，2023（5）：110-114

［163］张华宇，刘晓伟.CPTPP、RCEP、美国原产地规则的对比［J］.北方经贸，2022（5）：19-24.

［164］章思勤，宾建成.数字贸易国际规则进展及中国的对策［J］.特区经济，2021（2）：40-43.

［165］郑伟，管健.WTO 改革的形势、焦点与对策［J］.武大国际法评论，2019（1）：75-92.

［166］朱绵茂，陈卫东，陈咏梅，等.WTO 改革的中国学者方案［J］.南海法学，2019（2）：1-16.

［167］朱兆敏，论国际劳工标准与 WTO 贸易规则挂钩［J］.国际贸易法论丛，2014（1）：61-82.

［168］庄媛媛，卢冠锋.TPP 与 TRIPs 知识产权规则比较研究［J］.亚太经济，2016（5）：82-85.

［169］邹磊，王优酉.中欧投资协定：规则、影响与挑战［J］.国际贸易，2021（4）：67-75.

［170］周念利，陈寰琦.基于《美墨加协定》分析数字贸易规则“美式模板”的深化及扩展［J］.国际贸易问题，2019（9）：1-11.

［171］周禛，左思明.高水平区域自由贸易协定下原产地规则趋势、影响及中国应对［J］.国际经济合作，2021（6）：37-43.

［172］朱兆敏.论国际劳工标准与 WTO 贸易规则挂钩［J］.国际贸易法论丛，2014（12）：61-81.

［173］赵博文，张纪凤.RCEP 成员国投资负面清单及其对中国的启示［J］.北方经贸，2023（4）：34-38.

［174］赵世璐，李雪松.后 TPP 时代 FTA 原产地规则国际比较与我国应对策略研究［J］.国际商务研究，2022（2）：71-84.